우리를 지키는
더러운 것들

'정체성'이라는 질병에 대하여

우리를 지키는
더러운 것들

김철 지음

뿌리와
이파리

비천한 육체의 농담

정체성이라는 낙인

사십여 년 전에 돌아가신 나의 외조부는 평소에 농담을 아주 잘 하는 분이었는데, 그중 압권은 그의 임종 자리에서였다. 의식이 혼미한 가운데 마지막 숨을 몰아쉬던 외조부의 모습이 보기에 안타까웠던 외조모가 울먹거리며 "영감, 그만 고생하시고 빨리 돌아가슈"라고 말하자, 외조부가 슬며시 눈을 뜨더니 "돌아가긴 어디로 돌아가? 곧장 가지"라고 가쁜 숨 사이로 퉁명스럽게 내뱉었다. 놀란 식구들은 서로 얼굴을 바라보다 폭소를 터뜨렸다. 한참 웃다가 내려다보니 그는 이미 숨을 거두었다. 내가 직접 목격한 것은 아니지만, 어머니를 비롯한 외삼촌들의 증언이 대체로 일치하므로 아마 사실일 것이다.

외조부는 아무 교육도 받지 못했고 좋은 직업도 갖지 못했다. 식민지와 전쟁과 분단의 시대를 지나오면서 열한 명의 자녀를 낳았고 그중 절반쯤이 살아남았다. 가난이나 비명횡사는 그 시대의 한국인들에게는 특이

한 것이 아니었다. 그러니까 마지막 숨을 넘기는 자리에서의 외조부의 저 능청스러운 농담은 처자식에 둘러싸여 그런대로 평온하게 생을 마칠 수 있었던 자신의 행운에 대한 만족감에서 나온 것이었을지도 모른다. 그것은 어쨌든, 이 평범한 사람의 평범치 않은 사생관死生觀과 유머 감각은 단두대에서 목이 잘리기 직전에 "내 수염은 반역을 저지르지 않았으니 수염이 잘리지 않도록 목을 잘 쳐달라"고 했다는 토마스 모어에 견줄 만하다고 나는 생각한다. 프로이트 역시 월요일 아침에 교수대로 끌려가면서 "음, 이번 주도 조짐이 좋군"이라고 중얼거린 한 사형수의 예를 들고 있는데(『농담과 무의식의 관계』), 만일 그가 내 외조부를 알았다면 굳이 교수대나 사형수 같은 살벌한 사례를 끌어들일 필요는 없었을지도 모른다. (이것은 나의 농담이다.)

조상 자랑을 하려는 게 아니다. 위의 일화의 공통점은 그것이 절체절명의 순간, 즉 죽음을 목전에 둔 순간에 이루어졌다는 것이다. 그것은 일상적인 가벼운 농담이나 익살과는 차원이 다른 것이다. 가라타니 고진柄谷行人은 다가오는 죽음을 바라보며 골계미를 느낀다고 토로하는 마사오카 시키正岡子規의 문장을 통해 자기 자신을 자신으로부터 분리하는 태도, 즉 '자기의 이중화二重化'를 유머의 계기로 설명한다(『유머로서의 유물론』). 다시 말해, 유머는 오히려 웃음과는 별 관련이 없는 어떤 정신적 태도, 즉 '동시에 자기이며 타자일 수 있는 힘을 보여주는 것'이다. 우리가 거기에서 일회성의 웃음보다는 어떤 해방감을 느끼는 것은 그 힘에 의해서이다.

그러나 우선 눈여겨볼 것은 유머의 기능이라기보다는 유머의 본질이다. 가라타니에 따르면, 죽음 앞에서 천연덕스럽게 농담을 내뱉은 사람들의 사례가 유머일 수 있는 것은 그들이 죽음을 초월했기 때문이 아니라,

그들이 "유한한 인간 조건을 초월하면서 동시에 그것의 불가능성을 보여주기" 때문이다. 즉, '한계를 초월한다'는 우리의 믿음 자체가 이미 주어진 한계에 의해 규정되고 있음을 보여주는 것, 요컨대 "'메타 레벨은 없다'고 말하는 메타 레벨에 서 있는 것"이 유머의 본질이라는 것이다. 이 모순을 보여줄 때, 그리고 그것을 이해할 수 있을 때 유머가 발생한다. 따라서, 위트나 농담과는 거리가 먼 스피노자의 결정론이나 이성으로 이성의 한계를 음미하는 칸트의 (초월론이 아닌) '초월론적 비판'이야말로 유머의 전형인 것이다.

칸트, 스피노자, 마르크스, 프로이트의 사상을 (관념론적 초월을 거부하는 유물론의 관점에서) 초월론적 비판=유머로 이해할 수 있는 능력은 누구에게나 주어진 것이 아니다. 자기이며 타자일 수 있는 '자기의 이중화'를 유머의 조건으로 받아들이기 위해서는 우선 자기동일성=정체성의 확실성을 의심할 수 있어야 한다. 다시 말해, '나는 나'라는 사실을 의심하고 나의 현존 자체, 즉 '내가 여기 있음'을 회의하는 시점에 설 수 있어야 한다. 그래야만 '장자가 꿈에서 나비가 된 것인가, 나비가 꿈에서 장자가 된 것인가'라는 장자의 회의를 유머로 음미할 수 있을 것이다.

그것이 유머인 까닭은 그것이 근대 이래 인간의 새로운 질병, 즉 자기동일성=정체성에 대한 편집증적 강박을 폭로하기 때문이다. 이 질병의 증상은 "나는 나"라는 믿음, 즉 "나는 생각한다, 고로 나는 있다/나다 I am thinking, therefore I am"라는 선언에 간결하게 압축되어 있다. 그러나 내가 생각하는 것과 내가 나라는 것 사이에 무슨 필연성이 있는가? 이런 의문에도 불구하고, 근대 인간은 '내가 나임'을 입증하기 위한 필사적인 노력, 또는 그 입증에 실패함으로써 초래되는 공포스러운 결과들에 직면하게 되었다. 이것이야말로 코기토의 해방적 기능이 안고 있는 치명적인 역설이 아닐 수 없다. 라캉은 의식과 존재의 무매개적 자명성, 즉 조회 가능한 자기동일성의 근거가 자기 안에 있다고 믿는 근대적 주체 이데올로기의 허구를 다음과 같이 간명하게 깨뜨린다. "나는 내가 없는/아닌 곳에서 생각한다, 고로 나는 내가 생각하지 않는 곳에서 있다/나네 am thinking where I am not, therefore I am where I am not thinking." (『Écrits』).

자기동일성에 대한 병적 강박 혹은 공포는 다음과 같은 유명한 농담에 잘 드러나 있다: 자신을 옥수수 알갱이로 착각하고 닭이나 새에게 쪼아먹힐까 봐 전전긍긍하던 사내가 정신병원에 입원해서 오랜 치료 끝에 상태가 호전되었다. "아직도 자신을 옥수수라고 생각하십니까?"라는 의사의 물음에 사내는 "아니요, 저는 사람입니다"라고 대답했다. 그래서 사내는 완치 판정을 받고 퇴원했는데, 병원 문을 나서자마자 새파랗게 공포에 질린 얼굴로 다시 돌아왔다. 무슨 일이냐고 의사가 묻자 그는 "밖에 닭들이 돌아다니고 있어요"라고 말했다. "당신은 옥수수가 아니라 사람이에요. 이제 당신도 잘 알잖아요?"라고 의사가 말하자 그는 이렇게 대답했다. "물론이죠. 저도 제가 사람이란 걸 잘 압니다. 그런데 닭들도 그걸 알고 있을까요?"

지젝의 설명에 따르면, 이 농담은 초자아적 금지의 원천으로서의 대타자의 역할(또는 믿음의 전이轉移 현상)을 보여주는데(『이데올로기의 숭고한 대상』), 내가 보기에 이것은 자기동일성의 강박에 시달리는 근대인, 즉 우리 모두의 초상이기도 하다. 자신을 옥수수로 착각한 저 바보를 비웃을 수 있는 사람은 얼마나 될까? 많지 않을 것이다. 동시에 "나는 저런 바보가 아니다. 왜냐하면 나는 닭이기 때문에"라고 말할 사람은 얼마나 될까? 끝도 없이 많을 것이다. 그래서 나는 저 농담이 우습지 않고 무섭다.

그 무서움은 밀란 쿤데라의 장편소설 『농담』에 소름 끼치게 드러나 있다. 앞뒤가 꽉 막힌 여자친구를 놀려먹기 위해 무심코 엽서에 써서 보낸 "트로츠키 만세!"라는 농담 한마디는, "대문자로서의 행복"이 넘쳐나는 스탈린주의 지배하의 체코에서 열성적인 공산주의 대학생이었던 스무 살의 주인공 루드빅의 삶을 산산조각내버린다. 의미 없는 농담일 뿐이었다는 주인공의 변명은 통하지 않는다. 자기 정체성의 근거를 사회주의 혁명의 대의와 당원으로서의 헌신에 두고 있던 주인공은 순식간에 당과 인민의 적으로 낙인찍혀 먼 지방의 탄광에서 힘겨운 노동에 종사하게 된다.

그러나 소설은 전체주의 사회의 경직성이나 비인간성에 대한 고발 따위의 진부한 통속적인 주제로 빠지지 않는다. 가벼운 농담을 인민과 당에 대한 배신으로 낙인찍고 그의 사회적 삶을 파멸로 이끈 동료들에 대한 증오와 복수의 정념보다 더 크게 주인공의 의식을 지배하는 것은, 열성적인 당원이었을 때는 전혀 가질 필요가 없었던 자신의 정체성에 대한 깊은 회의이다. 그 회의는 물론 '진정한 새로운 정체성을 찾아서' 따위가 아니다. (그랬다면 주인공이야말로 '나는 옥수수가 아니라 닭'이기 때문에 바보가 아니라고 좋아하는 바보의 전형일 것이다). 추방의 경험을 통해 주인공은 자기동일성이 자기 자신에게 내재한 어떤 자연적인 속성에 의해서가 아니라 타자와의 관계, 즉 타자라는 거울에 비추어진 이미지에 의해 주어진 것이라는 사실을 비로소 깨닫는다. "최고재판소의 어딘가에 깊숙이 자리잡고 있는 나라는 인물의 이 이미지를 변경시킬 수 있는 힘이 내게는 없다"고 그는 말한다. "이 이미지가 실제의 나보다도 훨씬 더 실제적이며, 나는 이 이미지가 아니라 이 이미지의 그림자라는 사실도 깨닫게 되었다." 따라서 "이미지가 나를 닮지 않았기 때문"이 아니라 "내가 이미지를 닮지 않았기 때문에", "죄는 나에게 있다".

그럼에도 불구하고 나는 항복하고 싶지 않았다. 나는 실제로 자신의 이 비유사성을 '메고 다니기'를 원했다. 즉, 그들이 내가 아니라고 판단한 그 사람으로 계속해서 머무르는 일이었다.

"그들이 내가 아니라고 판단한 그 사람으로 계속해서 머무르는 일"은 나의 '비유사성'을 스스로 메고 다니는 것이며, 자기동일성의 강박, 끝없는 정체성의 심문審問을 뒤집는 것이며, 동질성으로 뭉친 집단적 자아로부터 스스로를 분리시키는 것이다. 다시 말해, 그것은 "'메타 레벨은 없다'고 말하는 메타 레벨에 서는 일", 즉 유머의 정신을 견지하는 것이다. 유머가 단순한 조롱이나 익살로 끝나지 않기 위해서는 그 농담이 자기 자신을 향하는 것, 즉 '자기의 이중화'여야 한다. 그렇지 않으면 농담은 폭로나 조롱의 쾌감을 통해 자신을 위무하거나 과시하는 일, 더 나아가 이른바 카니발적 풍자가 그렇듯이 억압과 불만을 해소하고 체제의 안정에 기여하는 것으로 이어지기 마련이다. 『농담』의 주인공은 별 의미 없는 농담을 위험천만한 진담으로 받아들이는 교조주의자=근본주의자의 억압에 대한 저항을 자기가 아닌 자기, 즉 자신의 비유사성을 껴안는 것으로 시작한다. 모든 정체성은 하나의 낙인에 지나지 않음을 그 낙인을 '메고 다님'으로써 드러내겠다는 이 결의는 비장하지만, 비장함보다 훨씬 더 파괴적인 유머의 창조다.

글자 그대로 믿는 자들

주인공의 맞은편에는 농담을 이해하지 못하는 교조주의=근본주의자들
이 있다. 그러나 주인공과 그들의 차이는 단지 농담의 이해 능력 여부에만
있는 것이 아니다. (물론 그것도 중요하지만.) 지젝의 설명에 따르면, 종교
적 근본주의의 가장 큰 역설은 그것이 극단적인 불신의 표현이라는 점이
다. 일반적인 믿음은 '믿는 척하기' 또는 '믿지 않으면서 믿는 것'임에 반
해, 근본주의적 믿음은 '글자 그대로 믿는 것'이다. 근본주의자에게 종교
적 진술은 과학적 진술과 마찬가지로 글자 그대로 이해되고 과학적으로
증명할 수 있는 실증적 지식에 속한 것이다. 근본주의자에게 죽은 예수의
몸을 덮은 튜린Turin의 수의는 핏자국의 DNA 검사로 입증될 수 있는 것
이며, 근친상간으로 태어난 기형아에 대한 유전학적 지식은 그것을 금지
한 코란의 명령을 증명하는 것이며, 초기불교의 우주론이나 동양사상은
현대 양자물리학의 발견과 완전히 일치하는 과학적 근거를 지닌 것이다
(『How to Read 라캉』). 그러므로 근본주의자의 신앙의 근거는 과학적 지
식이다. 과학적 지식으로 입증되지 않는 한 믿을 수 없다. 따라서, 경전의
진술을 글자 그대로 읽고 그것을 조롱의 대상으로 삼는 무신론적 냉소주
의와 마찬가지로, 종교적 근본주의의 태도 또한 회의와 불신의 표현이다.
"근본주의자들은 신을 믿지 않는다. 그들은 신을 직접 안다." 한마디로, 근
본주의자란 상징계적 질서를 이해하지 못하는 사람들, 예컨대 "만나서 반
갑습니다"라고 인사하는 사람에게 "왜, 무엇이 반가운데요?"라고 묻는 사
람과 같다.

　반면에 보통의 믿음은 종교적 의례와 사회적 관습을 따름으로써 '모든
것을 다 안다고 생각되는 대타자'의 형상에 자신의 믿음을 전이轉移하는

것이다. 다시 말해, 글자 그대로 믿는 게 아니라 '믿는 척하기'를 반복함으로써 종교라는 사회적 관계에 참여하고 그것을 통해 믿음이 형성된다는 것이다. 물리학자 닐스 보어의 예화가 이것을 잘 설명해준다. 보어의 방문 앞에 걸린 부적을 보고 놀란 방문객이 물었다. "아니, 선생님 같은 과학자도 저런 걸 믿습니까?" 보어는 이렇게 대답했다. "물론 믿지 않아요. 그렇지만 저게 아주 효험이 있대요." 라캉의 명제를 살짝 비틀어 말하면, 나는 내가 없는/아닌 곳에서 믿는다, 고로 나는 내가 믿지 않는 곳에서 있다/나다I am believing where I am not, therefore I am where I am not believing.

정치적 근본주의도 이와 같다. 1993년 평양의 한 무덤에서 발굴된 인골을 최신의 과학적 연대측정 방법으로 조사한 결과 오천년 이전에 실존했던 단군의 뼈와 두개골임이 입증되었다고 발표한 북한 당국자는, 튜린의 수의에서 예수의 DNA를 찾으려고 애쓰는 기독교 근본주의자와 쌍생아이다. 일본 제국주의가 조선의 명맥을 끊기 위해 박아놓았다는 쇠붙이를 제거하겠다고 전국을 누비는 남한의 국수주의자들은 『정감록鄭鑑錄』의 비방을 따라 은신처를 찾아 헤매던 옛 도사道士의 좀비zombi들이다. 온갖 정치적 기표들, 예컨대 조국, 민족, 국가, 계급, 당, 인민, 민중, 혁명, 애국 등의 기표가 (믿는 척함으로써 실체처럼 여겨지고 그렇게 행동하게 하는 '이데올로기적 환상'이 아니라) 피와 살처럼 생생하고 구체적인 글자 그대로의 실물임을 입증하려 든다는 점에서 모든 정치적 극좌파와 극우파 역시 사이좋은 좀비 형제들이다. 우리의 삶의 질은 이 좀비들의 숫자에 달려 있다.

21세기의 한국은 이 좀비들의 숫자가 매우 많은 곳이다. 그러나 동시에 수많은 좀비를 무력하게 하는 풍자와 유머의 수준이 매우 높은 곳이기도 하다. 2014년의 영화 〈국제시장〉의 한 장면이 그 점을 잘 보여준다. 집단적 자기연민과 노스텔지어로 가득 찬 이 영화의 멜로드라마적 분위기는 공원에서 말다툼을 하던 부부가 오후 다섯 시 국기하강식이 시작되자 싸움을 중단하고 국기에 대한 경례를 하는 장면에서 일순간 반전된다. 한평생 가족을 위해 자신의 꿈을 희생해온 남편이 또다시 목숨을 건 위험을 각오해야 하는 상황에 처하자 아내는 "언제까지 식구들을 위해 살 것이냐, 왜 당신 자신을 위해 살지 못하냐"고 절규한다. 그 순간, 애국가 소리와 함께 '국기에 대한 맹세'가 공원 안에 울려퍼진다. '조국과 민족에 대한 충성과 헌신'을 요구하는 국가의 목소리는 '누구를 위해 내 삶을 희생하느냐'는 아내의 절규에 대한 즉각적인 응답처럼 들린다. 오후 다섯 시면 어김없이 남한 국가의 모든 시공간을 장악하고 모든 인구의 신체를 얼어붙게 하던 그 목소리는 아내의 입을 가차 없이 틀어막는 듯하다. (짜증나고 역겹지만 도망칠 수 없는 대타자의 윽박지름, "입 닥치고 일어서!") 공원 안의 사람들이 일어서서 국기게양대를 향해 경례한다. 아내와 다투던 남편도 천천히 일어나 몸을 돌려 경례한다. 여전히 화가 난 아내는 일어서지 않는다. 근처의 노인이 질책하는 눈빛으로 아내를 쏘아본다. 아내는 마지못해 일어나 불만 섞인 표정으로 국기를 향해 경례한다.

이 짧은 장면의 재치 넘치는 풍자는 전체주의 권력하의 애국 이데올로기를 단순히 조롱하는 데에서 멈추는 것이 아니다. 애국심 따위가 웃기는 수작이라는 것은 누구나 안다. 권력이 그것을 필요로 하는 이유는 사람들로 하여금 그것을 진정으로 믿게 하려는 데에 있는 게 아니라, 애국가나 태극기가 보이면 언제 어디서나 즉각적으로 일어서는 신체의 조건반사적 행동에 있다. 거듭되는 신체화를 통해 믿음이 형성될 것이기 때문이다. (그리고 알다시피 그것은 성공했다. 일어서지 않는 아내를 흘겨보는 노인을 상기하자). 이데올로기의 이중적 환영은 사람들이 그것을 '거짓인 줄 모르면서 믿고 행하는' 데에서가 아니라 '거짓인 줄 알면서도 행하는' 데에서 발생한다. 따라서 이데올로기 비판의 화살은 이데올로기 자체의 허구성이 아니라 (왜냐하면 누구나 그것을 알고 있으니까) 그 이중적 환영을 통해 재생산되는 실제 현실에서의 환상적 면모를 향해야 한다. 지젝의 말을 빌리면, "공식적인 지배 이데올로기의 비장한 문장들을 일상적인 진부함과 맞닥뜨리게 함으로써 그것들을 웃음거리로 만드는 것이다." 영화 〈국제시장〉에서의 국기하강식 장면만큼 여기에 적합한 사례도 달리 없을 것이다.

그런데, 이 장면을 수준 높은 풍자로 만드는 데에는 전혀 다른 방식으로 이 장면에 열광한 또 다른 배우들의 역할이 컸다. '눈물을 흘리며' 영화를 관람했다는 당시의 최고권력자는 자신의 소감을 청와대 회의에서 이렇게 피력했다고 한다. "애국가에도 '괴로우나 즐거우나 나라 사랑하세', 이런 가사가 있지 않은가. 최근에 돌풍을 일으키는 영화에서도 부부싸움을 하다가도 애국가가 퍼지니까 경례를 하더라. 그렇게 해야 나라라는 소중한 공동체가 어떤 역경 속에서도 발전해나갈 수 있는 것이 아니겠는가." 그런가 하면, 육군대장 출신의 정보기관 수장은 술에 취하면 눈물을 글썽이며 애국가를 4절까지 부르곤 했다는 일화를 전한다. 이 독실한 애국자들이야말로 그들 자신은 전혀 의도하지 않은 이 풍자극의 배우들이다. 국기하강식을 비꼬는 장면을 보고 눈물을 흘리며 감동하는 대통령과 술자리에서 비장하게 애국가를 불러제끼는 육군대장 따위로 구성된 이 권력집단은 이데올로기적 진술을 '글자 그대로 믿는' 근본주의자, 즉 애국심 같은 건 전혀 믿지 않는 불신자 집단이다. 결국, 이 장면의 풍자는 영화 내적으로보다는 이 장면의 해석을 둘러싼 근본주의자들의 그로테스크한 진지함과 그런 그들을 바라보는 나머지 사람들의 웃음의 충돌을 통해 최종적으로 완성된다. "전체주의의 가장 큰 위협은 그 이데올로기를 문자 그대로 취급하는 사람들"이라는 지젝의 언급대로, 이들이야말로 애국주의 이데올로기의 "비장한 문장들을 웃음거리로 만드는" 풍자극의 진정한 배우였던 것이다. (그 위협의 결과는 오늘날 우리가 보는 바와 같다.)

광신적 근본주의가 체제의 가장 큰 위협이라는 역설도 실은 하나의 풍자다. 그런데 이 풍자는 근본주의든, 스탈린주의든, 전체주의든, 그 토대인 정체성-정치identity-politics의 가공할 폭력에 어떻게 맞설 수 있을까? 그것은 쉽게 답할 수 있는 문제가 아니다. 그러나 누구나 아는 뻔한 이데올로기의 가면을 들추고 벗기는 데에, 아니면 '옥수수가 아니라 닭'임을 주장하는 따위의 선동에나 몰두하면서 엄청난 일을 하고 있다는 식의 비장한 포즈를 취하는 저 잘난 학자-지식인 나부랭이들의 또 다른 근본주의에 맞서기 위해서라도 풍자의 정신은 유력하다. "풍자가 아니면 해탈이다"(「누이야 장하고나!」)라고 외쳤던 김수영의 뜻도 여기에 닿아 있다. 그것이야말로 '메타 레벨은 없다'고 말하는 메타 레벨에 서서 세계와 맞서는 것이다.

비천한 육체는 말할 수 있는가?

이 책은 내가 2010년부터 지금까지 이런저런 계기로 발표한 글들을 모은 것이다. 일관된 기획 아래 쓰인 글들이 아니라서 그들 사이의 연관도 느슨하고 외양도 많이 다르다. 그러나 돌이켜보니, 대체로 위에서 말한 바와 같은 문제의식이 오랜 시간 나의 뇌리를 지배하고 있었고 그것이 이 책에 실린 글 전반에 두루 깔려 있음을 깨닫는다. 나의 자료는 주로 일제 식민지 시대에 집중되어 있지만, 단지 식민지의 시공간에 나의 말을 고정하고 싶지는 않다. 지금 여기에서도 극단적인 수준으로 진행되는 정체성-정치의 폭력에 맞서기 위해서는 그것이 처음 시작된 지점, 즉 일제 식민지를 들여다봐야 한다는 것이 나의 의도다. 식민지 조선은 한국에서의 근대 정체성-정치의 수원지일 뿐 아니라, 지금 이곳에서 진행되는 폭력의 마르지 않는 저수지이기도 하다. 정체성 회복이니 정립이니 하는 허구적fictional 정언명령은 식민지의 역사적 경험에 대한 끝없이 반복되는 이데올로기적 환상을 통해 새로운 폭력의 연료를 공급받고 정당성을 확보한다.

오랫동안 나는 근대 국민국가의 정체성-정치가 필연적으로 낳기 마련인 잉여적 존재들, 즉 난민적 상태의 '비천한 육체들(卑體, 앱젝트abject)'에 주목해왔다. 통치의 주체subject도 대상object도 아닌 앱젝트는 근대 정체성-정치의 메커니즘 속에서 "기본권 박탈이 아니라 아무 곳에도 속하지 못하는 존재"(한나 아렌트, 『전체주의의 기원』), 체제의 부분이 아니라 체제의 배설물, 토사물로 존재한다. 배설하지 않으면 유기체로서의 체제는 존립할 수 없다. 그러므로 앱젝트는 체제의 필연적 산물이며 필수적 존재다. 푸코의 말을 빌리면, 대관식과 장례식 등에서 최고조에 달하는 '국왕의 신체'의 반대 극점에 '가장 작은 사형수의 신체'가 있다(『감시와 처벌』). 나는 이 말을 따라, 허풍과 허장성세로 뒤덮인 '국가의 신체' 반대 극점에 '가장 작고 비천한 육체(앱젝트)'가 있다고 말한다. 근대 국민국가는 이 비천한 육체들을 딛고 서 있다.

모든 혐오는, 타자에게서 보이는 자신의 모습에 대한 공포와 혐오라는 점에서, 결국은 자기혐오다. 타자에 대한 혐오는, 내 안에 있지만 내 눈에 보이지 않는/보고 싶지 않은 '더러운 것'에 대한 혐오와 공포를 타자의 신체 위에 형상화함으로써 그 공포로부터 벗어나고자 하는 욕망의 표현이다. 그리고 그 욕망이야말로 인간의 사회체제를 지탱하는 기본적 동력이다. 그러나 타자에 대한 혐오가 자기혐오의 다른 표현인 한, "사회를 보호해야 한다Society must be defended"(푸코)는 근대 통치의 이데올로기는 영원히 실현될 수 없는, 바로 그래서 영원히 반복될 수밖에 없는 공허한 허구다.

내 안에 있지만 내 눈에 보이지 않는/보고 싶지 않은 이 비천한 육체들은 어디에 있는가? 그들은 누구인가? 나는 그들의 말을 들을 수 있는가? 일제 식민지에서 종군위안부와 강제노동의 주요 동원 대상이 되었던, 인구의 80퍼센트 이상을 점하는 농민과 문맹자와 빈민들, 그 밖에 일상적 범죄자, 매춘부, 정신병자, 장애인, …. 존재하되 존재하지 않았던 이들은 정체성-정치의 상상력, 즉 역사 서술의 목표를 '국가의 신체'와 국민적 정체성의 확립에 두는 국사國史-민족사의 시야, 혹은 식민지의 삶을 오직 영웅적 독립투사와 비열한 친일파의 대립으로만 그리는 대중적 멜로드라마의 편집증적 시각으로는 결코 보이지 않는다. 해방 이후는 어떠한가? 미군 기지촌의 '위안부' '양공주', '혼혈아', 간첩 조작 사건의 '간첩', '광주대단지'의 '폭도', '막걸리반공법'의 '빨갱이', 삼청교육대의 '부랑배', 수용소의 장애인과 부랑자, 매춘부, 탈영병, 성소수자, 외국인노동자, 불법체류자, 난민, …. 이들의 비천한 육체 역시 '국가의 신체', 예컨대 국립묘지, 독립기념관, 전쟁박물관, 각종 열사烈士, 투사鬪士, 의사義士의 기념관 및 그와 연관된 온갖 요란한 의식儀式의 자리에서는 보이지 않는다.

누가 어떻게 이 비/존재의 비루한 신체=국민국가의 오물을 드러내고 그들의 목소리를 들리게 할 것인가? 그들은 말할 수 있는가? 무엇보다도 큰 난관은 스피박의 언급, 즉 "서발턴subaltern을 재현하면서 자신을 투명한 존재로 재현하는 지식인"(「서발턴은 말할 수 있는가」)의 자기모순을 어떻게 넘어서는가 하는 문제다. 더 나아가, '그리는 자'와 '그려지는 자' 사이의 회복할 수 없는 분열 상태를 다음과 같이 지적하는 레이 초우의 급진적 비판(『디아스포라의 지식인』)에 이르면 암담한 느낌은 더욱 커진다.

우리는 지식인들의 싸움이 말을 통해 이루어지는 싸움이라는 것을 기억할 필요가 있다. 반체제적 입장을 주장하는 사람이라고 해서 그 적과 조금이라도 다른 일을 하는 것은 아니며 지배의 중심부 또는 주변부에서 생존하려고 발버둥치는 사람의 짓밟힌 삶을 직접적으로 변화시키려 하는 것도 분명 아니다. 따라서 학계의 지식인이 직면해야 하는 것은 […] 역설적이게도 자신의 반체제적 담론에 의해 축적되는 권력, 부, 특권이며 자신의 말이 공언한 내용과 그런 말로부터 자신이 얻은 신분상승의 격차가 점점 벌어지고 있다는 사실이다. […] 결여로서의 타자에 대해 줄기차게 말하지만 봉급과 강연료가 계속 올라가는 그런 사람을 우리는 믿어야 하는가?

"반체제적 담론에 의해 축적되는 권력"에 도취되거나 비천한 육체를 재현하면서 자신의 윤리적 우월감을 만끽하는 위선僞善에 빠지지 않기 위해서라도 앞서 언급한 유머의 정신, 즉 '자기의 이중화'는 더없이 긴요하다고 나는 생각한다. 자기가 자기를 바라보는 유머의 태도는 타자에 대한 혐오, 공포, 연민이 곧 자기 자신에 대한 것임을 깨닫게 할 것이기 때문이다. 물론 그렇다고 해서 그것이 "발버둥치는 사람의 삶을 직접적으로 변화시키는 것"은 아닐 터이다. 무엇을 할 것인가? 김수영의 산문 중에 내가 가장 좋아하는 구절은 "문갑을 닫을 때 뚜껑이 들어맞는 딸깍 소리가 그대가 만드는 시 속에서 들렸다면 그 작품은 급제한 것"이라는 문장이다. 그는 그것을 "행동에의 계시"라고 불렀다. 삶도 그러할 것이다. '문갑이 딸깍 들어맞는 소리'를 '행동에의 계시'로 듣는 마음, 그것이 아마 우리를 절망으로부터 한 걸음 나아가게 하는 힘일 것이다. 그래서 나는 오늘도 쓴다.

이 변변치 않은 책을 내는 데에 또다시 헤아릴 수 없는 빚이 쌓였다. 무엇보다 세상의 흐름을 거스르기를 주저하지 않는 뿌리와이파리 출판사의 정종주 대표에게 존경과 감사의 말씀을 전한다. 재작년 겨울 광화문 광장에서 독재와 냉전의 망령을 축출해낸 시민정신의 개화와 그 이후 한반도에서 진전된 꿈같은 평화의 가능성에 의해 나는 생애 최초의 사회적 행복감에 고무되어 있다. 이러한 나의 기대감과 이 책에 실린 글들의 회색빛 우울은 뭔가 이질적인 것으로 보인다. 그러나, 자신 안에 있는 타자성에 대한 인식이야말로 정체성의 강박에서 벗어날 가능성의 첫 단초라고 보면 그 또한 마다할 일이 아니다. 이 책이 그 가능성의 한 작은 계기라도 된다면 저자로서는 더할 수 없는 기쁨일 것이다. 새로운 세기世紀, 새로운 세계를 열어젖힐 '여러 겹의(多重的, multi-ply) 존재들'에게 이 책을 바친다.

2018년 7월

김철

차례

민족-멜로드라마의 악역들
—『토지』의 일본(인)

고전적 멜로드라마는 모더니티에 대해 다소 역설적이기는 하지만 그럼에도 불구하고 공통되는 이중의 심리적 반응을 보였다. 한편으로 멜로드라마는 가혹하고 예측 불가능한 근대 자본주의의 물질적 삶에 놓인 개인의 무능력함을 극적으로 표현했다. 다른 한편으로는 관객들에게 우주로부터 더 고차원적인 도덕적 힘이 여전히 지상을 내려다보고 있으며, 궁극적으로는 그 정의로운 손으로 세계를 다스린다는 것을 안심시킨다는 점에서 준-종교적인 개량적 기능을 수행했다. 미덕의 찬미, 궁극적인 시적 정의poetic justice와 함께 멜로드라마는 사람들이 근대적 삶의 부침에 대처할 수 있도록 도와주는 일종의 보상적 믿음을 제공했다.

—벤 싱어, 『멜로드라마와 모더니티』[1]

---

1)   벤 싱어 지음, 이위정 옮김, 『멜로드라마와 모더니티』, 문학동네, 2009, p. 202.

1. 민족-멜로드라마로서의 『토지』

멜로드라마에 관한 잘 정리된 한 연구에 따르면, 멜로드라마란 다섯 가지의 핵심 구성요소가 다양하게 결합되어 있는 일종의 '개념군cluster concept'인데, 그 다섯 가지 요소란 1) 강렬한 파토스, 2) 과장된 감상성, 3) 도덕적 양극화, 4) 비고전적 내러티브(즉, 행위의 에피소드적 연발), 5) 스펙터클 효과 등이다. 어떤 연극이나 영화, 혹은 문학 작품을 멜로드라마로 지칭하는 데에는 이것 중의 단 두세 가지, 심지어는 단 하나의 요소만으로도 충분하다고 할 수 있다.[2)]

박경리 씨의 장편 대하소설 『토지』에 나타난 일본 및 일본인 상像을 검토하고자 하는 이 글에서 나는 멜로드라마에 관한 위와 같은 정의에 의지하여 이 소설을 읽어보려 한다. 멜로드라마의 구성요소 중 특히 앞의 세 가지 요소들, 즉 강렬한 파토스, 감정의 과잉, 도덕적 양극화는 수많은 인물과 광활한 지역을 포괄하는 이 소설에서 가장 두드러지는 특성이며, 전 5부 16권[3)]에 달하는 기나긴 이야기를 지탱하는 뼈대이다. 평사리의 대지주 최참판댁에 가해지는 끝없는 고난과 시련, 긍정적 인물들에게 가해지는 부당한 억압과 고통, 그로부터 생성되는 강렬한 파토스는 『토지』의 전체 무대를 지배한다. 쓰러지기 일보 직전의 고통에 처한 인물을 묘사하는 소설의 문체는 격정적인 어휘들, 비탄과 분노로 터질 듯한 절규, 느낌표(!)가 범람하는 문장들을 끝없이 쏟아낸다.

가장 특징적인 것은 도덕적 양극화이다. 선(인)/악(인)의 선명하고도

---

2) 위의 책, p. 19.

3) 『토지』의 텍스트는 1994년에 솔출판사에서 간행한 『土地』 1~16을 사용한다. 이 글에서 소설의 인용은 권수와 페이지를 표기(예컨대, 1-57, 14-29 등)하는 것으로 한다.

가차 없는 이분법은 총 6,800쪽을 넘는 엄청나게 방대한 양의 이 소설에서 조금도 변치 않는 원칙이다. 이 선악의 선명한 양극화는 뜻밖에도, 아니 당연히, 양적으로 방대한 이 소설의 내부적 밀도를 매우 느슨하고 무미건조하게 만드는데, 이 양극화된 세계 속에서 선(인)의 무리는 만주벌판을 누비는 독립투사들, 지하에서 암약하는 혁명가들, 그리고 일본(인)에 대한 강렬한 적개심과 혐오감을 간직하고 있는 다수의 민중이며, 악(인)의 무리는 소수의 일본(인)과 '친일파'들이다.

평화로운 농촌 평사리의 풍성한 한가위 잔치 마당을 덮치는 일본 군경軍警의 잔학행위의 묘사로부터 시작되는 『토지』의 첫 장면이 예시하듯, 모든 재앙과 고통은 이 악의 무리로부터 온다. 일본(인)과 '친일파'는 "악의 뿌리"이며 "절대악"(8-250)이다. "만일에 극악무도한 친일파 조준구가 최참판댁을 집어삼키지 않았더라면" 그 모든 비극과 불행은 없었을 것이며, "일본의 침략이 없었던들", "일본이 내 강산을 범하지 않았던들" 그 모든 고초도 없었을 것이다. "제국주의 일본의 동물적 탐욕은 그 얼마나 많은 조선 백성들의 운명을 바꾸어 왔는가."(14-64)

그러므로, 악랄하고 잔인무도한 악당들과 영웅적 초인들의 대결이 『토지』의 기본적인 서사문법이 되는 것은 이 양극화한 선/악의 세계, 멜로드라마의 세계에서는 당연한 일이다. 이 멜로드라마의 세계 속에서 궁극의 승리를 향해 가는 선(인)의 총칭總稱은 '민족'이다. '민족' 또는 '조국'은 선(인)의 근거이며 또한 종착지이다. 다시 말해, 출발점이자 회귀점으로서의 '민족'은 이 멜로드라마의 진정한 주인공이다. 『토지』를 민족-멜로드라마로 명명한 까닭은 거기에 있다.

2. "딱정벌레"와 "나비"

그러면 『토지』에서 이 '악당'은 어떻게 그려지는가? 놀라운 점은, 일본 (인)이 "악의 뿌리", "절대악", "마귀", "악마" 등으로 지칭되고 모든 재앙의 원천으로 설정되어 있는 것에 비해, 정작 일본(인)이 소설 무대 위에 직접적으로 등장하는 경우는 거의 없고, 소설 내의 사건이나 인물에 큰 영향을 끼치는 경우도 없다는 것이다. 그럼에도 불구하고, 『토지』에 흘러 넘치는 것은 일본(인)과 일본문화에 대한 언급이다. 우선 다음의 장면을 보자.

"그래서 하는 말인데, 일본인의 의상이나 색채를 어떻게 생각하십니까?"

"어떻게 생각하다니?"

"갑충(甲蟲), 딱정벌레를 연상하지 않습니까?"

"……?"

"반대로 일본 여자하고 결혼해서 그들 속에 묻혀 살아온 처지인만큼 조선을 대상으로 하는 제 눈이 맹목적일 수만은 없을 겁니다. 그래 조선의 의상과 색채를 생각해 보았지요."

"그게 뭐냐?"

"나비, 학입니다."

 […]

"일본의 옷이나 색채는 상당히 그로테스크합니다. 특히 색채는 불투명하고 부피를 느끼지요. […] 옷 형태에 있어서도 율동이 없습니다. […] 한마디로 복잡하고 그로테스크하지요. 조선의 의상과 빛깔을 봅시다. 구십 프로 이상은 흰색이며 나머지 색채도 거의 중간색이란 없어요. 모두 흰색이며 투명하지요.

그리고 옷의 형태로는 율동하지 않는 곳이 거의 없습니다. 선도 밀착되지 않은 직선에는 풍부한 율동을 허용하고 밀착할 수밖에 없는 곳은 곡선으로 처리하고 있습니다. 투명한 갓, 갓이야말로 아마 세계적 명작이 아닐까요? 그러면 갑충 혹은 딱정벌레, 학 또는 나비의 설명이 될 것 같습니다."(10-161)

일제로부터 귀족 작위를 받은 친일파 조용하와 그의 동생인 조찬하가 나누는 이 대화에서, 일본 의상을 '딱정벌레'에, 조선 의상을 '나비 또는 학'에 비유하는 조찬하의 관점이 얼마나 타당한 것인가는 지금 이 글에서의 관심사가 아니다. 동시에 저러한 종류의 민속학적 지식이 실은 제국주의 지배자로부터 전해진 것이며, 피식민자가 그러한 지식을 바탕으로 자기 자신을 재인식하는 것이야말로 전형적인 식민주의의 작동방식이라는, 매우 익숙해진 탈식민주의의 논법을 새삼스럽게 끄집어내려는 것도 아니다.

위 인용에서의 비논리와 자기중심적 편견을 지적하는 것은 매우 쉬운 일일 것이다. 그러나 위의 인용은 『토지』에서의 다른 일본(인)론에 비하면 훨씬 절제되어 있고 균형 잡힌 것이라는 점에서 오히려 예외적인 것이다. 장황하지만, 다음의 인용을 보자.

칼날과 섹스, 그것이야말로 진실로 일본의 수천 년 역사의 진수가 아니었던가.(10-14)

우리 조선 사람이야 아무리 막돼묵었다캐도 삼강오륜은 알제. 조선에 나온 왜놈들은 상놈치고도 그런 상놈이 없다는 기라. 뭣한 놈도 훈도시 하나 사타구니에 끼고서 여자 앞에 나타나는 기이 예사거든. 산골이나 도중섬에서 온 놈

들은 정말 짐승하고 똑같다 하더마.(7-458)

이조 오백년 동안 심은 삼강오륜, 그 윤리 도덕에 길들여진 상민들은 비록 의복이 남루했을지언정 예의 범절을 모르는 왜인들을 짐승 보듯 했으며(7-229)

조선을 저 늑대들이 먹어치울 때 떨어진 부스러기를 찾아서 하수구의 쥐떼처럼 몰려왔던 그네들 백성, 더럽고 염치없고 상스러웠던 그 왜인들(7-230)

일본이 어째서 섹스의 왕국인가. 말라버린 샘터를 채우기 위함이요 그나마 진실과도 같이 착각하기 때문이다. […] 말할 것도 없이 그로테스크는 칼, 피, 괴기이며 그것은 필연적으로 에로티시즘과 상합하고 무의미의 결과를 낳는다.(14-312)

삼강오륜을 헤아리는 조선의 농부들 눈에 본토에서 버림받은 비천한 일인들이 짐승으로 보였다. 그들은 입에 담기조차 부끄러운 야만인이었다.(10-16)

"일본 것들 하층 사회를 들여다보면 우리네 하층 사회가 훨씬 양반이지."
"그건 그래. 짐승이다."(8-419)

유교 사상에 길들여진 조선 백성들의 잠재된 의식 속에는 예절과 검소 그 격조 높은 선비 정신의 잔영이 있었을 것이요, […] 일본 것은 저속하고 치졸해 보였을 것이다.(10-11)

칼의 문화, 유곽문화(遊廓文化), 그것도 문화의 범주에 속하는 것인지 알지 못

하겠으나 여하튼 일본 군화가 지나간 곳이면 맨 먼저 어김없이 서는 게 유곽
이다. 그리고 보면 칼과 섹스는 불가분의 관계인 것 같고(13-49)

왜풍이 들어와서 그런 것이 다 무너지고 말았구나. 짐승 겉은 왜놈들 삼강오
륜도 모리는 세상 아니가.(10-146)

사람이 방편으로 살면 못 쓰는 법이다. 그것은 왜놈의 사고방식이야. 사람과
사람 사이에는 신의지 방편으로는 길게 못 가느니(14-255)

일본문화의 정수精髓를 '칼과 섹스'로 단언하고 일본인을 '짐승', '야
만인'으로 묘사하는 이러한 언설은 『토지』의 전편에 걸쳐 쉴 새 없이 반복
된다. '조선 사람은 아무리 막돼먹었어도 삼강오륜이 몸에 밴 점잖은 양
반'인 데에 비해 '왜놈은 더럽고 상스러운 야만인, 짐승'이라는, 이런 난폭
한 인종주의적 편견이 한국문학의 노벨상 수상을 거론할 때마다 으레 손
꼽히곤 했던 작가의 작품에 이렇게 미만해 있다는 것은 놀랍지만 틀림없
는 사실이다.

한편 다음의 인용은 『토지』에서 엄청나게 많은 부분을 차지하는 무수
한 일본(인)론 혹은 일본문화론 중의 일부분이다.

일본의 특성이야말로 황당무계한 것도 진실이 되며 진실에 대한 고뇌가 없기
때문에 참다운 뜻에서 사상과 종교도 부재야. 차원 높은 문화 예술이 없는 것
도, 그들의 음악이나 춤을 보아. 단조로운 몸부림, 힘의 폭발이 없는데 칼을 들
면 잘 싸우거든.(11-213)

일본에는 투철하게 진실을 탐구하는 지성이 없다. […] 진실은 언제나 서슴없이 필요에 따라 우그려놓는 구리 그릇과도 같은 것이며 그들에게는 역사의식이 없다. 종교나 철학이 발붙이지 못하는 것이 그 땅이다.(14-315)

군주가 현인신인 이상 진리 진실의 추구는 불가능한 것 아니겠어요? 역사적으로 항상 남의 것을 모방할 수밖에 없었던 것은 바로 원인이 거기 있지요. 일본이 칼, 무기 말고 해 놓은 게 뭐 있습니까?(15-265)

마음속 깊이에 통곡이 울음이 없고서 어찌 사색을 할 수 있겠습니까? 종교에 귀의할 수도 없지요. 진리를 탐구하고 문화를 형성할 수도 없습니다. 일본인에게 진정한 종교가 있습니까? 진정한 이데올로기가 있습니까?(15-272)

병신놈으 자석들, 옷 하나도 못 맨들어서 흥, 우리 조선의 상복을 가져간 놈의 쪽발이 자석들이 무신 별 수가 있일 기라고.(5-170)

그 옛날 나라의 기틀을 잡아주고, 무지몽매하여 고구려에서 보낸 국서(國書)도 오직 읽는 이가 왕인(王仁)의 자손 한 사람뿐이었다든지, 그런 그들에게 지식을 전달해주고, 죽통(竹筒)에 밥 담아먹는 그들에게 도예를 가르치고 불상을 바다에 띄워 보내주고 그렇게 예술을 전수해주었는데 우리는 지금 저들에게 야만족으로 매도되고 있다.(13-70)

제에기랄! 그릇이 없어 대통에 밥 담아 먹던 왜놈이 임진왜란 때 도공을 끌고 간 일은 몰랐던가, 죽일 놈들, 그 주둥아릴 가지고서 애급의 피라밋이 어떻고 스핑크스가 어떻고…….(10-301)

그들이야말로 무지몽매한 야만족으로 유구한 우리 문화의 세례를 받음으로써 눈을 뜨지 않았는가.(16-79)

당신들 가난한 문화를 떠받친 것은 소수의 로맨티스트, 그러나 창조에 있어서 그것은 차원이 낮지요. […] 종교 중에서 불교 하나를 들어봅시다. 기라성 같은 고승들, 찬란한 불교 문화, 지금도 그 전례는 해변의 조개껍질만큼이나 도처에 굴러 있소. 당신네 나라는? 니치렌(日蓮)? 구가(空海)? 중으론 그렇게밖에 손을 꼽을 수 없는데 그들은 뭘 했나요. 경전을 얻어왔고 국난 내습을 외쳤을 뿐, […] 당신네들은 단결을 성취하였소. 배부른 돼지가 되었지요.(10-151)

일본은 강국이다, 노대국 청국과 러시아에게 도전하여 승리한 강국, 이 강국이라는 관념은 그들의 빈약하고 보잘것없는 문화까지 승격하게 했지요. 상스럽고 조잡한 문화가 위대하게 보여지기 시작한다 그 말입니다.(10-300)

조선에서 얻어가고 빼앗아가고 끝없이 가져가도 빈곤한 바탕에서 생략할 수밖에 없는 일본의 치졸한 단순성, 풍요한 바탕에서의 생략과는 무서운 거리지요. 제 말이 틀렸나요? 임진왜란 때 수많은 도공들을 끌고 간 것도 그렇고, 오랜 옛날부터 조선 자기에 미치고 탐했던 것은 그것을 만들지 못하는 문화적 빈곤, 다시 말하면 정신적 빈곤에서 온 거 아닙니까? 안 그렇습니까?(11-287)

주목할 것은 이 언설의 다양함이 아니라 그 동일함이다. 서로 다른 인물들에 의해 발화되고 있음에도 불구하고, 일본(인)과 일본문화에 대한 이들의 발언 내용은 모두 한결같다. 같은 내용이 다른 인물의 입을 통해, 또는 화자의 직접적 서술을 통해 쉴 새 없이 반복된다: 일본에는 종교도,

사상도, 철학도, 문화도, 예술도 없다. 일본의 문화나 예술은 저속하고 빈곤하며 상스럽고 조잡하다. 있는 것은 칼과 섹스뿐이다.

이렇듯, 일본(인)과 일본문화를 '야만인'과 '짐승'으로 매도하고 경멸하는 (그리고 아마도 그로부터 심리적 쾌감을 얻을) 이 시선은 『토지』의 전편에 걸쳐 끊임없이 지속된다. 요컨대, 넘쳐나는 일본(인)론에도 불구하고 "일본은 없다". 자신과 타자의 관계를 문명/야만의 구도로 설정하는 것이야말로 제국주의 지배의 초석이라는 인식은 이 세계에서는 물론 생겨날 수 없다. 말할 것도 없이, 제국주의를 넘어설 상상력 역시 이 안에서는 결코 기대할 수 없다.

3. "씨를 말려야 해!"

더욱 문제적인 것은, 위와 같은 일본문화론이 그나마 유지하고 있는 현학적 겉치레마저도 완전히 벗어던진 채 일본(인)이 묘사될 때이다. 악당=일본(인)에 대한 저주, 증오, 혐오, 경멸의 정서와 언어는 『토지』의 모든 인물이 공유하는 것이다. 작가는 서사의 전개와는 아무 상관없는 일본인들을 삽화적으로 가끔 등장시키는데, 그때의 묘사는 거의 예외 없이 이러하다.

"임마, 왜놈들 씨종자 작은 걸 몰라? 나보다 작은 놈이 있다는 것 그거 과히 기분 나쁘지 않다."

[…]

"왜놈들 말이야, 왜놈들 말인데 어떻게 보이지?"

"사람의 상판이긴 마찬가지죠."

"모두 김이 모락모락 나는 군고구마같이 뵈지 않나?"

"군고구마라면 얼마나 좋겠습니까. 배창자가 터지는 한이 있어도 다 먹어치우겠습니다."

"그러면은, 따뜻하고 귀중품 숨기기에도 든든한 하라마끼[腹券]라면 어떨꼬?"

"모두가요? 그렇지만도 않지요. 해꼬오비(허리띠)에다가 신갱부꾸로[信玄袋]를 걸머진 늙은 것은 어떻고요? 눈에 눈꼽이 끼어서 벌벌 떠는 꼴이야말로 거지 중 상거지, 아 저기 보십시오. 맨종아리가 드러난 여자 말입니다. 쪽바리 여자 말입니다."(8-109)

사회주의자이며 투철한 독립투사인 서의돈과 그의 후배가 나누는 대화가 이러하다. 한편 만주 용정의 조선인 학교 교사이며 열렬한 민족주의자로서 독립운동에 가담하고 있는 송장환이 길거리에서 우연히 일본인을 만나는 또 다른 장면을 보자.

이들 앞을 지팡이를 짚은 늙은 일본인 한 사람이 걸어간다. 쥐색 히도에(홑겹옷) 아랫도리를 양켠 다리에서부터 걷어올려 검정 오비(허리끈) 사이에 끼우고, 그러니까 정강이는 물론 엉덩이도 아슬아슬한데, 와라지(왜 짚세기)를 신은 늙은 사내는 등에 봇짐 하나를 짊어지고 있었다.

"저 늙은 것은 뭘 해처먹겠다고 여까지 왔을까?"

"자식놈이라도 찾아온 게지요. 행색을 보아하니 죄 없는 백성인 성 싶소."

"그래요? 내 눈에는 굶주린 늙은 짐승 같소."

송장환은 길가에 침을 탁 뱉는다.(4-138)

길거리에서 우연히 마주친 일본인(그것도 초라한 거지 행색의 늙은 일본인)을 향한 지식인들의 언어와 행동 속에 담긴 이 '야만적' 제노포비아 Xenophobia는 『토지』의 세계에서 결코 예외적인 것도, 특별한 것도 아니다. "왜놈, 왜년, 왜헌병, 왜말, 왜종자, 왜책, 왜돈, 왜기생, 왜소리판" 등의 비칭卑稱은 등장인물뿐만 아니라 작가의 지문에서도 흔히 쓰이는데, "친일파나 지식인 말고", "조선의 대지이며 생명"인 "대다수 민초들은 왜놈, 왜년이라 하며" 그것은 "역사적인 자부심"의 표현이라는 것이 작가의 주장이다(14-92). 그러면 '왜놈'은 누구인가? "상대가 약하다 싶으면 사악하기가 뱀 같고 늑대같이 포악해지지만 상대가 강하다 싶으면 순식간에 쥐새끼로 표변하는 습성"을 가진 것이 '왜놈'이다(12-319). "독버섯"(9-187) 같은 존재인 '친일파', '민족반역자'도 마찬가지다. "왜놈 밑에 빌붙어서 사는 놈들은 상대편이 약하다 싶으면은 밟아 뭉개버릴라 하고 잘난 체하면은 겉으로라도 우대하는 버릇"(7-305)이 있다.

『토지』에서의 일본(인) 묘사가 삼류 통속극의 진부하고 상투적인 상상력의 범위를 벗어나지 못하는 것은, 특히 이 '악당들'의 외모를 묘사할 때이다. "게다짝 신고 안짱걸음 걸으면서 땅바닥에 떨어진 동전 살피듯 땅을 보고 걷는 그들 습성"(12-55)은 "남자 여자 할 것 없이 속바지를 안 입는 일"(8-407)과 더불어 심한 혐오감을 안겨주는 것이다. 진주 ES 여고의 일본인 교사들을 묘사하는 다음의 장면은, 일본(인)에 대한 혐오의 정서가 이 작가의 붓과 상상력을 얼마나 제약하고 있는가를 잘 보여준다.

뻐드렁니에다가 머리가 다붙은 이마, 위로 치올라간 두 어깨를 꾸부정하게 꾸부린 모습으로 안짱걸음을 걸으며 두 팔은 허수아비같이 힘없이 늘어뜨리고 얼굴에는 언제나 남을, 특히 조선인을 업신여기는 표정을 싣고서 수업 시간에는 조선인 흉보는 것을 서슴지 않았던 이와자키 선생, 설탕을 가져오면 점수를 달게 주겠다, 뻐드렁니를 드러내고 시뻘건 잇몸을 드러내놓고 웃던 미술 선생, 역시 뻐드렁니에 몸집, 키가 다 작았으며 안경을 썼던 음악 선생은 항상 사람 좋은 미소를 머금고 있었으나 눈곱만치도 동정심이라고는 없는 구경꾼이었다. 그리고 센티멘틀리스트인 체육 선생, 얘기를 해 놓고 보니 용모에는 뻐드렁니가 꽤나 많다.(16-321)

'악당은 용모가 추하고 못생겼다'(당연히, 선인은 '잘생겼다')는 것은 이 멜로드라마에서 철저하게 지켜지는 서술적 원리다. 일본인이나 친일파는 그 도덕적 타락에 못지않게 천박하고 비천한 용모로 묘사된다. 친일파이며 모든 재앙을 불러온 악당 조준구는 '돼지처럼 뚱뚱하고 작달막'하며, 여밀정女密偵 배설자의 외모는 '추악하고 마귀 같다.' 아마도『토지』의 악당 가운데 가장 악랄하고 잔인한 악당은 일본 경찰의 밀정인 김두수일 터인데, 그 역시 뚱뚱하고 못생겼을 뿐 아니라, 놀랍게도, '뻐드렁니'(!)를 가졌다.

여기서, 『토지』의 서사가 선(인)/악(인)의 선명하고도 가차 없는 이분법에 의해 유지되고 있다는 이 글 첫머리에서의 지적을 상기해보자. 『토지』의 수많은 지면은 이 악당들에 대한 증오와 저주, 끓어오르는 적개심의 표현으로 가득 차 있다. "왜놈"과 "친일파", "민족반역자"에 대한 증오와 혐오는 통제할 수 없는 감정과잉의 상태를 보인다. 더욱 놀라운 것은, 저주의 감정을 담은 이 언사言辭들이 작가가 그토록 혐오해 마지않는 일본식 그로테스크를 빼닮았다는 점이다. 예컨대, "위대한 영웅", "인간이 도달할 수 있는 지극히 높은 경지"로 표현되는 항일투사 김환이 자신에게 연정을 품은 여자를 뿌리치며 다음과 같이 말할 때, 이 짧은 표현 속에 들어 있는 그로테스크한 음산함은 '일본적인 것'을 훨씬 능가한다.

> 환이 미친 듯이 웃어젖힌다. 그러다가 별안간 몸을 일으키는 여자에게 덤벼든
> 다. 꽉 껴안는다. 여자 얼굴을 뒤로 젖히며 목에 얼굴을 파묻은 환이 […] 다시
> 낮은 소리로 속삭인다.
> "사팔띠기한테 시집 가라구……"
> 다음 순간 환이는 여자를 떼밀어 젖힌다. 여자는 나자빠지면서 몸을 모로 눕
> 힌다.
> "싫은 계집이 달라붙으면 죽이고 싶더구먼. 왜놈의 배때기를 찌르듯이, 미칠
> 지경으로 밉더군."(5-205)

욕정을 품고 남자에게 달려든 여자. 뒤로 젖혀진 여자의 목. 그 목에 얼
굴을 파묻은 남자. 나자빠진 여자. "죽이고 싶다"는 남자의 말. 거기에 더
해지는 "왜놈의 배때기를 찌르듯이"라는 대사. 이 짧은 문장들의 급박한
연쇄가 불러일으키는 이미지는 '칼과 섹스'가 결합된 '에로 그로ㅗㅁㅡ-グ
ㅁ'의 쾌감에 다름 아니다.

한편, 최서희 가家의 집사이며 항일운동가들을 막후에서 지원하는 장
연학은 "종전의 추상적 반일감"으로부터 "진정한 분노"와 함께 "항일의
정열이 분출하는 활화산같이 된 것을 느끼게" 되면서, "동물적으로 일본
인을 살해할 수 있을 것 같았다"(16-349). 서희의 아들이며 뛰어난 천재
이며 일본 유학을 마친 화가이며 서울의 중학교 교사이며, 그의 친구의
말에 따르면 "관음보살"과도 같은 인물인 환국은 "인간을 짐승같이 도륙
하고 학살하는 이 시대의 악마"는 "일본이다!"라는 깨달음에 이르러, "씨
를 말려야 해! 그들 인종이야말로 씨를 말려야 해! 인류가 존속하기 위

해선 제발, 그들은 이 지구상에서 사라져야 해!"라는 절규를 토한다(16-286). 신교육을 받고 일본 유학을 한 지식인 여성들의 대화 속에서 "씹어 먹을 놈들", "씨를 말려야 해요"(8-122), "악의 뿌리는 잘라내야 한다"(8-250) 같은 언사는 예사롭게 쓰인다.

4. 이구동성의 인형들

'악당'에 대한 이러한 극단적 감정과잉은 『토지』의 서술방식에 심각한 혼란과 결함을 초래한다. 이제 그 점을 살펴보자. 위에서 인용한 『토지』에서의 일본(인)론과 일본문화론은 저마다 다른 인물에 의해 말해진 것이다. 그러나 앞서 말한 바와 같이, 중요한 것은 그 발언들이 다른 인물에 의해 발화되었다 하더라도 그 내용은 언제나 동일하다는 점이다. 내용뿐만 아니라 사용되는 어휘, 표현방식, 거론되는 사례들이 거의 대부분 똑같다는 것이다. 그 점을 분명히 하기 위해, 다음 인용을 주목해보자.

> 한마디로 인내와 저력 같은 것이 없는 인물이야. 화려한 문벌로 군부를 누른 다, 하기는 일본놈들 문벌에는 약하니까 말이야.(12-327)

> 소좌쯤이면 젊지도 않았을 텐데 유치하기가 짝이 없어. 일본놈들 의식수준은 아무리 밖에서 뭐가 들어와도 자랄 줄 모르거든.(12-327)

> 아닌 게 아니라 일본은 너무 염치가 없는 쥐새끼야. 칼을 들고 나갔으면 적을 베고 이기든지 아니면 우치지니(討死: 戰死)를 하든지 또 아니면 사과하고 화

해를 하든지 할 일이지, 칼을 휘두르면서 이거 큰일 났구나, 누구 와서 말려주는 사람 없을까? 형편없는 졸장부들이야.(12-329)

[일본에] 본래 뭐가 있기나 했나? 빼앗아오고 비럭질해 오고 묻혀서 오고, 일본도와 후지산(富士山)밖에 더 있어?(12-351)

'일본놈들은 문벌에 약하다', '일본놈들의 의식 수준은 자랄 줄 모른다', '일본은 쥐새끼', '일본에 있는 건 일본도와 후지산뿐'이라는 등의 발언 역시 지금까지 살펴본 일본(인)론 및 일본문화론과 크게 다르지 않다. 그러나 유의할 것은 위의 발언이 "만주에서 일본 군부의 덕을 보고 사는" "우익 대륙낭인" 무라카미라는 인물의 입을 통해 발화된 것이라는 점이다. 문제는, 일본 군부에 밀착해 있는 '우익 대륙낭인'이 일본인과 일본 군부를 이런 식으로 비난한다는 사실의 개연성 여부가 아니다. 그런 일은 얼마든지 있을 수 있다. 다만, 이 '우익 대륙낭인'의 일본(인) 및 일본문화에 대한 비하와 폄하의 언사가 앞서 보았던 조선인들에 의한 그것과 하나도 다를 바가 없다는 것, 문제는 여기에 있는 것이다.

위의 장면은 중일전쟁이 발발한 1937년 무렵 만주국의 수도 신경新京의 일본인 사회에 대한 묘사 중에 나오는 부분인데,『토지』에서 매우 희귀하게 일본인만이 등장하는 장면이다. 여기에 등장하는 일본인들은, 유인실과 연인관계에 있는 오가다를 제외하고는,『토지』의 다른 인물이나 사건과는 아무런 관계 없이 다만 일회적인 삽화로 등장할 뿐이다. 그런데, 한 번 나타났다 사라지는 이 인물들의 소설내적 역할은 무엇일까? 모두 2개 장章에 걸쳐 진행되는 이 장면에서 무라카미와 그의 친구들은 난징학살 이후 중국에서의 정치적·군사적 정세에 관해 기나긴 '전문가적' 시국담을 늘어놓는다. '일본인의 시국관'이라는 제목에서 분명해지듯이, 작가는 여기서 일본 지식인의 입을 통해 일본의 대륙침략을 성토하고 그 야만성을 폭로하고 싶었던 것인지도 모른다. 그러나 작가의 그러한 의도는 실패할 수밖에 없다. 보다시피, '우익 대륙낭인' 무라카미는 작가의 일본(인)론 및 일본문화론을 되풀이하기 위해 등장했을 뿐이기 때문이다.

일본(인)과 일본문화에 대한 비하와 혐오의 정서가 극단화되면 될수록, 『토지』의 인물들은 신분의 귀천, 지위의 고하, 남녀노소, 심지어는 위의 인용에서 보듯, 조선인, 일본인을 막론하고 모두 똑같은 발성發聲을 하는 인형들, 즉 극단적 감정으로 가득 찬 작가의 일본(인)론을 전달하는 하나의 메가폰megaphone으로 화한다. 사정이 이런 한, 『토지』에서 일본(인)에 대한 증오와 혐오를 드러내는 등장인물의 독백이나 상념이 슬그머니 작가 또는 화자의 노골적인 서술로 바뀌거나, 인물 사이의 대화가 작가의 말과 자주 뒤섞이는 것은 조금도 놀라운 일이 아니다. "갖은 지랄을 다한 일본의 행동"(12-325), "심장에 철판을 깐 일본 정부"(12-326) 같은 표현은 인물 사이의 대화가 아니라 화자의 중립적neutral 서술 가운데 갑자기 돌출함으로써 소설의 문체와 어조tone에 큰 혼란을 초래하는데, 이런 사례는 무수히 많다. 이때에 작가는 인물과 사건을 배치하고 규율하는 숨은 손이 아니라, 소설의 무대 위에 직접 뛰어들어 발언하는 이해할 수 없는 존재가 된다. 그뿐만이 아니다. "독자는 기억할 것이다"라든가 '아, 참, 잊었는데 아무개는 어찌어찌 되었다'라는 등의, 이른바 전지적 시점의 화자가 소설 무대에 맨얼굴을 불쑥 드러내는 어처구니없는 문체의 혼란은 이 소설에서 심심치 않게 일어난다.

또 한편, '악당'에 대한 끓어오르는 적개심을 표현할 때마다 마치 무성영화의 변사처럼 무대 앞으로 뛰어나와 긴 연설을 늘어놓는 이 '계몽적'

작가의 존재는, 이 소설에서 '친일파' 못지않게 비난의 대상이 되는 존재가 '계몽주의자들'이라는 점을 상기하면 심한 모순이 아닐 수 없다. 작가의 말에 따르면, "고관대작들, 지주들, 친일파, 그들의 자손들이 동경 유학을 떠나" "일본의 치졸한 문화를 묻혀 와서 이 강산에 뿌릴 때", "조선 백성들"은 "삶의 터전을 빼앗기고 유민이 되어" 떠돌았다. 일본 유학생을 비롯한 신식 지식인들은 "수천년 경험의 축적인 내 역사를, 수천년 풍토에 맞게 걸러내고 또 걸러내어 이룩한 내 문화를 부정하고 능멸하며, 내 땅에서 천년을 자란 거목을 쳐 뉘며 서구의 씨앗 하나 얻어다가" 심었다. 그 지식의 정체는 "내 것을 부수고 흔적을 없게 하려는 것, 소위 개조론이며 계몽주의"인데, 그것은 "민족반역자", "배신자"의 것이다. "동경 유학생과 기독교와 일본의 계몽주의 삼박자"(14-64)에 대한 작가의 이러한 반감과 혐오는 일본(인)에 대한 증오 못지않게 자주 표현된다. (계몽주의의 대표 격인 이광수와 최남선에 대한 인신공격성 매도도 쉽게 발견되는데, 그에 관한 논의는 이 글에서는 생략한다.)

저 계몽주의(啓蒙主義)의 탈을 쓴 친일분자들이 민족을 개조한답시고 내 것을 깡그리 내다버리고 내 것을 깡그리 부숴버리고 내 모든 것을 부정하며 애국, 우국의 지사로 세상에 그 얼굴을 드러내니 사람들은 그를 선각자로 섬기더라.(13-71)

어쨌거나 그들[동경유학생-인용자]은 민족에 대한 배신, 내 백성에 등을 돌리고 왔다는 것을 배제할 수는 없으리라. 그들의 대부분이 출세지향이었으니까. […] 그들이 묻혀 올 일본의 가치관이 역사를 난도질하고 민족정신을 파괴할 위험 부담은 심각하다.(12-57)

오늘날 이 땅에서 중간층을 위시하여 하부층에까지 침투해 오고 있는 것은 왜놈의 식민정책이 몰고 온 계몽주의, 그러니까 조선을 말살하려는 한갓 구실이요 허울 좋은 명분으로 내세우고 있지만 그런 속사정과는 다르다 하더라도 기독교가 몰고 온 계몽의 양상, 즉 낯선 문화를 이 땅에 심고 있는 형편을 보건대,(12-141)

같은 내용이 서로 다른 인물들에 의해 발화되는 현상은 여기서도 여전하지만, '계몽주의'와 '일본 유학생'을 '친일분자', '민족반역자', '배신자' 등으로 비난하는 이 어법에서 더욱 문제적인 것은, 작가가 이런 어법 속에 담긴 스스로의 모순을 전혀 인식하지 못한다는 사실이다. 계몽주의나 계몽문학에 대한 신경질적인 거부감과 낯선 비난에도 불구하고, 작가는 『토지』 전체가 바로 다름 아닌 계몽주의 문학의 서사문법—예컨대, 봉건사회로부터 근대로의 이행 과정에 대한 사회역사적 탐구, 근대적 변화에 직면한 개별 인간들의 구체적 생활상, 근대국가 형성을 위한 민족적 동질성의 고취, 그리고 이 모든 것에 대한 계몽적 형상화—을 그대로 답습하고 있다는 사실에는 전혀 무감각하다.

작가의식의 모순은 일본 유학생의 경우에 더욱 심하다. 작가의 말에 따르면, 동경 유학생들은 "고관대작, 지주, 친일파"의 자손들로서 "다른 백성들이 일본의 학정 아래 신음하고 있을 때" 그들을 "'배신하고'"출세를 위해서" 일본 유학을 갔다. 그들이 하는 일이란, "수천년 갈고 닦은 내 문화를 부정하고 일본의 가치관을 묻혀 오는" 일이다. 그런데 놀랍게도 작가는 『토지』의 많은 주요 인물들이 동경 유학생 출신이라는 사실에 대해서는 어떤 해명도 하지 않는다. 그뿐 아니라, 동경의 일류대학을 다닌다는 것은 그 인물이 얼마나 우수한 두뇌를 지녔는가를 입증하는 사례로 자주 거론된다. 몇 가지 예를 들어보자.

『토지』의 주인공 최서희의 아들인 환국과 윤국은 모두 '대지주의 아들'로서 일본 유학생이다. 진주에서 유일하게 서울의 "K 중학교"[4]로 진학한 환국은 "동대東大는 아니었지만 어머니의 소원대로 법과를 지망하여 조도전早稻田 예과에 입학"(9-285)한다. 조도전을 그만두고 동경미술학교로 진학한 그가 동경 고급 주택가의 널찍하고 조용한 하숙집에서 하녀가 날라다주는 식사를 하며 지내는 모습(12-62)은 대지주의 아들인 환국의 배경을 생각하면 조금도 이상한 일이 아니다. 그러나 이 장면의 묘사 직전에 작가가 동경 유학생을 "배신자"로 비난하는 기나긴 언설을 늘어놓고 있는 것은 어떻게 설명되어야 할까? 작가의 말에 따르면, "모집으로 끌려온 조선의 수많은 백성이 무서운 채찍 아래 이승과 저승을 헤맬 때", "체력이건 두뇌건 문벌이건, 선택받아 이곳에 온" 유학생들은 "내 백성에 등을 돌리고 온" "배신자"이다. 동경 유학생들이 "묻혀 올 일본의 가치관이 역사를 난도질하고 민족정신을 파괴할 위험 부담은 심각"한데, 유학생 가운데도 "먹고살 만한 계층에서는 쉽사리 댄디즘의 무풍지대로 도망"(12-57)치는 것이다.

이러한 서술 바로 다음에 작가는 동경 하숙집의 환국을 묘사한다. 아침잠에서 깨어난 그가 맨 먼저 하는 일은 "칸딘스키의 초기 그림"을 보는 일이다. 이어서 일본인 하녀 오하츠로부터 식사 주문을 받고, 복도로 나가

---

4) 작가는 『토지』의 등장인물들이 1920년대에 다닌 중등학교를 모두 '중학교'로 지칭하고 있는데, 이것은 사실과 어긋난다. 1938년 제3차 교육령 개정으로 내선공학內鮮共學이 이루어지고 조선의 '고등보통학교(고보)'가 '중학교'로 개칭되기 이전까지, 조선에서 '중학교'는 일본인 자녀들이 다니는 소수 이외에는 존재하지 않았다. 소설내적 정황상 1923년에 환국이 진학한 'K 중학교'는 '경성제일고보'일 것이다. 그 외에도 작가는 진주나 부산에 있는 '고보'를 모두 '중학교'로 지칭하고 있다. 한편 1940년대 진주의 'ES 여고'라고 표기된 학교도 실은 'ES 고등여학교', 즉 'ES 고녀'로 표기해야 한다.

정원의 작은 연못을 바라보며 생각에 잠긴다. 고향의 부친 걱정 등으로 우울한 그의 내면이 그려지기는 하지만, 동경 유학생을 "배신자"로 질타하던 바로 조금 전의 작가의 목소리는 여기서는 전혀 들리지 않는다. '먹고 살 만한 계층은 댄디즘의 무풍지대로 도망치고 말았다'라는 작가의 목소리 역시 댄디즘과 깊이 관련된 칸딘스키의 그림에 심취하는 환국에 대해서는 침묵을 지킨다.

그런가 하면, 사회주의 비밀조직에 관여하고 있는 환국의 동생 윤국은 일본에서 "일류 농과대학"을 마치고 다시 "Y 대학"에서 경제학을 전공하는데, 일본의 일류대학을 둘씩이나 다닌 그의 경력은 모든 사람의 찬탄과 부러움의 대상이 된다. 그런 윤국을 "사내 중의 사내, 잘난 놈"(14-397)으로 칭송하는 이시우는 만주벌판에서 생을 마친 독립지사 이동진의 손자이며 최참판댁과 인연이 깊은 이부사댁의 당주堂主인데, 경의전京醫專을 졸업한 의사이다. 그는 자신의 동생인 이민우가 일본에서 "형편없는 사립"을 다닌다는 사실에 늘 자존심이 상해 있고, 당사자인 민우 역시 그러하다. 민우는 "친일해서 이권 나부랭이 따내는 매국노들"에게 분노를 느끼는 젊은이로 "경성제대 시험에 떨어지고 이듬해 경의전에서도 시험에 떨어"(13-181)졌는데, 그럴 때마다 형인 이시우는 '먼저 앓아 눕는다'. 그러던 민우가 다시 시험을 쳐서 조도전 대학에 합격하자 이시우는 아주 흡족해한다(14-395). 한편, 환국의 친구이며 진주의 자산가요 유지인 이순철은 '통 크고' '머리가 명석한' 사내이며 유도로 단련된 몸매를 지닌 보스 기질의 남자다. 진주의 친일파 김두만의 아들 김기성을 "명색이 대학이지, 어느 구석에 처박혀 있는지도 모를 학교를 유학이랍시고 뽐내기로는 구역나게 뽐내는 놈"(13-316)이라고 경멸하는 그는, "일본의 일류대학 법과"를 졸업하고 '고등문관시험'에 삼년을 내리 낙방하고 이제는 진주의 손꼽히는 기업가로 행세하는 인물이다.

이렇듯, 동경 유학생에 대한 작가의 격렬한 반감과 비난은『토지』에서의 동경 유학생 출신의 긍정적 인물들에게는 해당되지 않는다. 한편, 이 긍정적 인물들 사이에 충만해 있는 학벌주의에 대해서도 작가는 어떤 비판의 시선도 비치지 않는다. 그렇다면 동경 유학생과 '그들이 묻혀 올 계몽주의'에 대한 작가의 저 가차 없는 비난의 언사는 대체 어디를 향한 것일까? 그리고 이런 모순은 어디에서 발생한 것일까? 일본(인)과 친일파, 즉 '악당들'에 대한 극도의 증오와 감정의 과잉이 작가로 하여금 냉정한 서술자의 위치를 잃게 했고, 그것이 위에서 본 바와 같은 모순과 혼란을 초래한 것으로 보인다.

5. "조선의 잔 다르크"

『토지』에서 극도의 증오심의 대상이 되는 일본인이나 친일파와는 달리, 유일하게 예외적인 일본인은 유인실과 연애하는 오가다 지로다. 소설 무대에 삽화적으로 잠깐 나타났다 사라지는 다른 일본인들과 달리, 오가다는『토지』의 서사에 깊이 개입해 있는 주요 인물이다. 동시에 그는 일본의 제국주의 침략에 깊이 분노하는 양심적 일본인이며 조선인 우국지사들의 동지이기도 하다. 이 '흔치 않은 일본인'과 동경 유학생 출신의 여성 지식인 유인실의 이루어질 수 없는 비련은 여러모로 관심을 끌 만한 소재다.

주목할 것은, 이 비련의 이야기가 한 젊은 남녀의 사적인 애정담으로서가 아니라 '민족'과 '피'를 은유하는 하나의 수사적 장치, 더 나아가 그것의 절대성을 확인하는 사건으로서의 기능—그리고 그것이야말로 작가의 의도였을 터인데—을 한다는 점이다. 유인실과 오가다의 만남은, 그 당사자들에게도 그렇고 주위의 다른 인물들에게도 그러하듯이, 개인 대 개인이 아닌 '조선 민족'과 '일본 민족(또는 인종)'의 만남으로 이해되고 또 그렇게 그려진다. 예컨대, 유인실과 오가다의 만남의 장면에서 독자는 젊은 연인 사이에 으레 있을 법한 어떤 애정에 찬 대화나 행동도 찾아볼 수 없다. 그 대신에 일본의 조선 침략에 대한 유인실의 비분에 찬 공격, 조선 민족과 민족문화의 우수함 및 그에 대비되는 일본문화의 저열함에 대한 열띤 공박, 그리고 그에 동조하거나 설득당하는 오가다의 모습 등이 이 연인들이 만나는 장면을 지배한다.

사정이 이런 한, 이 연애가 당사자에게나 주위 사람에게나 '민족' 또는 '피'에 대한 '배신'으로 이해되는 것은 당연한 일이다. 오가다 지로의 아이를 낳은 유인실은 "저의 행동은 마땅히 돌로 쳐 죽여야 할 배신인 것을 저 자신이 인정합니다"(12-42)라고 울부짖으며, 그 아이를 맡아 기르는 조찬하는 "인실에게 생명보다 더한 것이란 조국과 내 겨레를 배신했다는 것"(13-445)임을 깨닫는다. 한편, 유인실의 오빠인 유인성이 인실과 오가다의 관계를 알고 난 뒤 받은 충격을 묘사하는 다음의 장면은, 이 연애사건을 다루는 작가의식의 문제성을 한눈에 보여준다.

'그놈은 누구냐! 오가다 그놈은 어떤 놈이냐!'
민족의식 없이, 거의 동족같이 상종해 온 오가다 지로, 그의 결점까지 인간적인 매력으로 보아왔다. 더 솔직히 말하자면 동생같이 생각하기도 했었다. 그러했던 오가다가 갑자기 흉물같이 압도해온다. 송충이같이 징그러운 존재로 의식을 점령해온다. 이민족, 정복자, 거대한 발바닥으로 강산을 깡그리 밟아 뭉개는 괴물. […] 남자들은 더러 일본 여자와 관계를 맺었고 인성도 그런 사내들을 몇 보아왔다. 물론 바람직한 일로는 생각지 않았지만 이렇게 격렬한 치욕과 혐오감을 갖게 하지는 않았다. 저 북만주 땅에서 독립군을 토벌하는 일병(日兵)에게 능욕당한 조선의 여인들이 자결로써 생을 결산한 사건들은 가슴에 응어리져 남아 있는데.(9-443)

프란츠 파농은 식민 종주국인 프랑스로 유학을 떠난 피식민지 모로코 출신의 흑인 남성 엘리트들이 프랑스 영토에 첫발을 딛자마자 하는 일이 백인 창녀를 '정복'하는 것이었다는 사실을 통해 피식민자에게 내면화된 식민주의적 무의식과 그 분열을 분석한 바 있거니와, 누이동생이 '지배민족'과 연애한다는 사실에 충격을 받는 저 '오빠'의 내면이야말로 실로 문제적이다. 널리 알려진 바와 같이, 제국주의자에게 식민지는 흔히 여성으로 표상된다. 다시 말해, 식민지 획득은 강한 남성에 의한 여성의 정복으로 은유된다. 동시에 피식민지 남성에게 그것은 자신의 여자, 즉 아내나 딸, 누이 등을 빼앗긴 것으로 표상된다. 그는 더 이상 '남성'일 수 없고 '아비'일 수 없고 '오빠'일 수 없다. 피식민지 남성에게 주어지는 이 '거세去勢'의 감각이야말로, 식민주의의 모방의 결과이며 또 계속해서 그를 식민주의의 모방자로 만드는 심리적 동력이다. 그러므로, '정복자의 여자'를 '정복'함으로써 거세된 자신의 남성성을 되찾고자 하는 피식민지의 남성이야말로 식민주의를 충실하게 학습한 영원한 노예일 수밖에 없는 것이다.

누이동생이 일본인과 연애한다는 사실에 대해 치욕감을 느끼는 '오빠' 유인성은 왜 조선 남자가 일본 여자와 관계하는 것에 대해서는 별다른 치욕감을 느끼지 않는 것일까? '정복자의 여자'를 '정복'한 '피정복자 남성'의 쾌감이 이 남성들을 지배하기 때문이다. 당연히, 자신의 여자가 정복자의 남성과 관계하는 것에 대해 이 남성들은 심한 무력감과 분노를 느낀다. 이 분노와 무력감을 그들은 어떻게 해결하는가? 유인성은 누이동생의 연애사건에 대한 분노와 치욕의 감정을 "일병에게 능욕당한 조선의 여인들이 자결로써 생을 결산한 사건"으로 연결시킨다. 외부로부터의 침략을 여성 신체에 대한 훼손으로 표상하고, 그렇게 훼손된 여성 신체를 말소시킴으로써("자결") 상처로부터의 회복을 기도하는 난폭한 가부장주의[5]는 제국주의의 식민지 정복과 언제나 짝을 이루는 것이었다. 유인성은 그러한 피식민지 남성의 심리를 전형적으로 드러내고 있다. "누가 뭐래도 인실은 조선의 딸이고 조선의 잔다르크야"(12-101)라고 말할 때, 그는 참을 수 없는 치욕감을 누이를 화형火刑(잔다르크)시킴으로써 해결하는 것이다. 요컨대, '훼손된 누이'는 '조선의 딸'로 불려나와 거룩한 죽음에로 나아감으로써 모든 허물을 씻는 것이다. 이런 해결이 있고서야 유인성은 어디론가 영원히 사라질 결심을 한 인실에게 오백원의 돈을 건네주는 것이다.

이렇듯, 유인실과 오가다의 관계는 사적, 개인적 관계로서가 아니라 '민족'과 '피'의 환유물換喻物, 피식민지 남성의 분노와 치욕감을 대변하는 상징물로 이해된다. '민족'과 '피'가 절대적인 한, 이 관계의 해피엔딩은 기대할 수 없다. 과연 비련의 두 주인공은 자신의 종족으로부터 추방되어 이국을 떠도는 신세가 된다. 유인실은 만주에서 중국인으로 변신해 살아가고 오가다는 만주 일대를 정처 없이 떠도는 존재가 되는데, 이 결말은 자신의 종족을 '배신'한 결과로서의 '축출expulsion'이나 '파문

---

5) 『토지』 전체가 완미頑迷한 남성주의, 봉건적 가부장주의에 입각해 있다는 점은 또 다른 분석을 필요로 하는 주제이나, 여기서는 지면 관계상 다른 기회를 기약할 수밖에 없다.

excommunication'이라는 느낌을 강하게 풍긴다. "민족에 대한 존엄은 변할 수 없는 보편적 윤리"(13-457)라는 정언명령이 있는 한 민족을 넘은 개인의 사랑은 이루어질 수 없다. 오가다 지로라는 예외적 일본인의 존재는 그 말을 전하기 위한 것인지도 모른다. 그렇다면 이 예외적 인물은 예외적이라기보다 오히려『토지』의 다른 모든 인물과 마찬가지로, 작가의 '민족지상론'을 설파하기 위한 또 하나의 메가폰에 지나지 않는 것으로 보아야 할 것이다.

6. 원더우먼Wonder Woman과 〈전원일기〉

어둠이 짙으면 빛도 강하다. 이 말은『토지』에서의 선(인)/악(인)의 형상화 방법을 가리키는 데에 가장 어울리는 말이다. 통속 멜로드라마의 상투적 묘사법, 즉 흉악하고 포악한 '악당'과 지고지순한 '선인'의 극단적인 대비는『토지』의 서사를 이끄는 기본 동력이다. 추악하고 타락한 '악당들'('왜놈', '친일파', '민족반역자')의 반대쪽에 선량하고 도덕적이며 인간적 미덕과 초인적 용기로 가득 찬 '선인들'(항일독립투사들, 민족주의적 지식인들, 농민을 비롯한 '민초')이 존재한다.

최참판댁의 하인에서 최서희의 남편이 되는, 독립투사이자 천재적인 화가인 길상, 무당의 딸 월선과의 평생에 걸친 애타는 사랑으로 독자의 심금을 울리는 평사리의 농민 용이, 길상과 최서희의 아들인 윤국과 환국 등은 모두 인간적 품위와 위엄이 넘치는 인물들이다. 어떤 고난에도 굴하지 않는 초인적인 용기와 인내, 뛰어난 능력, 고결한 성품은 이들 모두에게 공통된 자질이다. 그중에서도 '선(인)'을 대표하는 남성 인물은 아마 김환일 것이다. 비극적 운명의 주인공이자 지하운동가로서의 김환은 끝없는 신비에 감싸인 인물이며, 모든 사람을 휘어잡는 엄청난 카리스마의 소유자이다. 지하운동가들의 모임에서 그는 언제나 '바위 같은 침묵', '찌르는 눈빛'으로 좌중을 압도한다. 한번 보면 빠져드는 남성적 매력(하룻밤의 정사를 간절히 소원했던 여인이 그의 냉담한 거절 앞에 목을 매어 죽을 정도의)도 이 인물의 형상에서 빼놓을 수 없는 자질이다. 그는 "한 인간이 도달할 수 있는 지극히 높은 경지"(8-48), "영웅의 아들"(6-143), "김 장군(將軍)"(8-349)으로 칭송되는데, 정도의 차는 있지만 모든 긍정적 남성 인물들 역시 언제나 비슷한 방식으로 찬탄과 흠모의 대상이 된다. 게다가, 선(인)에 속하는 인물들은 모두 "잘생겼다". '악당들'이 추악하고 보기 흉한 외모를 지닌 것으로 묘사되는 것에 비해, 이 선인들의 준수하고 헌걸찬 외모는 자주 강조된다.

남성 인물들과 마찬가지로 긍정적 여성 인물들 역시 빼어난 미모와 품위를 지니고 있으며, 인간적 미덕으로 가득 차 있다. 서희의 몸종이었다가 기생이 되는 봉순이(기화), 친일귀족 조용하의 아내인 임명희, 오가다 지로와 연인 관계인 유인실, 기화의 딸인 여의사 양현 등은 모두 미인이며 특별한 재능이나 능력의 소유자로서, 그들은 언제나 그들을 흠모하는 남성들에 둘러싸여 있다.

그러나 남성 여성을 통틀어 『토지』의 모든 인물 위에 우뚝 선 지고지순의 존재는 말할 것도 없이 여주인공 서희이다. 사람들의 숨을 멎게 하는 그녀의 빼어난 미모에 대한 강조는 그녀가 등장하는 장면에서 빠짐없이 언급된다. 예컨대, 의병 '토벌'에 나선 일본 군대가 최서희의 집을 수색하는 다음의 장면을 보자.

"내가 주인인데 무슨 일로 오시었소."

유창한 일본말, 엄숙한 눈빛에 뱃뺑(미인)이라 하려던 말을 꿀꺽 삼킨 왜병정이 다소 정중하게 묻는다.

"당신이 주인이오?"

"그렇소."

[…]

왜병정은 완전히 기가 꺾인다.

"[…] 부인, 죄송하지만 가택수색은 해야겠소."

정중하게 나왔으나 가택수색을 포기하지는 않는다. 서희는 빙그레 웃는다.

[…]

아주 누그러져서 어투는 친절하기까지 했다. 그는 수색을 개시하는 듯 집총한 채 서희 미모에 넋이 빠진 나머지 멍청이가 된 듯한 세 명에게 손짓을 한다.

"예의를 지켜 주시오. 집안에 오를 때는 신발을 벗어 주시구요. 아시었소?"

"그, 그렇게 하겠소."

범치 못할 위엄에 눌린 듯, 왜병정들은 갈라져서 수색을 시작한다.(8-51)

포악한 '왜병정'들이 서희의 '미모에 넋이 나가' '멍청이'가 되고, '범치 못할 위엄'에 눌려 '기가 죽어서' 말을 더듬는 이런 장면은 서희가 등장하는 모든 장면에서 거의 어김없이 재연된다. 용정의 일본영사관에 모인 일본 관리의 부인들 역시 서희의 미모와 위엄에 압도되어 얼이 빠지고, 정보를 탐지하러 왔던 조선인 형사 역시 서희를 만나서 진땀만 흘리다가 돌아서면서 '뭔가에 홀린 듯하다'는 느낌에 사로잡히고, 서희가 탄 나룻배를 젓는 뱃사공은 '감히 서희 쪽을 쳐다보지도 못한다'. 조준구의 아들인 꼽추 병수에게 "서희는 빛이었고 우주의 신비였다. 관음상이요 숭배의 대상이며 인간적이 아닌 천상적인 것"(13-207)이었다. "옥을 깎아 만든 듯 단려하고 아름다운 몸"(13-287)을 지닌 그녀는 심지어, '늙지도 않는다' (13-344). 혹시 독자가 그 사실을 잊기라도 할까 봐, 작가는 "그녀는 아름다웠다", "진정 아름다웠다"는 감탄사를 쉴 새 없이 쏟아낸다.

> 마흔여덟의 최서희는 아직도 아름다웠다. 서산에 해가 지는, 그 노을빛같이 아름다웠다. 물살을 가르며 가는 배, 뱃전에 서 있는 여인, 하얀 숙소(熟素) 겹 저고리 치마를 입고, 옷고름이 나부끼고 치맛자락이 강바람에 나부낀다. 그는 진정 아름다웠다. 고귀하고 위엄에 가득 차 있었다. (13-260)

물론 서희는 외모만 출중한 것이 아니다. 모든 남성을 능가하는 사업가로서의 수완과 배짱, 어떤 위험과 고난에도 굴하지 않는 지략과 담력, 수하의 사람들을 끝까지 돌보는 인간미는 그녀가 등장하는 장면에서 거의 빠짐없이 반복 묘사된다. "학같이 고귀하시고 사물에 정통하시며 암호랑이같이 무서우셨"(15-350)던 외할머니 '윤씨부인'의 계승자인 그녀는 모든 사람의 어려움과 고통을 해결하는 구세주이다. '친일파'라는 비난을 들어가며 그녀는 묵묵히 독립운동을 뒤에서 지원하며 자신과 관련된 사람들의 생활을 보살핀다. 최서희 가의 집사인 장연학의 말에 따르면, "노상 비단옷 입고 밤길 걷기, 남몰래 하는 일을 어느 누가 알 것인가. 그분은 태산같이 바람을 막아주셨고, 물심양면으로 그러지 않았더라믄 모두 쌀쌀조각이 났지. 장부로 태어나지 못한 것이 다만 한이라"(15-361). 요컨대, 그녀는 전형적인 시리얼 퀸 멜로드라마Serial-Queen melodrama의 주인공, 즉 원더우먼Wonder Woman인 것이다.

고통받던 선(인)이 본래의 위치를 회복하고 악(인)이 응징당하는 것은 모든 멜로드라마의 필연적 귀결이다. 『토지』 역시 예외는 아니다. 악당의 모략으로 자신의 땅에서 쫓겨나 이역異域을 떠돌던 군주가 충직한 가신家 臣들의 도움으로 와신상담 끝에 마침내 복수를 완결 짓고 권좌權座로 복 귀한다―『토지』는 현대 독자에게 매우 낯익은 이런 플롯에 의지함으로 써 독자의 공감을 호소한다. 이 고통과 응징의 과정이 스펙터클하면 할수 록 독자의 몰입은 배가되며 멜로드라마의 효과는 극대화될 것이다. 그러 나 아쉽게도 『토지』에서 독자를 몰입시킬 만한 스펙터클은 딱히 보이지 않는다. 『토지』의 서술에서 매우 특징적인 것은 사건의 진행이 인물들 사 이의 대화나 독백으로 처리되는 경우가 아주 많다는 점인데, 이것은 사건 을 짐작하고 분위기를 파악하는 데에는 효과적일지 모르나, 극적인 사건 의 현장으로 독자를 안내하지는 못한다. 숱하게 등장하는 비밀 지하조직 의 활동가들이 실제로 무슨 일을 하는지는 전혀 묘사되지 않는다. 사선死 線에 선 그들의 활동은 언제나 술자리에서의 시국담이나 논쟁으로만 그 려진다. 결국 독자가 보고 듣는 것은 언제나 술을 마시면서 정세를 예견 하고 논쟁을 벌이는 항일투사들의 밑도 끝도 없이 지루한 시국담뿐이다.[6] 심지어 태평양전쟁 발발 이전에 이미 "미국의 참전"(13-318)을 예견하거 나, 징용이나 학병을 피해 지리산에 숨어든 인물들이 일본의 '항복'을 운 운하고, '해방' 이후 '사회주의 정권의 수립'에 관해 논쟁(16-413)[7]하는 등

---

6)   서정미, 「『토지』의 恨과 삶」, 『창작과 비평』 56호 참조.

7)   "미국의 참전"을 기대하면서 "일본의 패망"을 예상하는 것은 진주의 사업가인 이순철인데, 태평양전쟁이 시작되지도 않은 시점에서 식민지 지방도시의 평범한 조선인이 이런 예언을 할 가능성은 절대로 없다. 또한 학병을 피해 지리산에 숨어든 조선인 청년들이 "일본의 항복 이 경각에 달려 있다"고 하면서 '해방'의 그날을 준비한다는 것도 당시의 시점에서 상상할 수 없는 일이다. 이 밖에도 『토지』의 인물들은, '친일파'를 제외하고는, 모두 '일본의 패망'을 예견하고 있고, '해방'의 날이 올 때까지 참고 기다리자는 자세를 보인다. 그렇게 많은 사람 들이 그렇게 분명하게 일제의 패망을 알고 있었다면, '식민지'도 '친일파'도 없었을 것이다.

의 놀라운 예언像들들도 이 시국담의 일부를 이룬다.

그러나 스펙터클이 부재하다고 해서 이 소설의 멜로드라마로서의 성격이 약화되는 것은 물론 아니다. 『토지』의 본령은 역시 '농촌 가정극 Home Drama'에 있다고 할 수 있다. 『토지』에서 가장 빛나는 부분은 농촌, 특히 소설의 무대가 되는 평사리 농민들의 일상생활에 관한 묘사다. 혼인과 출산, 탄생과 사망 같은 인간적 삶의 운행 속에 섬세하게 짜넣어진 농민적 일상의 세세한 항목들을 묘사할 때 작가의 붓끝은 빛을 발한다. '악당들'에 대한 저주를 퍼부을 때 작가의 메가폰이 되고 마는 인물들과는 달리, 이때의 농민들은 저마다 살아 숨쉬는 생생한 성격이 된다.

정치적, 역사적 환경과는 무관하게 변함없이 지속되는 가정사, 예컨대 부모자식간의 불화, 부부불화, 고부갈등, 처첩妻妾갈등 등은 이 농촌 가정극의 주요 소재를 이룬다. 작가가 수없이 강조하는 일제의 '수탈정책'에도 불구하고, 『토지』의 무대에서 평사리 농민들이 시간이 갈수록 점점 유족한 생활을 누린다는 사실은 이 소설의 본령이 농촌 가정극, 말하자면 〈전원일기田園日記〉의 세계라는 점을 감안하면 조금도 놀라운 일이 아니다. 권좌로 귀환한 군주 혹은 봉건 영주의 자애로운 보살핌 아래 평사리 농촌의 일상은 세상의 변화, 세월의 흐름과 상관없이 언제나 똑같이 진행되는 것이다.

농촌공동체의 변함없는 일상과 함께 반복되는 것은 재자가인才子佳人의 이루어질 수 없는 사랑 이야기이다. 『토지』의 인물들을 괴롭히는 가장 큰 문제는 남녀 간의 애정 문제다. 수많은 종류의 애정담—삼각관계, 불륜不倫, 사련邪戀, 비련悲戀, 애련哀戀 등등의 스토리가 부모 세대로부터 자식 세대, 손자 세대로 이어진다. 스펙터클의 부재를 대신하는 이 끊임없는 '혼사장애담婚事障碍譚'이야말로 『토지』의 모든 인물, 모든 공간을 이

_끄_는 기본적인 서사다. 그러나 많은 경우 그것은 식민지 사회의 엄청난 속도, 특히 도시의 변화를 따라잡지 못하고 동일한 이야기 구조나 심리묘사를 반복함으로써 손에 땀을 쥐게 하는 멜로드라마로서의 효과를 거두지 못한다. 모든 개인의 이야기가 '민족'이라는 주인공의 이야기로 수렴되는 이 멜로드라마의 구조상 그것은 피할 수 없는 결과일지도 모른다.

장편 대하소설 『토지』는 다음과 같이 끝난다.

> "뭐라 했느냐?"
> "일본이, 일본이 말예요, 항복을, 천황이 방송을 했다 합니다."
> 서희는 해당화 가지를 휘어잡았다. 그리고 땅바닥에 주저앉았다.
> "정말이냐……"
> 속삭이듯 물었다. 그 순간 서희는 자신을 휘감은 쇠사슬이 요란한 소리를 내며 땅에 떨어지는 것을 느낀다. 다음 순간 모녀는 부둥켜안았다. 이때 나루터에서는 읍내 나갔다가 나룻배에서 내린 장연학이 뚝길에서 만세를 부르고 춤을 추며 걷고 있었다. 모자와 두루마기는 어디다 벗어던졌는지 동저고리 바람으로
> "만세! 우리나라 만세! 아아 독립만세! 사람들아! 만세다!"
> 외치고 외치며, 춤을 추고, 두 팔을 번쩍번쩍 쳐들며, 눈물을 흘리다가는 소리내어 웃고, 푸른 하늘에는 실구름이 흐르고 있었다.

해방의 소식과 함께 "서희는 자신을 휘감은 쇠사슬이 요란한 소리를 내며 땅에 떨어지는 것을 느낀다". '항일의식의 분출'과 함께 "동물적으로 일본인을 살해할 수 있을 것 같다"던 장연학은 춤을 추며 해방의 소식을

반긴다. 기나긴 대하소설의 대미를 장식하는 이 장면에 대해 이제 우리는 마지막으로 물어야 한다: 서희를 휘감은 쇠사슬은 무엇이었을까? 그녀는 무엇으로부터 해방된 것일까? 장연학은 '동물적으로 일본인을 살해할 수 있을 것 같다'는 증오와 분노를 그대로 둔 채 무엇으로부터의 해방을 반기었던 것일까? '원수怨讐'에 대한 증오와 분노를 간직한 채 그는, 그리고 우리는 해방될 수 있을까? 그럴 수 없다는 것, 그리고 그럴 수 없는 한, 이러한 민족-멜로드라마는 다시 또 끊임없이 쓰여진다는 것, 이른바 '해방' 이후의 역사는 그것을 입증하고 있다.

비천한 육체들은
어떻게 응수應酬하는가
—산란散亂하는 제국의 인종학人種學

I. 제국의 인류학과 비천한 육체들

해부학자인 의학박사 구보 다케시久保武가 조선인에 대한 체질인류학적
연구를 시작한 것은 1907년 대한병원大韓病院 교육부의 해부학 교수로 부
임하면서부터였다. 1913년에 그는 조선인 병사 651명, 기생 200명에 대
한 신체측정조사를 수행했다. 그리고 조선총독부 경성의학전문학교의 해
부학 교수로 자리를 옮긴 1915년부터는 조선인 사체死體를 대상으로 '인
종해부학적 연구'에 전념했다. 그의 연구 결과는 「조선인의 인종해부학적
연구」라는 제목으로 1915년부터 1921년까지 『조선의학회잡지朝鮮醫學會
雜誌』에 총 23회에 걸쳐 게재되었다. 구보 다케시가 남긴 이 논문들이 현
재 우리가 입수할 수 있는 가장 이른 시기의 조선인에 대한 체질인류학적
연구물이다.[1]

"방부제 처리를 하지 않은 양호한 피부와 모발을 재료로" "피부는
36군데를 잘라서 현미경적 절편切片을 만들고" "모발은 장모長毛, 단모短
毛 등의 종별로 나누고" "근육도 방부처리 안 한 것을 일일이 계측하고"
"내장은 소화기, 호흡기, 비뇨기, 생식기를 일일이 그 크기와 중량을 측정

---

1) 조선인을 대상으로 한 신체계측은 부산에 근무하던 일본군 군의관 고이케 마사나오小池正
直가 20~50세의 조선인 75명의 신체를 계측한 것(1887)이 최초라고 알려져 있다. 그러나
그 결과는 남아 있지 않다(小濱基次, 「朝鮮人の生體計測」, 『人類學·先史學講座』 第4卷, 雄
山閣, 1938). 이듬해인 1888년에는 고가네이 요시키요小金井良精가 4개의 조선인 두개골
을 대상으로 그 계측 결과를 발표하였다(今村豊, 「朝鮮人の體質に關する文獻目錄」, 위의
책, 第7卷). 일본에 인류학회가 결성된 것이 1884년, 최초의 인류학 학술지인 『동경인류학
회잡지』가 창간된 것이 1886년임을 감안하면, 상당히 이른 시기부터 조선인에 대한 체질
인류학적 연구가 진행되었음을 알 수 있다. 구보 다케시에 관한 가장 최근의 본격적인 연구
는 Hoi-eun Kim, Anatomically Speaking: the Kubo incident and the paradox of
race in colonial Korea, Race and Racism in Modern East Asia, Brill, 2013.

하고 "혈관, 순환기, 신경계통도 측정하여" "조선인의 해부학·체질인류학의 대성大成을 기했다"[2]고 스스로 기염을 토한 이 연구의 결과를 그는 다음과 같이 총괄하고 있다.

골격의 중량은 조선인이 일본인보다 무겁다. 근육계통은 일본인이 조선인보다 우수하다. 피부와 피하지방은 조선인이 비교적 크다. 소화기와 호흡기는 조선인이 다소 크고 특히 소화기가 현저히 크다. 순환기, 신경중추기는 일본인이 우수하다. 이러한 결과는 조선인의 일반 생활상태와 대조해 보면 잘 어울리는 것이다. 조선인이 활동적이지 못한 것은 근육계통의 발육이 빈약하고 피하지방이 많은 것도 그 원인일 것이다. 조선인이 항상 거칠고 소화가 잘 안되는 음식을 많이 먹는 것은 이 민족의 소화기 발달이 특히 현저함을 생각게 한다. 인체 중의 고등기관인 신경중추기 및 순환기가 비교적 작은 것은 지적 방면에 커다란 결함이 있음을 보여준다.[3]

'행동이 느리면서 아무 음식이나 잘 먹고 지적으로는 큰 결함을 지닌 조선인'이라는 동물적 이미지를 최첨단의 '과학'으로 보증하는 이 해부학자의 인종주의를 비난하기에 앞서 살펴보아야 할 것은, 19세기 이래의 근대사회, 특히 제국주의 국가들의 팽창과 더불어 찬란하게 개화하는 '인류학(=인종학)'[4]이라는 이 근대과학의 에피스테메, 그리고 이 학지學知의 형성에 관련된 과학과 문화의 역사이다. 따라서 이 글은 다음과 같은 문제들

---

2) 久保武, 「朝鮮人の人種解剖學的研究」, 『現代之科學』 7(1), 1919. 2, p. 82.

3) 위의 글, p. 85.

4) '인류학'이라는 이름의 세계 최초의 학회는 1859년의 파리인류학회이다. 이어서 1863년에는 런던인류학회가 창립되었다.

에 초점을 맞추어 진행될 것이다. 첫째, 인류학=인종학=체질인류학[5]의 과
학성은 어떻게 구축되었으며 그것의 효과 또는 정치성은 무엇이었는가,
둘째, 이 과학의 발전은 제국/식민지 인간들의 자기(및 타자) 인식을 어떻
게 규정하였는가 하는 문제이다.

1. 육체의 사물화

신경중추기관이나 순환기의 물리적 크기를 지적 능력과 결부시키는 구보
다케시의 예에서 보듯, 사람의 키, 피부, 눈의 형상과 색깔, 코나 귀의 모
습, 두개골의 크기, 뼈의 길이와 무게, 혈액형, 내장의 크기, 머리털이나 음
모陰毛의 형상 등과 같은 신체적 요소들을 기준으로 인종을 분류하고 그
인종들 사이의 우열을 판별하는 체질인류학은 다이쇼大正기 이후 일본 인
류학의 주류로 자리잡았다. 전전戰前 일본을 대표하는 인류학자의 한 사
람이었던 교토京都제국대학의 기요노 겐지淸野謙次가 이끄는 '기요노 인
류학연구실'은 새로운 과학적 통계 방법을 도입함으로써, 일본 최초의 인
류학자로 불리는 쓰보이 쇼고로坪井正伍朗의 호사가적 박물학 수준의 인
류학 연구를 뛰어넘는 획기적인 과학적 근거를 마련하면서 일본 인류학
연구의 중심지가 되었다.[6] 여기서 기요노 겐지의 한 논문을 통해 체질인

5) 이 글에서는 인류학Anthropologie, 인종학Rassenkude, 체질인류학Physikalish
    anthropologie이라는 용어를 특별히 구분하지 않는다. 2차대전 이후 인류학이 그 연구의
    중심을 문화인류학Kultur anthropolgie으로 이동하기 전까지 인류학은 인간의 고유한
    체질적 현상, 즉 인종표징人種標徵에 따라 과학적으로 인종을 분류하고 증명하는 '인종학'
    을 의미했고, 그것은 곧 체질인류학을 가리키는 것이었다.

6) 전전 일본 인류학의 전개에 관한 설명은 坂野徹, 『帝國日本と人類學者 1884~1952年』, 勁
    草書房, 2005 및 「淸野謙次の日本人種論」, 『科學史・科學哲學』 11號, 東京大學, 1993을, 또

류학의 과학성과 정치성이 어떻게 구축되는가를 보기로 하자.

메이지明治 연간 '독부毒婦 삼총사'의 하나로 세간의 주목을 끌었던 다카하시 오덴高橋お伝은 본부本夫를 살해하고, 이어서 정부情夫와 짜고 다른 남성을 살해한 죄로 1879년 29세로 사형당한 여성이다. '메이지의 독부'로 불린 그녀의 이미지는 사후 수십 년에 걸쳐 수많은 풍문, 소문, 이야기 등을 통해 완성되고 소비되었다. 가나가키 로분假名垣魯分의 『다카하시 오덴 야차 이야기高橋阿傳夜叉譚』는 오덴이 죽은 해에 바로 출판되어 판을 거듭하면서 현재까지도 이와나미 서점이 발간한 『신일본고전문학대계』의 한 권을 이루고 있고, 그 밖에 『그 이름도 다카하시, 독부의 소전─동경 기문其名も高橋、毒婦の小傳─東京奇聞』을 비롯해 그녀를 소재로 한 수많은 소설, 연극, 영화, 그림, 노래 등이 만들어져 오덴이라는 이름은 일본 대중의 뇌리에 '독부', '요부妖婦', '음부淫婦'의 표상으로 깊이 자리잡았다.

1932년 4월에 창간된 인류학 학술지 『ドルメン』(dolmen, 고인돌)에는 기요노 겐지가 창간호부터 5회에 걸쳐 연재한 「오덴 음부고阿傳陰部考」[7]라는 논문이 있다. "병리학의 태두이며 인류학의 권위자"로 소개된 기요노 겐지는 이 논문에서 오덴의 음부가 "육군군의학교 병리학교실에 알콜과 포르말린액에 담겨 진열되어 있다"는 정보를 전한다. 오덴의 처형 직후 그녀의 음부를 도려내어 보관한 이 표본은 '군의학교의 보물'로 불리는데, 참관자가 꽤 많은 인기물이라는 것이다. 「오덴 음부고」는 이렇게 진

한 인류학의 역사와 식민주의의 연관에 관한 분석은 冨山一郎, 「國民の誕生と'日本人種'」, 『思想』845號; 竹澤泰子 編, 『人種概念の普遍性を問う』, 人文書院, 2005; 山室信一, 『思想課題としてのアジア』, 岩波書店, 2001; Tessa Morris-Suzuki, Ethnic Engineering, Scientific Racism and Public Opinions Surveys in Mid-century Japan, Positions 8, 2000을 참조하기 바란다.

7) 淸野謙次, 「阿傳陰部考」, 『ドルメン』, 1932. 4.

열된 오텐의 음부를 정밀하게 측정하고 그 결과를 제시하고 있는데, 이 논문의 첫 문단은 통계와 수치의 객관성을 앞세운 이 과학이 어떤 전제 위에서 있는가를 선명하게 보여주고 있다.

> 남녀의 (음)부의 형상은 […] 인종학적으로 많은 특징을 보인다. […] 범죄인류학적으로 보면 범죄의 필연성의 일부분은 실로 (음)부에 깃들어 있는 것은 아닐까 생각한다. […] 지나인은 간부姦婦, 음부淫婦를 벌할 때, 그 성적 감각이 가장 뚜렷한 (음핵)에 부젓가락을 넣어 그것을 태워 잘라내 버린다고 하는데, (음)핵은 원래 남자의 음경에 상당하는 것이기 때문에 그것의 발육이 왕성한 부인은 그러므로 (성욕)이 왕성할 것이니까 부인의 (성욕)을 진정시키기 위해서 (음핵)을 없앤다는 것은 어느 정도 유효할 것이라고 생각한다. 이 점에 있어서 음부淫婦의 (음)부를 연구하는 것은 다소 흥미 있는 것이다.[8]

논문의 도입부에서 드러나는 전제는 명백하다. 그것은 육체의 특정한 부분이 인간의 성격이나 행동, 능력 등과 직접적으로 연관된다는 체질인류학의 기본적인 전제이다. 체질인류학의 연구는 이러한 전제를 입증하기 위한 과학적 방법 및 도구의 개발, 그리고 그것을 통해 확보된 자료와 데이터의 축적으로 이루어진다. 기요노 겐지의 이 논문은 그러한 체질인류학의 방법을 전형적으로 보여주고 있다.

모두 5회에 걸쳐 연재된 이 논문에서, 기요노는 1회부터 4회까지의 내

---

8) 위의 글, p. 49. 여기서 괄호 속에 든 단어는 검열을 두려워한 편집자가 미리 삭제한 것이다. 따라서 원문에는 공백으로 남아 있다. 주로 '음부', '음핵', '소음순', '대음순' 등 여성 성기와 관련된 단어들과 '성욕', '성기' 등의 단어들이지만, 필자 스스로 말하듯이, 앞뒤 문맥상 충분히 짐작할 수 있는 단어들이다. 이 '자진삭제'가 독자의 관음증을 더욱더 강력하게 유발하는 것임은 말할 것도 없다.

용을 오뎐お伝의 일생을 자세하게 설명하는 것으로 채운다. 앞서의 『오뎐야차 이야기』나 『동경기문』의 내용을 발췌하여 그가 설명하는 바에 따르면, 오뎐의 왕성한 음욕은 "어머니로부터 유전된 것"이다. 그녀의 용모는 "옥玉을 무색케 하고 이슬이 흐르는 듯"했으나 "그 난잡함에 혀를 내두르고 기가 질려서 미워하지 않는 자가 없었다". 이팔청춘 시절부터 도박을 즐겨 도박장에서 만난 남자와 눈이 맞아 고향을 떠났으나 남자가 나병에 걸리는 바람에 매음에 나서고 마침내 남자를 살해한다. 오뎐은 다시 만난 남자와 함께 어떤 상인의 돈을 사취하고 그를 살해한 끝에 체포되어 형장의 이슬로 사라졌다. 아름다운 용모, 유전적으로 타고난 음욕, 도박과 사기, 살인까지도 서슴지 않는 표독함. 치명적인 매혹과 공포를 동시에 간직한 요부 오뎐의 이미지는 알콜과 포르말린액 속에 담겨 "고정된" 그녀의 음부와 함께 독자의 뇌리에 깊이 박힌다.

논문의 마지막회에서 기요노는 마침내 해부학자로서의 모습을 드러낸다. 5쪽에 걸친 마지막회 논문의 대부분은 오뎐의 성기 각 부분의 길이와 크기를 측정하고 그 결과를 제시한 것이다. 결론은 "오뎐의 사형 이후 유포된, 오뎐의 음부가 크다는 풍설"이 사실임이 확인되었다는 것이다. 오뎐의 음란함은 오로지 그녀의 음부, 즉 남달리 거대한 성기의 크기와 왕성하게 발육된 성기의 각 부분으로부터 비롯되었다는 것이 이 연구의 결론이다.

어쨌든 오뎐의 소(음순)은 길이, 높이, 두께가 크다. 그래서 (음)핵의 발육도 양호하고, 그 포피도 대단히 양호하게 발육되어 있다. […] 자궁 질부膣部의 발육도 양호하다. 이상의 부분은 어느 것이나 (성)감각 신경의 분포영역이며 그 부분의 발육이 좋으면 (성)감각이 강함을 의미하는 것으로 생각해도 지장

은 없을 것이다.[9]

여성의 음탕함(남성의 음탕함이 아니라)과 여성 성기의 크기를 직결시키는 이 순환론적 모순(오뎅은 음탕하다. 왜? 성기가 크니까. 오뎅의 성기는 크다. 왜? 음탕하니까)과 이 논문을 읽는 남성 독자의 음란한 관음증을 가려주는 것은 어지러운 통계와 수식, 온갖 의학용어 등으로 가득 찬 '과학'이라는 외피이다. 문제로 삼아야 할 것은 이 과학이 구축되는 방식이다.

체질인류학 안에서 인간의 몸은 피, 뼈, 털, 피부, 내장, 두개골, 뇌 등등의 요소로 분해되어 식물이나 광물의 표본처럼 실험과 관찰을 위한 하나의 '재료', 즉 자연적 물질로 화한다. 정신 및 의식과 결합함으로써만 육체일 수 있는 인간의 육체에서 유기적 전체성과 정신성을 모두 제거하고 그것을 하나의 파편적 사물(잘려진 피부조각, 도려진 장기들, 포르말린액 속에 든 여성 성기, 두개골, 턱뼈, 다리뼈, 음모, 머리털, 뇌 등등)로 환원하는 것이다. 이 파편들을 정교하게 측정하기 위한 갖가지 도구들, 계산의 방식들, 분류를 위한 약품들과 기법들이 각각의 재료에 적용되고, 그 결과는 방대한 통계와 자료로 축적되어 특정한 인간 집단을 다른 집단과 구분하는 강력한 과학적 근거가 된다. 체질인류학의 과학성은 피부색이나 키, 눈, 코의 모양과 같은 가변적이고 주관적인 신체 특징을 객관적이고 불변적인 표지로 확정하려는 이러한 시도 가운데 성립되는 것이다. 그리하여 피부나 눈의 색깔, 모발의 형상, 코나 입의 형상 등 차이의 경계를 정할 수 없는 곳에 경계선을 긋고 명명命名함으로써 그 차이들은 분명한 경계를 지닌 것으로 가시화된다(〈사진 1〉).

---

9) 淸野謙次, 「阿傳陰部考」, 『ドルメン』, 1932. 7, p. 48.

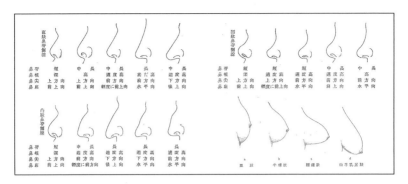

〈사진 1〉 콧등의 형상 및 유방의 형상 분류(출처: 小山榮三, 『人種學』, 岡書院, 1929)

그러나 단순히 경계를 긋고 차이를 분명하게 하는 것으로 일이 끝나는 것은 아니다. 체질인류학의 중요한 목표 중의 하나는, 정신성이 제거된 채 파편적 사물로 화한 육체 위에 다시 정신성을 새겨 넣는 것이다. 사물화한 육체의 파편 위에 새롭게 정신성을 새겨 넣는 이 과학은 그러므로 일종의 물활론animism이라 할 것인데, 이 물활론적 과학 안에서 예컨대 근육이나 내장은 육체적 민첩함이나 지적 능력을 담고 있는 사물로, 피부색이나 두개골의 크기, 뇌의 무게는 지능지수를 보여주는 직접적인 징표로, 성기는 성욕 및 성적 능력의 저장소로 화하는 것이다.[10]

---

10) 고야마 에이조小山榮三의 『人種學』(岡書院, 1929)은 인종학의 역사와 연구 결과를 집대성한 방대한 분량의 백과사전 같은 저술이다. 이 책의 한 장은 "인류학적 징표와 지능은 상관관계에 있다"는 전제 아래 '인종심성人種心性'에 관한 유럽 인류학의 연구 성과를 설명하고 있다. 이에 따르면, "단두형短頭型 1인에 대해 장두형長頭型 3인의 천재가 있다", "바하, 괴테, 섹스피어, 바그너, 루터, 나폴레옹이 장두형이었다", "지식계급은 일반 주민보다 장두가 많고 도시인은 농촌인보다 장두형이 많다", "밝은색 피부 집단(백인)의 평균 지능이 어두운색 피부 집단(유색인)의 평균 지능보다 높다".

비천한 육체들은 어떻게 응수하는가　65

2. 육체의 양화量化

그러나 체질인류학의 과학성이 끊임없이 불안하고 취약하다는 것도 명백한 일이다. 프랑스인, 브르타뉴인, 로마인, 이탈리아인을 다른 인종으로 구분하는 신체적 경계선을 확정할 수 있을까? 피부, 눈, 모발 색깔의 차이를 가지고 스웨덴인, 바덴인, 영국인을 구별하는 것이 가능할까? 머리의 크기가 지능과 상관있음을 입증할 수 있을까? 인종 분류에 관한 최초의 과학적 연구를 개척하여 '인류학의 아버지'로 불리는 블루멘바흐J. F. Blumenbach 이래 유럽 인류학의 역사는 그러한 구별과 입증이 가능하다는 신념 아래 전개되었다. 한편, 경성제대의 해부학 교수로서 식민지 조선에서의 체질인류학 연구를 이끌었던 이른바 '경성학파'의 이마무라 유타카今村豊와 우에다 쓰네키치上田常吉, 그리고 그 제자들의 필생의 노력 역시 조선인의 체질인류학적 특성을 규명하고 일본인과의 인종적 차이를 확정하는 데에 바쳐졌다.

그러나 한국인, 일본인, 중국인 등의 사회적 구별을 생래적-생물학적 차이로 실체화하려는 이 과학은 자주 곤경에 부딪힐 수밖에 없었다.[11] 더 나아가 그러한 신체적 차이를 지능이나 성격, 정신적 능력 등과 결부시키기 위해서는 또 다른 과감한 논리적 비약이 필요했다. 그러므로 그 논리적 비약, 다시 말해 취약한 과학성을 보충하기 위한 다양한 기술의 개발

---

11) 우에다 쓰네키치는 조선인과 일본인의 체질을 비교한 연구의 결론에서 "인종으로서는 조선인은 극히 일본인에 가깝다. 그 양자의 사이에 확실한 경계가 없을 정도"라고 토로한다 (上田常吉,「朝鮮人と日本人との體質比較」,『日本民族』, 岩波書店, 1935). 이마무라 유타카와 그의 제자들에 의한 조선인 신체계측에 대한 방대한 논문들은 정교하고 복잡한 수식과 도표들, 각종 자료로 채워져 있지만 결론은 흔히 생략되거나 극히 소략한 형태로 측정 결과를 요약하는 것으로 끝나기 일쑤다.

이 요구되는 것도 필연적인 일이었다. 예컨대, 체코의 혈청학자 얀스키[Jan Janský]에 의한 네 가지 혈액형의 발견(1907)은 인종 분류의 과학성에 대한 믿음을 크게 높여주는 사건이었다. 그것은 피부나 모발 색깔 같은 가변적이고 주관적인 신체요소가 아니라 혈액과 같은 불변적이고 객관적인 신체요소를 기준으로 인종의 과학적인 분류가 가능할 것이라는 신념을 심어주었다. 히르슈펠트[Magnus Hirschfeld]의 혈액형을 기준으로 한 '인종지수'[12]는 인종 분류의 가장 유력한 과학적 방법으로 환영받았고,[13] 그 밖에도 인종별 혈액의 반응을 검사하기 위한 시약試藥의 개발, 신체 측정의 정확성을 기하기 위한 갖가지 도구들의 개발 등 인종학을 엄밀한 자연과학으로 정립하기 위한 수많은 시도가 이루어졌다.

인간 집단 사이의 모호한 경계선을 분명하게 하고, 그들 사이의 우열 관계를 확실하게 함으로써 '인종'을 생물학적 실체로 가시화하는 데에 가장 유력한 방법은 "거대한 규모로 데이터를 수집하고 분석한 뒤에 그것을 수량화quantify"하는 것, 다시 말해 "가능한 한 많은 인간을 대상으로 가

---

12) 히르슈펠트가 개발한 '인종지수'는 I_z=A+AB/B+AB=1이라는 공식으로 전 인구 중 A형과 B형의 숫자를 기준으로 그 인종의 순수성을 측정하는 방식이다. I_z이 1보다 크면 A형의 순수성이 강하고 1보다 작으면 B형의 순수성이 강하다. 이 인종지수의 지리적 위치와 분포를 파악함으로써 인류의 이동경로를 추정할 수 있다는 것이다. 혈액형에 따라 개인의 기질이나 성격을 분류하는 것도 널리 행해진 방식인데, 그것은 '민족성지수'라는 공식을 낳는다. O+B/A+AB=A/p가 그 공식인데 이 수치가 1보다 작으면 수동적, 소극적, 내향적이고, 1보다 크면 능동적, 적극적, 외향적이다. 어째서 그런지에 대한 설명은 없다. 일본은 이 수치가 전 세계에서 가장 낮다. 미국 백인 1.10, 독일인 1.13, 영국인 1.16이고 조선인은 1.22인데, 일본인은 0.82, 북미 원주민과 필리핀인은 5.37이다(고야마 에이조, 앞의 책).

13) 식민지 조선에서도 혈액형 연구를 통한 체질인류학적 연구가 활발하게 진행되었다. 대표적인 것으로 佐藤武雄(外), 「朝鮮人の血液型」, 『犯罪學雜誌』, 1925. 11; 桐原眞一, 白麟濟「日, 鮮, 支人間の血淸學的人種係數の差異」, 『朝鮮醫學會雜誌』, 1925. 5; 古川竹二, 「血液型による氣質及び民族性研究」, 『教育思潮研究』, 1927 등이 있다. 이 문제에 대한 자세한 연구는 정준영, 「피의 인종주의와 식민지 의학: 경성제대 법의학교실의 혈액형 인류학」, 『醫史學』 21권 3호 참조.

능한 한 많은 증거를 수집하여 그 결과를 최대한 수량화"하는 것이었다.[14] 조선인 한 명과 일본인 한 명의 신체적 차이는 아무 의미가 없지만, 100명이 되면 의미가 있는 것으로 보인다. 표본집단이 크고 비교 대상이 많을수록 사소한 차이도 중대한 의미를 지닌 것이 되기 때문이다. 예컨대, 구보 다케시가 1910년대에 조선인과 일본인의 신체를 측정했을 때에 비교의 대상으로 삼았던 사체死體는 조선인 92명(남 81, 여 11), 일본인 15명이었는데, 전신의 각 기관을 모두 측정할 수 있었던 것은 조선인 사형수 남자 1명과 일본인 사형수 남자 1명뿐이었다. (나머지는 병사자로서 모두 해부되어 장기만이 남았다). 따라서 그가 조선인은 "일반적으로" 일본인보다 신장이나 체중이 "다소 크다"고 말할 때,[15] 그 신뢰도는 문외한의 눈에도 그다지 높아 보이지 않는다.

1934년 『조선의학회잡지』에 실린 「조선인의 체질인류학적 연구」는 94쪽에 달하는 방대한 분량의 논문으로, 이마무라 유타카와 우에다 쓰네키치가 이끄는 경성제대 해부학교실이 1930년부터 32년 사이에 조선의 전 지역에서 수행한 조선인의 신체측정 결과에 대한 보고서이다. 이 논문의 첫머리에서 필자들은 구보 다케시의 기존 연구의 문제점을 세 가지로 지적한다. 첫째, 구보가 측정한 조선인들이 특정한 직업, 즉 기생이나 군인들에 편중되어 있다는 것. 둘째, 특정한 지역에 편중되어 조선 전역을 포괄하지 못했다는 것. 셋째, 생체측정에 관한 '근대적인 계산'을 거치지 않았다는 것이다.[16] 이러한 지적에서 분명해지는 것은, '더 많은 지역

---

14) Tessa Morris-Suzuki, 앞의 글, p. 505.

15) 久保武, 앞의 글. 구보는 박사학위논문에서 자신이 총 3425명의 조선인을 측정했다고 밝혔다. Hoi-eun Kim, 앞의 글, p. 419.

16) 荒瀬進 外, 「朝鮮人ノ體質人類學的研究」, 『朝鮮醫學會雜誌』 24(1), 1934, p. 60.

에서, 더 많은 인간을, 더 정교하게 측정하고 수량화'한다는 원칙이다. 이 원칙은 체질인류학의 전 역사에서 단 한 번도 의심되지 않았다. 그리하여 이 방대한 논문은 무수한 데이터와 정교하고 복잡한 수식들, 일반인으로서는 접근 불가능한 온갖 '근대적인 계산'으로 그 내용을 채우는데(〈사진 2〉), 그것이 이 연구에 뭔지 모를 '과학적' 위엄과 신뢰를 부여하는 원천이 되었을 것임은 분명하다.

그러나 이렇듯 방대한 데이터에도 불구하고 결론은, 다른 많은 논문에서도 언제나 그렇듯이, 아예 없거나 단순히 측정치의 차이만을 간단히 언급하는 정도로 지극히 무미건조하다. 1935년에 우에다가 조선인과 일본인의 체질 비교를 총괄하면서 "교토의 두골頭骨은 용산龍山의 그것과 극히 유사하다", "인종으로서는 조선인은 극히 일본인에 가깝다", "장신장종長身長種은 조선반도에서 주코쿠中国를 거쳐 긴키近畿에 본거를 잡았다"[17]라고 말할 때, 그 결론은 메이지 이래 일본 인류학자 및 해부학자들이 축적한 방대한 자료들, 예컨대 앞서 구보의 연구나 도리이 류조鳥井龍藏가 조선총독부 '사료조사'의 일환으로 1912년부터 1916년까지 행한 조선인 2980명에 대한 조사,[18] 그리고 그 자신이 중심이 된 경성제대 해부학교실의 조선 및 만주에서의 방대한 생체측정의 데이터를 딛고 선 것이니만큼 반박하기 어려운 객관적 실증성의 무게를 담고 있는 것이었다.

이렇듯, 육안으로는 판별할 수 없는 미세한 차이가 수천 명, 수만 명을

---

17) 上田常吉, 앞의 글.

18) 도리이 류조의 '사료조사'와 일본 인류학자들의 조선인 신체계측에 관한 자세한 정리는 최석영, 「일제의 '조선인' 신체에 대한 식민지적 시선」, 『한림일본학』 9집, 한림대학교 일본학연구소, 2004 참조. 이 글에 따르면, 도리이 류조의 이 조사는 당시의 조선 인구 1383만 2376명의 0.02퍼센트에 해당하는 것이었다. 도리이 류조는 이 조사의 결과 조선인의 체격과 기타 풍습에 관한 3만 8000장에 달하는 방대한 유리건판 사진을 남겼다. 이 사진들은 현재 한국의 국립중앙박물관에 보관되어 있다.

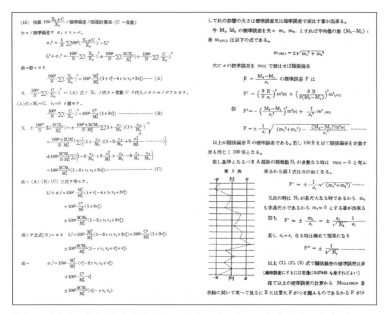

〈사진 2〉 체질인류학에 '과학적 위엄'을 부여하는 정교하고 복잡한 수식들(출처: 왼쪽: 今村豊·島五郞,「種族差の信用度」,『人類學雜紙』, 1933, 오른쪽: 荒瀨進(外),「朝鮮人ノ體質人類學的研究」,『朝鮮醫學會雜誌』, 1934).

대상으로 한 측정과 복잡하고 정교한 계산을 거쳐 숫자로 표시될 때, 그 숫자상의 차이는 누구의 눈에나 명백한 커다란 차이, 어떤 의미를 지닌 차이로 각인된다. 문제는 이 차이에 어떤 의미를 부여하는가이다. "보이지 않는 것을 보이게 하는 통계의 마술"은 신체적 차이만을 가시화하는 데에 그치지 않는다. 그것은 가령 "당신은 일본인이 서양인보다 우수하다고 생각합니까?"라는 주관적인 질문과 "당신은 운전면허가 있습니까?"라는 사실에 관한 질문을 동일한 의미의 맥락 속에 놓인 것으로, 그리고 그 의미가 수량화될 수 있는 것으로 간주함으로써 우리로 하여금 "수천 명의 마

음을 동시에 들여다보는 듯한 느낌을 갖게 하는 것이다".[19]

체질인류학의 비약은 이 마술을 발판으로 삼는다. '오덴お伝의 음란함'이라는 검증될 수 없는 주장은, 각 인종별 여성 성기의 크기에 대한 비교표와 오덴의 성기에 관한 자세한 수치들을 통해 마치 오덴의 음란성의 정도가 숫자로 확인되는 듯한 사실성의 감각을 안겨준다. '한국인', '중국인', '일본인' 등으로 불리는 사람들의 신체측정 결과를 담은 방대한 도표와 수치들은[20] 그렇게 불리는 사람들의 집단이 어떤 명백한 생물학적 차이를 지닌 인종적 실체로서 존재하는 듯한 느낌을 갖게 한다. 더 나아가, '학자, 고급관리 등의 계급에서는 두뇌의 중량이 1400그램 이상 되는 사람들이 57퍼센트임에 반해, 일용직 노동자, 하인, 문지기 등의 계급에서는 26퍼센트이다', '혼혈아는 백인보다 평균 지능이 낮다', '시각, 청각의 반응시간은 최하급 인종에서 가장 빠르고 가장 문명된 인종에서 가장 길다'[21]는 등의, 서로 연결될 수 없는 주장과 진술들이 곧바로 결합할 수 있었던 데에도 통계와 수치를 무기로 내세운 이 학지學知의 '과학성'이 자리잡고 있었던 것이다.

---

19) Tessa Morris-Suzuki, 앞의 글, pp. 519-520.

20) '한국인', '일본인'이라는 관념적-사회적 범주를 먼저 설정하고, 그 범주에 따른 신체측정을 통해 그들의 생물학적 차이를 개념화하고자 하는 인종학의 방법론적 전도顚倒는 이 학문의 과학성을 처음부터 흔드는 것이다. 신체의 차이는 개인 사이에도 있다. 표본의 숫자가 많든 적든 차이가 발생하는 것은 당연하다. 그러나 이 차이는 '한국인(종)과 일본인(종)의 차이'가 아니다. 그것을 '한국인(종)과 일본인(종)의 차이'라고 말할 수 있으려면, 그 차이가 말 그대로의 종적種的 차이, 예컨대 인간과 침팬지, 인간과 늑대, 인간과 참새의 차이 같은 것이라고 말할 수 있어야 한다. 일본인/한국인뿐 아니라, 일본인/중국인/영국인/프랑스인/러시아인/…의 차이를 그렇게 말하는 것은 물론 불가능하다. 1938년 현재 272건에 이르는 조선인에 관한 체질인류학 연구논문들은 그 불가능을 향해 가는 도로徒勞의 현장을 보여주고 있다(今村豊,「朝鮮人の體質に關する文獻目錄」, 앞의 책).

21) 고야마 에이조, 앞의 책.

3. 비천한abject 육체들

가능한 대로 많은 인구人口의 신체를 가능한 한 널리 관찰하고 측정하는
것을 목표로 삼는다는 점에서 체질인류학은 현대 생-정치bio-politics의
중요한 동반자가 된다. 더 나아가 그것은 신체적 특질과 정신적 능력의 상
관관계에 대한 믿음을 바탕으로 육체와 정신을 통제, 개조, 변형, 조작할
수 있는 대상으로 삼는다는 점에서 현대적 관리 및 규율 체제의 기술적 이
데올로기를 제공한다. 체질인류학의 세계에서 모든 사회적 관계는 '보는
자'와 '보이는 자'의 관계로 환원된다. 권력은 (총구가 아니라) 시선視線으
로부터 나온다. 카메라의 렌즈, 인체측정기, 해부도구가 '벌거벗은 생명'
을 응시하고, 측량하고, 파헤치고, 절단한다. 렌즈의 저편에 선 자는 보이
지 않는다. 해부대 위에 메스scalpel를 들고 선 해부학자의 모습도 마스
크로 가려져 있다. 추악하고, 역겹고, 무시무시하고, 위험하기 이를 데 없
는 '비천한abject 육체'만이 공공연히 가시화可視化된다. 측정기 앞에 놓
인 신체는 말할 수 없다. 시체는 말할 것도 없고, 주로 경찰과 군대를 앞세
워 진행되었던 생체측정에서 '비천한 육체'는 오로지 '침묵하는 타자'일
뿐이다. 그들의 신체는 수집되고, 분해되고, 측정되고, 분류되고, 최종적으
로는 조사자에 의해 '재현'된다. 어떻게? 그리고, 왜?

　주지하는바, 인종을 분류하고 그 인종들 사이의 위계를 설정하는 인류
학은 국민국가 내부의 집단적 동일성을 창출해서 '우리', 즉 '국민'을 탄
생시키는 하나의 내러티브다.[22) 이 내러티브를 성립시키기 위해서는 우
리와 대비되는 '그들', 즉 '야만'이나 '미개'를 발견하거나 만들어내야 한

---

22)　坂野徹, 앞의 책.

다. 도미야마 이치로富山一郎는 홋카이도의 '미개인' 아이누가 어떻게, 그리고 무슨 필요에 의해 구성되었는지를 명료하게 설명하고 있다. 그에 따르면, '미개인' 아이누는 '일본 식인종론'으로부터 기인한다. 일본 인류학에 가장 큰 영향을 끼친 미국인 모스E. S. Morse는 1877년 한 패총의 발굴 결과 일본 고대에 식인 풍습이 존재했다는 설을 발표했다. 이 난처한 곤경을 벗어나기 위해 일본 인류학은 "아이누인에게서 석기시대인을 발견함으로써 '식인종'을 타자로서의 '미개'로 집어넣고, 그 타자와 구분되는 '일본인'의 지기동일성을 확립하는 것으로 시작되었다". 다시 말해, "석기시대의 '미개'는 아이누에 객체화되어, 타자성을 띤 '미개'의 '아이누'로서 표상되었다. 아이누는 석기시대 유적과 마찬가지로 영원한 '미개'로서 역사를 잃은 존재"가 되고 "그 한편에서 '일본인'은 '개화'라는 역사를 획득"[23]하게 되는 것이다.

아이누인을 석기시대의 시간 속에 고정시킴으로써 '일본인종'과 다른 '이인종異人種'으로 분류하는 방식이 지리적 경계를 따른 것이라면, 다른 분류의 방식도 존재했다. 예컨대, 중세 이래의 피차별 부락민이었던 이른바 '에타'(エタ, 穢多)가 그러했다. 이들은 홋카이도나 오키나와처럼 일본 본토와 멀리 떨어진 지역에 거주하는 존재들이 아니었다. 그럼에도 불구하고 초기 일본 인류학은 이들을 '이인종', '타국인他國人'으로 분류함으로써 그들을 '일본인종'의 경계선 밖에 위치시켰다. 사카노 도루坂野徹의 설명에 따르면, 그것은 "봉건적 신분제도가 붕괴하고 사람들이 평준화되어 '국민'으로 재편성되는 과정에서 일어난 일"이었다. 다시 말해, '에타'를 '이인종'으로 설정했던 일본 인류학의 밑바탕에는 "종래의 신분제도

---

23) 富山一郎, 앞의 글, p. 43.

아래서 '에타'라는 사회적 표징으로 위치 지워졌던 사람들이 '우리'와 같은 수준으로 편입되는 것에 대한 저항감"[24]이 있었다는 것이다.

위의 사례는 인류학적 시선에 의한 포섭과 배제가 반드시 지리적 분할선, 혹은 제국/식민지의 경계만을 따라 진행되는 것은 아님을 보여준다. 일본 인류학의 전개는 제국의 영역 확장을 따라 새롭게 개척된 식민지나 지배지역에서의 '야만'과 '이인종'을 발견하는 것으로 채워졌지만, 동시에 또 다른 분할선, 즉 국민국가 내부에서의 사회적 관계를 반영하는 것이기도 했다. 물론 그것은 일본 인류학만의 성격은 아니었다. 새로운 '국민'의 탄생과 동시에 거기에서 배제되는 '난민', 김항의 표현을 빌리자면, "식민지배의 본원적 축적을 폭로하는 담지자들, 즉 식민지배의 뿌리이기에, 식민지배의 존립을 가능케 하는 초월적 근거"[25]로서의 '난민'의 발생은 전 지구적 현상이기 때문이다. 인류학의 인종 분류는 이 국민/난민의 출현을 정확히 반영하고 있는 것이다.

그렇다면 인류학이 발견한, 아니 만들어낸 이 '난민'들은 누구인가? 앞서 살폈던 '오덴'을 상기하자. 사회적 천민들, 예컨대 창녀, 기생, 부랑아, 범죄자, 신체불구자, 기형, 혼혈아, 정신이상자 및 이와 비슷한 부류가 인류학자의 카메라와 신체측정기 앞에, 해부학자의 메스 아래 가장 먼저 놓인다. 여기에 식민지의 토인, 원주민이 추가된다. 그들은 내팽겨쳐진, 뿌리뽑힌, 토해진 존재들이다. 나는 크리스테바Julia Kristeva를 따라 그들을 '엡젝트the abject'라고 부를 것이다. 그러나 이들은 그냥 배제되거나 버려지지 않는다. 그들은 보는 자의 자기동일성을 위해 필수불가결한 존

---

24) 坂野徹, 앞의 책, p. 37.

25) 김항, 「인민주권과 파르티잔 공공성: 『만세전』 재독해」, 성균관대 동아시아학술원 주최 학술대회 〈사상의 형상, 병문屛門의 작가 새로운 염상섭 문학을 찾아서〉, 2013. 1. 17~18.

재, 사실은 보는 자 자신으로부터 토해진 존재들이다. 억압된 것이 회귀하듯이, 그들은 어느 순간 보는 자를 되비춘다. 어떻게?

II. 산란하는 시선들

근대 자연주의 및 리얼리즘 예술은 근대 자연과학 특히 인류학적 상상력을 토양으로 싹트고 만개했다. 그리고 그 배경에는 진화론이 있었다. 생명과 육체에 관한 이해를 신적 섭리로부터 자연적/기계적 질서의 세계로 이동시킨 데에 진화론의 결정적 기여가 있었음은 말할 것도 없는 일이거니와, 인간의 새로운 자기 이해=인류학이 학문으로서의 지위를 얻는 것도 진화론 없이는 불가능한 일이었다.[26] 그 세계에서 작가는 '인간-짐승'의 "수성獸性, 완력, 폭력을 활사活寫"하는 "영혼과 육체의 해부학자",[27] 즉 인류학의 학도가 되었다.

'인간-짐승'이란, 크리스테바의 말로 바꾸면, 이쪽저쪽의 사이에 있는 자들the in-between, 뭔가 알쏭달쏭한 자들the ambiguous, 이것저것

---

26) 그러나 여기서 다윈의 진화론과 스펜서류의 사회진화론은 엄격히 구분되어야 한다. 진화의 시간성에서 어떤 내적 필연성이나 의미를 읽어내려는 시도를 거부한 다윈과는 달리, 사회진화론자들은 '문명을 향해 나아가는 단계로서의 시간', "진화의 과정을 초래하고 '완수'하는 시간"의 개념을 진화론과 결합시킴으로써 다윈의 이론을 도구화하고, 사회 발전 및 진보의 이념을 시간성 안에 배치할 수 있는 과학적 프레임을 발견했다. 인류학이 그 프레임 위에 구축된 과학임은 말할 것도 없다. 이 점에 관한 자세한 설명은 Johannes Fabian, Time and the other: how anthropology makes its objects, Columbia University Press, 1983을 참조.

27) 황종연, 「자연주의와 그 너머」, 성균관대 동아시아학술원 주최 학술대회 〈사상의 형상, 병문屛門의 작가 새로운 염상섭 문학을 찾아서〉, 2013. 1. 17~18.

뒤섞인 자들the composite, 즉 앱젝트the abject이다.[28] 더럽고, 역겹고, 징그럽고, 무시무시한 이 폐기물들은, 나와 대칭됨으로써 궁극적으로 나를 어떤 동질성의 세계, 의미의 세계로 인도하는 '대상object'이 아니라, 철저하게 버려진abject 사물이다. 똥, 오줌, 고름, 피, 토사물처럼 역겹고 구역질나는 이 앱젝트는 실상은 내 존재의 경계border다. 살아 있는 존재로서 내 육체는 그 오물이 쏟아지는 지점까지만 살아 있을 것이기 때문이다. 따라서 이 경계선의 저쪽은 시체다. 나는 이 오물을 쏟아낼 때까지만 살아 있을 것이며 마침내 아무것도 남아 있지 않은 순간 내 육체는 그 경계선을 넘을 것이다. 그러므로 "오물과 시체는 내가 살기 위해서 끊임없이 밀어내야 할 것들을 적나라하게 보여준다".[29] 시체야말로 앱젝트의 극한이다.

앞서 언급했듯이, 앱젝트는 나를 어떤 동질성으로 인도하는 '대상'이 아니다. 그것은 "정체성을, 체제를, 질서를 교란하는 것"[30]이다. 그것은 마치 시체가 존재의 한계를 드러내 보여주듯이, 체제의 마지막 경계선을 표시한다. 정체성이 모호한 자들은 정체성의 한계를 표시하는 존재로서 밀어내야 할 것들이다. 범죄자들도 마찬가지이다. 범죄의 수법이 야비하고 잔인할수록 '인간-짐승'으로서의 그들은 체제가 보호해야 할 최후의 선을 드러낸다. 이들이 존재하는 한, 법과 질서는 끊임없이 교란될 것이며 그 취약성은 여지없이 폭로될 것이다. 그러므로 체제와 질서가 살기 위해서는 이 오물을 끊임없이 배설해내지 않으면 안 된다. 식민지의 주민 역시

---

28) Julia Kristeva, Powers of Horror: an Essay on Abjection, (trans.) Leon Roudiez, Columbia University Press, 1982, p. 4.

29) 위의 책, p. 3.

30) 위의 책, p. 4.

제국의 체제를 교란하는 범죄자, 또는 적어도 잠재적 범죄자로서 조사, 감시, 격리되어 최종적으로는 경계 밖으로 밀려난다. 오물이 처리되듯이. 그러니까 우선 필요한 것은 경계선에 선 자들the in-between, 안팎이 뒤섞인 자들the composite, 즉 앱젝트를 찾아내고, 정의하고, 그리고 밀어내는 것이다.

식민지의 원주민이야말로 제국의 체제와 질서, 그리고 자기동일성의 기반을 흔드는 확실한 앱젝트이다. 그들을 어떻게 분류하고 정의하고 처리할 것인가 하는 문제는 제국의 사활이 걸린 문제이다. 피식민자를 쫓는 식민자의 집요한 시선. 무수한 분류와 경계의 선으로 촘촘히 짜인 시선의 그물이 식민지 원주민의 육체 위에 쉴 새 없이 던져진다. 도망칠 곳은 없다. 시체가 되어서도 그는 여전히 식민자의 시선 아래 놓인다. 살아서는 말할 것도 없다. 어떻게 할 것인가? 염상섭의 『만세전』(1924)은 그 시선의 그물 아래 포획된 자들의 동정動靜을 낱낱이 기록하는 또 하나의 지리지, 박물지이다.

1. 『만세전』— '비천한 육체'에서 '비천한 육체'로

이 지리지가 누구의 시선에 의해 작성되었는가는 여전히 많은 논란거리를 낳는 문제이다. 귀향의 여정旅程 가운데 민족의 현실과 운명을 뼈아프게 자각하는 식민지 지식인의 반성적 시선을 읽어내는 관점이 있는가 하면, 다른 한편에는 동족同族을 바라보는 주인공의 박물지적 시선 자체가 식민자의 편견을 내면화한 결과이며 작가의 계급적 한계를 드러낸 것이라는 지적이 있다. 그러나 나는 이 두 가지의 관점이 크게 대립한다고 생각하지 않는다. 왜냐하면 시선에 관한 한, 그는 언제나 그 두 가지를 동시에 지니고 있기 때문이다. 요컨대, 그는 식민자나 피식민자 중 어느 하나인 것이 아니라, 동시에 그 둘인 자, 말 그대로, 사이에 서 있는 자the in-between, 정체가 모호한 회색분자the ambiguous다.

이것은 물론 염상섭의 소설에 대해 흔히 말해지는 시선의 '객관성' 따위와는 아무 상관이 없는 말이다. 오히려 그는 '회색분자'로서의 그의 주관성, 언제든지 경계의 저쪽으로 밀려날 위험에 처해 있는 존재로서의 그의 주관성에 철저하고 집요하다. 동시에 그는 앱젝트를 바라보면서 불안과 공포를 느끼는 식민자의 시선을 공유하기도 한다. 『만세전』은 그렇게 흔들리는 시선을 따라 진행된다. 그것을 따라가보기로 하자.

다음의 진술은 특히 주목할 만하다.

> 東京서 下關까지 올 동안은 일부러 일본 사람 행세를 하려는 것은 아니라도 또 애를 써서 조선 사람 행세를 할 필요도 없는 고로, 그럭저럭 마음을 놓고 지낼 수가 있지만[31]

'일본 사람 행세도 조선 사람 행세도 할 필요 없이 마음 놓고 지낼 수 있는 것'은 물론 그의 외모가 일본 사람과 구분되지 않기 때문이다. "동경東京서 시모노세키下關까지 올 동안", 즉 '내지'에 있는 동안 그는 남의 시선으로부터 자유로울 뿐 아니라 다른 사람을 관찰하고 주시하는 시선의 주체가 된다. 고향으로부터의 전보를 받고 귀향을 준비하는 소설의 첫 장

---

31) 염상섭, 『만세전』, 민음사, 『염상섭 전집』 1, 1987, p. 47. 철자법과 띄어쓰기는 현대 표기법으로 필자가 고쳤다. 앞으로 이 소설의 인용은 이 책에서의 쪽수만 표기한다.

면에서 그는 동경 시내의 전차에 앉은 승객들의 "노역勞役과 기한飢寒에 오그라진 피부가 뒤틀린 얼굴"을 쳐다보면서, "사람이란 동물의 공통한 성질"인 남을 "주시하는 관습"(22)에 대해 긴 상념을 늘어놓기까지 한다.

그러나 그가 일방적으로 타인을 주시할 수 있는 것은 거기까지이다. 내지를 벗어나는 순간, 즉 시모노세키 연락선의 대합실에 들어서는 순간 그는 "어느 틈에 눈치를 채"(34)고 다가온 형사의 시선에 포획된다. 그러나 이인화는 일본인과 구분되지 않는 자신의 외모를 날카롭게 찍어내는 제국 경찰의 "눈치"가 단순한 눈치가 아니라 식민지 원주민의 육체를 오랫동안 탐사한 인종학적 분류의 제도화된 시선의 결과임을 알 리가 없다. 예컨대, 제국의 경찰은 모호한 외모를 지닌 이 앱젝트들을 관리하기 위해 다음과 같은 은밀한 시선의 규칙을 이미 준비하고 있었던 것이다.

1. 키는 내지인과 차이 없다. 자세는 곧아서 허리가 굽거나 새우등인 자는 적다.
1. 얼굴 모양은 내지인과 다름이 없고, 머리털은 부드럽고 숱이 적으며, 얼굴에는 털이 적고 소위 '밋밋한 얼굴'이 많고 수염은 대체로 희박하다.
1. 이는 어릴 때부터 소금으로 닦기 때문에 하얗고 충치가 적다.[32]

1913년 내무성 경보국警保局이 '내지인과 흡사해서 식별의 어려움이 있는' 조선인을 취체하기 위해 전국 경찰에 발송한 비밀문서 「조선인 식별자료」에는 모두 46개 항목의 '조선인 식별 요령'이 기재되어 있는데, 중요한 것은 이런 식별의 요령이 실제로 얼마나 효과가 있는가 하는 점이 아

---

32) 朴慶植 編,『在日朝鮮人關係資料集成』第1卷, 三一書房, 1975, p. 28.

니라, 이 시선이 식민지 주민의 육체를 파헤치고, 절단하고, 측정하고, 분류하는 인류학의 시선과 닿아 있다는 것, 그리고 그것이 하나의 제도로서 작동하고 있다는 점이다. 그리고 그러는 한, '일본 사람 행세도 조선 사람 행세도 할 필요 없이 마음 놓고 지낼 수 있다'는 이인화의 생각은 한낱 착각에 지나지 않을 것이다. 과연 이후의 모든 여정에서 그는 시종일관 경찰의 감시의 시선 아래 놓여 있다.

물론 이인화는 경찰의 시선만을 받는 것이 아니다. 내지를 벗어나 조선으로 들어서는 순간부터 그는 일본인, 조선인을 가릴 것 없이 그의 신체를 수상쩍게 바라보는 사람들의 시선과 마주치는 한편, 그 자신도 다른 사람들을 꼼꼼하게 주시하고 분별하기를 멈추지 않는다. 실로『만세전』은 이렇게 교차하는 시선에 대한 주인공 이인화의 편집증적 민감함을 서사의 동력으로 삼는 소설이라고 할 수 있을 터인데, 나는 그 민감함이 주로 타자에 대한 인종학적, 골상학적 묘사로 이어진다는 점에 주목하고 싶다.

저 유명한 연락선의 목욕탕 장면에서, 주인공은 옆에 앉은 일본인 승객들의 이야기를 엿들으면서 그들의 외모를 묘사한다. "온유하야 보이는 커―단 눈이 쉴 새 없이 디굴디굴 하는 검고 우악한 상相"에 "장대한 동색거구銅色巨軀"를 지닌 자는 "시골서 갓잡아 올라오는 촌뜨기"일 것이고, "암상스러운 눈"에 "남을 멸시하고 위압하려는 듯한 어투며, 뾰족한 조동아리"를 지닌 자는 "물어보지 않아도 빗노리장匠이의 거간이거나 그따위 종류"(35)임이 분명하다. 바로 직전에 일본인 형사의 취체의 시선 아래 놓여 있던 그는, 마치 복수라도 하듯이, 일본인의 외모와 그로부터 연상되는 그의 직업을 분별해 봄으로써 "우열감優劣感의 노골적인 폭발"(47)을 맛보는 것인데, 실로 이후의 모든 여정은 이 '우열감'이 골상학적 시선을 따라 어떻게 주조鑄造되는가를 보여주는 것이라고 해도 과언은 아니다.

목욕을 마치고 나온 탈의실에서 이인화는 "제 딴은 유창하게 한답시는 일어日語의 어조가 묻지 않아도 조선 사람이 분명"한 조선인 형사의 호출에 의해 조선인임이 드러나고, "여러 사람의 경멸하는 듯한 시선"을 받으면서 "어쩐지 기운이 줄고 어깨가 처지는 것 같"(41-42)은 기분을 느끼는 것이다. 요컨대, '일본인 행세를 할 필요도 조선인 행세를 할 필요도 없는' 내지를 떠나자마자 그는 일본인과 조선인을 구분하는 시선 아래 놓이면서 극히 민감하게 그것에 반응하는 것이다. 식민지의 현관 부산에 도착하면서 그는 "육혈포도 차례에 못 간 조선 사람 순사보와 헌병 보조원의 눈"에 다시 부딪힌다. "될 수 있으면 일본 사람으로 보아 달라는 요구인지 기원인지를 머릿속에 쉴 새 없이 뇌이면서…"(50)

그의 기대는 이루어지지 않는다. 그는 동경에서가 아니라 돌아온 고향에서 '조선인'으로 적발된다. 그리고 "등에서는 식은땀이 주르르" 흐르고 "공포와 불안에 말이 얼얼하여졌다"(51). 그의 기대가 잠시나마 이루어지는 것은 경부선 열차 안에서이다. 열차 안에서 그는 주위에 있는 승객들의 모습을 부지런히 주시하고 그들의 행색을 자세히 묘사한다. 그중에서도 '갓장수'와의 대화 장면은 특히 흥미롭다. "정거장에 도착할 때마다 드나드는 순사와 헌병 보조원"의 눈초리를 받는 주인공은, 한편으로는 "갓에 갈모를 쓰고 우산에 수건을 매어 두른 삼십전후 촌사람"의 "광대뼈가 내밀고, 두꺼운 입술을 커다랗게 벌린 까만 얼굴"을 주시한다. 상대방도 그의 "얼굴을 뚫어지게 들여다 보"는데, 그것은 그가 "일본 사람인가 아닌가 하는 염려"(76) 때문이다. 아이러니하게도 그를 일본인으로 오인하는 것은 제국의 권력이 아니라 제국의 법역法域 바깥의 존재, 식민지의 앱젝트였던 것이다.

이 갓장수야말로 '체제를 위협하는 앱젝트', '질서를 교란하는 앱젝트'

의 전형이다. 왜 머리를 깎지 않느냐는 이인화의 질문에 그는 이렇게 대답한다.

> 머리를 깎으면 형장兄丈네들 모양으로 내지어도 할 줄 알고 시체 학문도 있어야지요. 머리만 깎고 내지 사람을 만나도 대답 하나 똑똑히 못하면 관청에 가서든지 순사를 만나서든지 더 귀찮은 때가 많지요. 이렇게 망건을 쓰고 있으면 '요보'라고 해서 좀 잘못하는 게 있어도 웬만한 것은 용서를 해 주니까 그것만 해도 깎을 필요가 없지 않아요.(77)

1902년에 대만총독부 민사부에서 원주민 대책을 총괄했던 모치지 로쿠사부로持地六三郎는 "일본 제국의 법률 아래서 제국과 원주민은 아무런 관계가 없다"고 언명했다. 그들은 법 바깥의 존재였던 것이다. 모치지는 말한다. "항복하지 않은 생번生蕃은 사회학적 관점에서 보면 인간이지만, 국제법의 관점에서 보면 동물과 유사하다."[33] 이인화가 열차에서 만난 갓장수는 말하자면, 조선의 '생번'이라고 할 만하다. 그는 '모자를 쓰고' '개화장開化杖이나 짚고' '머리를 깎고' '내지어에 능통한' '항복한' 생번이 아니라, 갓과 망건을 쓰고 머리도 깎지 않은 '길들여지지 않은 생번', 즉 "요보"인 것이다. 그는 제국의 법이 미치지 않는 존재, 법 바깥으로 내쳐진 존재, "동물과 유사한" 존재인 것이다.

서울로 올라가는 열차 안에서 이인화가 목격하는 것은 이 비루하고 남루한 '인간-짐승'들의 형상이다. 열차가 대전역에 잠시 정차했을 때 그는 결박을 지은 채 경찰관의 감시를 받고 있는 네댓 명의 죄수들을 발견한다.

---

33) Robert Tierney, Tropics of Savagery, University of California Press, 2010, pp. 45-46.

이들이 어떤 종류의 범법자인지는 알 수 없지만, 이인화가 그들을 바라보는 태도로 볼 때 그들이 어떤 의식적 범죄자, 예컨대 사상범 같은 것은 아님이 분명하다. "머리를 파발을 하고 핏덩이가 된 치마저고리의 매무새까지 흘러내려온 젊은 여편네"는 "부끄럽지도 않은지" 이인화를 "물끄러미 쳐다보다가 고개를 숙이었다". 그는 이들을 보고 "가슴이 선뜻하고 다리가 떨리었다. 모든 광경이 어떤 책 속에서 본 것을 실연實演해 보여주는 것 같"(83)았다고 말한다.

보다시피, 그에게 있어 연민의 정서를 압도하는 것은 공포와 혐오이다. 밧줄에 묶인 이 '비천한 육체'들을 보면서 "어떤 책 속에서 본 것 같다"고 말할 때, 그는 제국의 질서가 책을 포함한 모든 수단을 통해 피식민자에게 끊임없이 환기시키고 주지시켜온 (따라서 그에게는 매우 익숙한) 법과 비법非法의 경계, 그 경계 너머의 형상을 실물로 보고 놀라는 것이다(〈사진 3〉, 〈사진 4〉). 다시 크리스테바에 따르면, 혁명이나 해방운동 혹은 자살테러처럼 장엄함을 수반하는 범죄는 앱젝트가 아니다. 교활하고 잔인한 파렴치 범죄자들이 앱젝트인데, 그것은 그들이 법의 취약성fragility을 잘 드러내기 때문이다.[34] 그들은 교화나 교정의 대상이 아니라 경계 바깥으로 폐기해야 할 존재, 법에 의해 포획되었지만 법 바깥으로 내팽개쳐진 존재, 다시 말해 '법의 관점에서는 동물과 유사한' 존재인 것이다. 이인화의 공포는 거기에서 유래한 것이다.

이인화의 비관적 절망감은 여기에서 절정에 달한다. 흘러넘치는 앱젝트들 사이에서 그는 "무덤이다. 구데기가 끓는 무덤이다!"(83)라는 저 유명한 절규를 내뱉는다. 식민지 현실의 처절함을 압축한 이 절규는 말 그대

---

34) Julia Kristeva, 1982, p. 4.

〈사진 3〉 도리이 류조의 조선총독부 제1회 사료조사. 함남 원산 남자 6명의 체격측정.(출처: 국립중앙박물관)

〈사진 4〉 조선총독부 제3회 사료조사. 경남 고성 부인 6명의 체격측정.(출처: 국립중앙박물관)

로 최후의 앱젝트, 즉 시체와 그 시체로부터 흘러내리는 오물을 가리키고 있다.

그럼에도 불구하고, 그의 절망은 이 앱젝트를 낳는 조건, 그리고 그것들이 모두 사라진 신생新生의 세계를 '진화론'의 관점에서 전망하고 있다는 점에서 체제의 전면적인 부정에 닿아 있다기보다는, 앱젝트를 끊임없이 생산하고 밀어냄으로써 유지되는 체제의 안쪽을 향하고 있다.

> 모두가 구더기다. 너도 구더기, 나도 구더기다. 그 속에서도 진화론적 모든 조건은 한 초 동안도 거르지 않고 진행되겠지! 생존경쟁이 있고 자연도태가 있고 […] 그러나 조만간 구더기의 낱낱이 해체가 되어서 원소가 되고 흙이 되어서 […] 망할 대로 망해 버려라! 사태가 나든지 망해버리든지 양단간에 끝장이 나고 보면 그중에서 혹은 조금이라도 나은 놈이 생길지도 모를 것이다.(83)

소설의 마지막 문장에서 그는 서울에서의 일을 마치고 동경으로 돌아가는 자신을 가리켜 "겨우 무덤 속에서 빠져나가는"(107) 것이라고 말한다. 우리는 동경으로 돌아간 이인화의 후일담을 알 수 없지만, 지금까지의 논의로 비추어 보아, 그가 과연 '일본인 행세를 할 필요도 조선인 행세를 할 필요도 없이 마음 놓고' 지낼 수 있었을 것인지는 의심하지 않을 수 없다. 1940년에 이광수가 쓴 다음의 글은 그 의문에 대한 답을 주는 것일지도 모른다.

> 이제 와 생각해 보면, 과거 30년 이래 반도인의 얼굴은 확실히 변했다. 변한 것은 얼굴만이 아니다. 옷맵시며 걸음걸이며 예절이며 생각이며 모두 변한 것 같다. 그것들이 모두 하나가 되어 얼굴이 변하는 결과를 낳은 것 같다. 젊은 사

람일수록 구별이 되지 않는다. 여자 쪽이 더 알기 어렵다.[35]

　　'동화同化'를 요구하는 식민자 앞에 이광수는 '얼굴까지 변해버린' 피
식민자의 모습을 들이댐으로써, 호미 바바의 말을 빌리면, "가장 교활하
고 효과적인 전략의 하나인 모방mimicry", 즉 '비슷하지만 똑같지는 않
은', '닮는 것이면서 협박'인 그런 전략[36]을 구사하고 있는 것처럼 보이기
도 한다. 그것은 어찌 되었든, '변해버린 반도인의 얼굴'을 관찰하는 그의
시선이 제국의 인종학적 프레임을 딛고 서 있다는 점은 주목할 필요가 있
다. '조선인, 일본인의 얼굴을 구별할 수 없다'는 그의 주장(혹은 희망)은
제국 경찰의 '조선인 식별 요령'을 부정하기보다는 정반대의 방향에서 정
확히 반복하고 있는 것이다. 그리고 그것은 '비천한 육체'들로 흘러넘치
는 '무덤 속 같은' 식민지를 떠나온 수많은 '이인화들'을 여전히 제국의
인종학적, 골상학적 프레임 속에 배치하는 것이 된다. 얼굴이며 옷맵시가
아무리 바뀌어도 이 인종학적 프레임 안에 놓여 있는 한, 그들은 분류와
경계의 그물을 벗어나지 못할 것이며 앱젝트로서의 그들의 운명 역시 바
뀌지 않을 것이다.

　　과연 그러했다. 이인화의 절규("구더기가 끓는 무덤이다!")가 어김없는
현실이 되는 것은 그가 동경으로 돌아온 지 20년 남짓 지나 이광수가 위
의 글을 쓰던 시기였다. '조선인 지원병제'(1938)와 '징병제'(1944)의 실
시는 수많은 '이인화들'을 '구더기가 끓는 무덤 속'으로 몰아넣는 것이었

---

35)　李光洙, 「顔が変わる」, 『文藝春秋』, 1940. 11.(이경훈 옮김, 『춘원 이광수 친일문학 전집』 II,
　　평민사, 1995, pp. 140-141.)

36)　Homi Bhabha, The Location of Culture(나병철 옮김, 『문화의 위치』, 소명출판, 2002.
　　제4장 참조).

다. 무수한 분류와 경계의 그물로 촘촘히 짜인 제국체제의 인종학적 배치 안에서, 그들은 앱젝트의 극한인 시체로 폐기됨으로써 체제를 살게 했다. 그리고 알다시피, 그 대가는 경계의 안쪽, 즉 체제 내에서의 삶에 대한 약속이었다. 식민지의 '비천한 육체'는 "죽어야만 살 수 있었다".[37]

2. 비천한 육체들의 응수

앞서 언급했듯이, 근대 자연주의 및 리얼리즘 예술은 근대적 생-정치bio-politics의 충실한 동반자로서 이 비천한 육체의 발견과 함께 탄생했다. 레이 초우Rey Chow는 현대 중국영화를 대상으로 원시주의primitivism의 문제를 고찰하면서, 서구의 '고고한' 모더니즘 예술, 예컨대 피카소, 고갱, 마티스, 모딜리아니 등의 화가들, 제임스 조이스, D. H. 로렌스, 헨리 밀러 같은 작가들의 작품이 "비서양의 땅과 사람들을 원시화함으로써 스스로를 근대화되고 고도로 테크놀로지화된 위치에 올려놓는 과정"[38]을 수행했다고 말한다. 그리고 이 예술적 야망에 깊이 연루되어 있던 것은 다름 아닌 인류학이었다는 사실도 지적한다. 그러나 그녀가 더 힘주어 말하고자 하는 것은 서양이 비서양을 착취하고 있다는 사실만이 아니다. 그녀가 주목하는 것은 이 '타자의 원시화'가 주로 여성의 섹슈얼리티를 통해서 이루어졌다는 것, 그리고 그것이 서양에 의해서만이 아니라 제3세계 작가들에 의해서도 이루어지고 있다는 사실이다.

---

37) 金杭, 『帝国日本の閾』, 岩波書店, 2010.

38) Rey Chow, Primitive Passions: Visuality, Secuality, Ethnography, and Contemporary Chinese Cinema. (정재서 옮김, 『원시적 열정』, 이산, 2004, p. 42).

'제3세계'에도 유사한 원시화의 움직임이 있다. 여기에서 포착되는 원시적인 소재는 사회적으로 억압받는 계급, 특히 여성이며, 그것이 새로운 문학의 주요한 구성요소가 된다. 원시적인 것(서발턴, 여성, 아동 등)을 포착함으로써 확실하게 중국 근대문학은 '근대적인 것'이 되었다고 말해도 좋다. 그러므로 우리는 다시 한번 틀에 박힌 문학사의 서술 방식을 뒤집어 볼 필요가 있다. 근대중국의 지식인이 '계몽'되어, 억압받는 계급에 주목하고 자신의 글쓰기에 대변혁을 일으키려 했던 것은 아니다. 오히려 다른 세계의 엘리트나 지식인과 마찬가지로 근대 중국의 지식인도 자기 자신의 문화적 생산물을 주체와 형식 두 측면에서 쇄신하고, 회춘시키고, '근대화'하는 데에 일조하는 매혹의 원천을 혜택받지 못한 사람들에게서 발견한 것이다.[39]

제3세계의 작가들이 서구의 작가들과 마찬가지로 '혜택받지 못한 사람들', 지금 이 글에서의 용어로 말하자면 '비천한 육체들'에서 매혹의 원천을 발견하고 그들을 원시화함으로써 '새로운 근대문학'을 탄생시켰다는 이러한 지적은 한국의 근대문학에도 그대로 적용할 수 있을 것이다. 실로 식민지 조선의 근대문학은 이 비천한 육체의 형상으로 흘러넘친다. 식민지의 남성-작가 엘리트는 제국의 인류학적 지식이 제공한 시선을 통해 하층민, 범죄자(특히 여성 범죄자), 불구자, 광인狂人 등의 비천한 육체를 형상화하고, 탈식민지의 한국문학사는 이 육체의 형상화를 민족주의 담론과 결부시킴으로써 비천한 것들의 심미화에 고정적인 해석을 부여하는 "틀에 박힌 문학사 서술"을 계속해왔다.

이혜령은 식민지 소설에서 여성 섹슈얼리티의 형상화가 남성 엘리트

---

39) 위의 책. p. 43.

들에 의해 어떻게 전유되는가를 꼼꼼하게 분석한 논문에서 그러한 '틀에 박힌 문학사 서술'을 통렬하게 전복한 바 있다. 그녀 역시 레이 초우와 마찬가지로, "본능이 지배하는 세계, 따라서 이성의 간지가 통용되지 않는 원시적 삶의 표상은 하층민을 통해서만 그려"[40]지는 한국 근대소설의 특징을 지적하면서, 그 비천한 육체들의 스펙터클화가 주로 남성 작가에 의한 여성 섹슈얼리티의 재현으로 나타나고 있음을 밝힌다. 나도향의 「뽕」, 「물레방아」, 김동인의 「감자」, 현진건의 「불」, 「정조와 약가」 등에서의 하층민 팜파탈과 염상섭의 『사랑과 죄』, 『이심』 등에서의 신여성, 그리고 김유정의 「산골나그네」, 「솥」, 「아내」, 「소낙비」 등에서의 하층민 매춘부들의 형상화를 분석하면서, 이혜령은 1920~30년대 한국 소설에서 반복적으로 그려지는 여성들의 비천한 육체, "언제나 자연과 본능에 결박된 존재"로만 그려지는 이 여성들의 섹슈얼리티가 실은 "남성 엘리트의 억압된 욕망이 투사된 대상이기도 했다"[41]는 점을 지적한다.

　중요한 것은 하층민의 육체나 여성 섹슈얼리티의 재현을 통한 남성성의 전유가 제국주의의 인종학적 시선과 맞닿아 있다는 것이다. 이혜령은 하층민 여성 팜파탈femme fatale을 형상화하는 남성 엘리트가 소설 속에 등장하지 않는다는 점을 들어 비천한 육체들이 어떻게 자연화되는가를 설명한다. 남성 엘리트는 작품 밖에서 자신의 시선을 보이지 않게 함으로써 "마치 자연 상태 그대로를 가장해 놓은 동물원의 보이지 않는 철창의 역할"을 수행한다는 것이다. 인류학자의 카메라나 해부학자의 메스처럼 말이다. 그 보이지 않는 시선이야말로 "문명의 원근법"이며 그 원근

---

40)　이혜령, 「동물원의 미학」, 『한국소설과 골상학적 타자들』, 소명출판, 2007, p. 38.

41)　위의 책, p. 31.

법에 따라 비천한 육체들은 "자연보다 더 자연 같은 존재로 붙박여 버렸다".[42] 말할 것도 없이 이것은 식민 지배자의 방식, 즉 식민지의 주민을 원시화-자연화함으로써 자신 속에 깃들어 있는 충동을 타자화하고 억압하는 한편, 자연 상태에 갇힌 '고귀한 야만인'을 응시하면서 자신의 '문명인'으로서의 위치를 확인하는 제국주의의 인종학을 모방하는 것이다. 따라서, "비천함의 육화는 여성과 하층민을 통해서였음을 상기한다면, 폭로되어야 할 것은 식민 지배자만이 아니라 식민지의 남성 엘리트 자신이기도 하다."[43]

나는 위의 레이 초우와 이혜령의 해석에 전적으로 동의한다. 그러면서 나는 한걸음 더 나아가 또 다른 질문을 제기하고자 한다: '비천한 육체들'은 언제나 보여지기만 하는 존재인가? 그런 것이 아니라면, 카메라의 렌즈 너머, 해부학자의 메스scalpel 아래 침묵하고 있는 이 육체들은 보는 자의 시선에 어떻게 응수應酬할 수 있을까? 즉, 자신을 응시하고, 측량하고, 파헤치고, 절단하는 카메라의 렌즈, 해부학자의 메스를 어떻게 되돌려줄 수 있을까? 응시하는 자의 감추어진 시선을 어떻게 폭로할 수 있을까? 나아가, 끊임없이 앱젝트를 밀어냄으로써 경계선 안쪽의 아이덴티티를 강화하는 체제를 어떻게 교란할 수 있을까? '비천한 육체들'을 향한 시선을 어떻게 흩뜨릴[散亂] 수 있을까?

나의 의도는 '비천한 육체'의 형상에서 어떤 적극적이고 능동적인 주체화의 계기를 찾아내어 그들을 또 다른 자기동일성의 범주 안에 가두어 놓는 데에 있지 않다. 권력의 시선 앞에 선 '비천한 육체'가 할 수 있는 일

---

42) 위의 책, p. 38.

43) 위의 책, p. 41.

은 아무것도 없다. 그러나 가령 도리이 류조가 만주에서 촬영한 한 사진에서 보듯, 피사체로서의 앱젝트는 전혀 예상하지 않은 방식으로, 의도하지 않은 방식으로, 이 인종 전시展示의 프레임을 만들고 있는 보이지 않는 시선의 존재를 드러낸다. 요컨대, 그는 '보이지 않는 동물원의 철창'을 구경꾼에게 순간적으로 환기시키는 것이다. 앱젝트를 향한 폭력의 시선이 미세하게나마 균열의 징후를 갖게 된다면 그것은 아마도 이 환기의 순간으로부터일지도 모른다(〈사진 5〉).

주목할 것은 이 순간이다. 똥, 오줌, 고름, 피, 토사물처럼 역겹고 구역질나는 이 앱젝트는 내가 밀어내고 내가 뱉어낸 것들이며, 나의 동일성을

〈사진 5〉 도리이 류조가 만주에서 촬영한 이 사진에서 중앙의 노인은 합장하는 듯한 모습으로 자신의 얼굴을 가리고 있다. 동경대 총합연구박물관의 설명에 따르면, "당시 인류학 조사에서 어려운 일은 사람들이 사진촬영을 무서워해서 도망가버리는 것이었다. 이 노인도 촬영이 두려워 엉겁결에 손을 들어올렸을 것이다". 카메라 렌즈 앞에 세워진 앱젝트의 무의식적 반응이 렌즈 저 너머의 존재를 드러내면서 보는 자와 보이는 자의 경계를 순간적으로 흔드는 것처럼 보인다. 폭력이 시작되는 지점, 따라서 그 흔들림이 시작되는 원점, 우리는 그곳에 주의를 집중해야 한다. 이 사진은 나에게 그 지점의 상징처럼 보인다.(출처: 東京大總合硏究博物館データベース)

구축하기 위해 나로부터 배제된 것들이다. 그럼에도 불구하고, 아니 바로 그렇기 때문에, 그것은 언제나 경계 사이에 서 있고 나는 오염의 위험성 앞에 놓여 있다. 낙인찍히고 분류됨으로써 그는 경계 밖으로 밀려나는 동시에 그 존재 자체를 통해서 경계를 표시하는 기능을 한다. 이 기능은 체제에 없어서는 안 될 절대적인 것이다. 그러나 동시에 그는 체제의 자기동일성에 구멍을 내는(낼 가능성을 지닌) 보균자, 감염자로서 존재한다. 그는 배제되면서 포섭되고 포섭되면서 배제된다. 배제됨으로써 체제를 지키고, 지키면서 위협하는 이 순간(지점)이야말로 배제=포섭이 진행되는 순간이며 앱젝트가 탄생하는 순간이다. 그리고 체제와 앱젝트 양쪽 모두의 불안과 공포가 탄생하는 순간이기도 하다. 결국, 앱젝트는 경계선 위에서 경계를 표시하면서 불안과 공포의 순간 속에 존재한다. 그가 없으면 경계도 없다. 그의 존재 때문에 체제는 안정되는 동시에 불안하다.

앱젝트의 응수도 이 순간(지점)에 이루어진다. 보일 듯 말 듯한 작은 몸짓, 은밀한 눈빛, 길들여지지 않은 거칠음, 속을 알 수 없는 음흉함, 불안을 야기하는 침묵과 무표정, 항상적으로 떠도는 기묘한 불온의 징후들, '보이지 않는 철창' 안에 갇힌 앱젝트가 할 수 있는 것, 혹은 보여줄 수 있는 것은 그 정도이다. 그러나 그 모호함과 불투명이 보는 자를 당혹케 하고 불안하게 한다(〈사진 6〉). 이영재는 태평양전쟁기에 제작된 프로파간다 영화 〈지원병〉(1940)을 분석하면서, 식민자에게는 도저히 이해되지 않는 피식민자의 '찡그린 무표정'에 대해 논한 바 있다.[44] 그녀에 따르면, "웃는지 우는지 알 수 없는 찡그린 얼굴로 일관한 배우의 무표정"은 일본의 한 영화평론가에게는 해독 불가능의 고통만을 안겨주는 것이었다. "식민지의

---

44) 이영재, 『제국 일본의 조선 영화』, 현실문화, 2008, p. 61.

〈사진 6〉보는 자의 시선을 빨아들이는 무표정의 블랙홀. '인간-짐승'들의 육체에 부딪힌 식민자의 시선은 난반사되면서 그의 불안을 야기한다.(출처: 東京大總合研究博物館データベース)

표상 공간 전체를 장악해 버린 이 무표정"이야말로, 내가 보기에는, 비천한 육체들이 보여주는 응수應酬의 한 양식이다.

그것은 마치 모든 빛을 빨아들이는 블랙홀처럼 보는 자의 시선을 삼켜버린다. 그 무표정의 블랙홀 앞에서 보는 자의 시선은 갈팡질팡 흔들리고 피사체의 형상은 흐트러진다. 예컨대, 다음과 같은 경우다.

겉으로는 아무렇지도 않은 듯했지만 일견 그렇게 보이는 험악한 인상, 의심 깊은 눈초리, 빈정거리는 미소를 참는 입매, 그리고 느려터진 동작, 가락인들에 대한 불신과 의혹의 어두운 그림자는 어디에서 온 것일까? 그것이 무력한 것이었을지언정 하나의 반항의 방법이었다는 것은 신라의 위정자가 아니더라도 쉽게 알아차릴 수 있는 것이었다.[45]

---

45) 최재서, 『민족의 결혼』(이혜진 옮김, 『최재서 일본어 소설집』, 소명출판, 2012), p. 235.

신라의 삼국통일 역사를 빗대어 대동아공영권의 이상을 고취하는 최
재서의 일본어 국책소설『민족의 결혼』(1945)의 한 장면은 피식민자를 바
라보는 식민자의 흔들리는 시선을 위와 같이 묘사한다. "험악한 인상, 의
심 깊은 눈초리, 빈정거리는 미소를 참는 입매, 그리고 느려터진 동작," 길
들여지지 않은 '인간-짐승'들의 육체에 부딪힌 식민자의 시선은 난반사
亂反射되면서 그의 깊은 불안을 야기한다.

3.『천마』—"흐트러진 형상, 기분 나쁜 웃음"

이 난반사의 가장 독보적인 묘사를 나는 김사량의『천마天馬』(1940)에서
읽는다. 소설의 내용으로 들어가기 전에, 작가와 소설의 신원身元 자체가
이미 앱젝트의 한 전형임을 주목해 보자. 일본 문단에 데뷔한 최초의 조선
인 작가 장혁주와 함께 조선 문학의 정체성을 묻는 자리에 김사량도 언제
나 호출된다. 알다시피, 장혁주와 김사량 및 그들의 일본어 소설은 식민지
기간 내내 '조선문학'과 '일본문학'의 사이에in-between 있는 모호한
ambiguous 존재로 배척되었다.[46] 제국의 작가들은 그들의 소설에서 머

---

46) 장혁주와 김사량이 한국의 근대문학사에서 어떻게 표상되었는가 하는 점에 관한 고찰은 필
     자의 다른 논문, 「두 개의 거울: 민족 담론의 자화상 그리기」,『식민지를 안고서』, 도서출판
     역락, 2009 참조. 권나영 역시 앱젝트 개념을 사용하여 김사량의 이중언어 글쓰기가 작가
     와 텍스트, 그리고 제국의 비평가들에게 일으킨 '불안'에 대해 섬세하게 고찰한 바 있다. 그
     녀에 따르면, 김사량을 아쿠타가와상 후보로 선정했던 제국의 작가와 비평가들은 식민지
     문학을 일본 문학에 동화시킴으로써 일본 문학의 정전의 경계를 확정하는 한편, 식민지 문
     학이 일본 문학의 '순수성'을 오염시킬지도 모른다는 불안을 느끼고 있었다. 이 논문에서의
     나의 문제의식은 "식민지 작가를 포함시키면서 동시에 배제하는 양가적인 제스처"와 그로
     부터 비롯된 식민자의 '불안'이라는 그녀의 분석에 크게 빚지고 있다. 권나영, 「제국, 민족,
     그리고 소수자 작가」,『한국문학연구』37집, 2009.

나면 식민지의 원시성이 불러일으키는 야릇한 이그조티시즘을 맛보는 한편, 제국의 언어를 모방하는 식민지 원주민의 서투른 발화에 경멸과 찬탄[47]이 뒤섞인 우월감을 표현하곤 했는데, 그것은 곧 그들의 소설이 일본 문학의 외부에 위치한 이질적인 존재로 받아들여졌다는 뜻이기도 했다. 동시에 그들의 소설은 '조선문학'의 경계 밖으로도 밀려났다.[48] 탈식민지의 한국 사회에서 그들은 오랫동안 망각되거나 '매국노', '배신자', '변절자', '친일파'로 호명되었다. 그들은 존재의 한계 지점에 서 있는 모호한 자들, 정체성을 교란하는 자들, 경계 밖으로 밀려남으로써 내부의 동질성을 강화시키는 역할을 하는 (또는 해야 하는) 자들, 요컨대 앱젝트였던 것이다.

다른 하나의 사례를 덧붙이자. 1987년에 북한의 문예출판사는 김사량을 "혁명적 애국적 작가"로 재조명하면서 그의 작품집을 출판했다. 그 작품집의 해설에서 북한의 한 평론가는 김사량의 대표작 중 하나인 「빛 속에光の中に」에 "조선 인민의 비참한 모습이 그려져 있는 것은 부정할 수 없으나" 그 작품의 한계는 "혼혈아 소년 문제"를 다룬 것이라고 지적했다.

이 작품의 제한성은 혼혈아인 하루오 소년 문제를 작품의 기본 문제로 설정하고 있는 데서 드러난다. 이러한 문제의 설정으로서는 비통한 조선 민족의 운명을 잘 엮어나갈 수가 없다. 왜냐하면 비통한 조선 민족의 운명 문제는 일제에게 억압받고 착취받는 조선 사람들의 문제이지 하루오와 같은 그런 혼혈아

---

47) 파농은 "마신느 바나나 잇서요"라고 서투른 불어를 구사하는 흑인에 대한 경멸과 "몽테스키외를 인용하는 흑인을 예외적 존재로 둔갑시키는" 위선적 인종주의의 찬탄을 분석한 바 있다. 프란츠 파농, 이석호 역, 『검은 피부, 흰 가면』, 인간사랑, 1998 참조.

48) 1936년 8월 잡지 『삼천리』의 한 특집기사는 '조선 문학은 조선 사람이, 조선 사람에게 읽히기 위하여 조선글로 쓴 것'이라는 정의 아래 "장혁주 씨가 동경 문단에 발표하는 작품은 조선 문학이 아니다"라는 결론을 내린다. 더 자세한 설명은 김철의 앞의 글 참조.

에 대한 문제가 아니기 때문이다.[49](강조는 인용자)

　'혼혈아'야말로 피의 순수성, 민족의 정체성을 흐리는 전형적인 앱젝트다. 따라서, '민족의 운명 문제'를 "그런 혼혈아"의 문제로 다룬 김사량 역시 혼혈아, 앱젝트일 터이다.

　이 점에서 『천마』의 주인공 '현룡=겐류玄龍'의 이름은 특별한 주목을 요한다. 이 소설에 등장하는 일본인 및 조선인의 이름들, 예컨대 다나카田中, 오무라大村, 이명식李明植, 문소옥文素玉 등의 '정체성이 분명한' 이름들에 비해, '玄龍'이라는 이름은 극히 모호하고 혼란스럽다. 이름만으로는 그가 조선인인지 일본인인지를 구별하기 어렵다. 일본인일 수도 있고 조선인일 수도 있지만, 어느 쪽이든 뭔가 어색하고 이상한 느낌을 준다. 이것도 될 수 있고 저것도 될 수 있으면서 동시에 이것도 아니고 저것도 아닌 존재, '玄龍'이라는 이름 자체가 그런 앱젝트로서의 특징을 전형적으로 드러내고 있다.

　소설은 경성京城의 유곽에서 밤을 지내고 '경성에서 제일 번화한 내지인 거리'를 향해 나가는 소설가 현룡의 어지러운 발걸음을 묘사하는 것으로부터 시작된다.[50] 성병에 걸려 '안짱걸음'을 걷는 이 남성 지식인 작가

---

49)　장형준, 「작가 김사량과 그의 문학」, 『김사량 작품집』, 평양, 문예출판사, 1987, p. 10. 더욱 심각한 아이러니는 이 평론에서의 "비통한 조선 민족의 운명" 운운하는 내용이 실은 "사소설 안에 민족의 비통한 운명을 한껏 직조해 넣은 작품"이라는, 아쿠타가와상 심사위원 사토 하루오의 심사평을 그대로 반복하고 있다는 사실이다. 권나영의 분석에 따르면, 사토 하루오의 이러한 비평이야말로 식민지 작가들에게 '식민지를 대표하면서 동시에 이국적인 것'을 쓰도록 요구하는 제국 문인들의 오만함과 식민주의적 의식이 그대로 드러나는 하나의 사례이다. 권나영, 앞의 글.

50)　金史良, 「天馬」, 『金史良全集』 I, 河出書房新社(김재용·김미란·노혜경 편역, 『식민주의와 비협력의 저항』, 도서출판 역락, 2003). 이 글에서는 한국어번역본을 사용한다. 소설의 인용 쪽수는 한국어번역본 쪽수이다.

를 묘사하는 "진드기", "빈대", "쥐새끼", "쓰레기", "들개" 같은 단어들은 이 위악적인 성격파탄의 인물을 가리키는 데에 반복적으로 사용된다. 주로 하층민과 여성을 통해서 '비천한 육체'들을 그렸던 식민지 소설의 계보에서 보자면, 남성 엘리트 지식인의 이런 비루한 형상은 전례 없는 것이다.

그러니까 그는 지금까지 봐온 앱젝트와는 많이 다르다. 그는 지배자의 시선을 암담한 무표정으로 삼켜버리는 말 없는 원주민이 아니다. 무엇보다도 그는 "언어를 통해서가 아니라 육체를 통해서만 현현되는" 비천한 하층민으로서가 아니라 지배자의 언어를 지껄일 줄 아는 다루기 곤란한 지적 존재, 즉 프랑켄슈타인적 "괴물"로 나타나는 것이다.[51] 『만세전』의 갓장수가 말한 '머리 깎고 내지어도 할 줄 알고 시체 학문도 있는' 이 괴물은 자신을 바라보는 시선을 아랑곳하지 않고 스스로 먼저 "나는 쓰레기다", "나는 빈대다"라고 소리 지른다. 그의 난행亂行과 기행奇行에 대한 혐오와 경멸의 시선은 그러나 자주 예상치 않은 방향으로 흩어지고 난반사된다.

조선의 문인들이 그를 "조선 문화의 끔찍한 진드기 같은 존재로 증오하고 배척하는" 이유는 그가 거짓말과 허풍, 기괴한 행동을 일삼는 성격파탄자라는 점에도 있지만, 그보다는 그가 "조선말로 창작하는 것은 진절머리가 나요. 조선말 같은 것은 똥이나 처먹으라지요. 아무튼 그건 멸망의 부적이라니까요"(253)라는 등의 언사를 함부로 지껄이고 다닌다는 점에 있다. 그리하여 조선의 "문화인들은 서로 결속해서 그를 문화권 밖으로 몰아내기로 했다"(238)는 것이다. 그렇게 그는 경계 밖으로 밀려나고, 그

---

51) 이혜령, 앞의 책, p. 18.

럼으로써 경계의 안쪽은 '결속'을 다진다. 그 안쪽은 물론 '조선의 문화'이다. '현룡 일파'를 비판하기 위한 모임에서 평론가 이명식은 조선어 창작의 위기 상황에 대해 열변을 토하면서 준엄하게 현룡을 꾸짖는다.[52] 현룡은 그런 이명식을 비웃고 이명식은 현룡을 향해 접시를 집어던진다. 현룡은 머리를 맞아 뒤로 넘어져서도 여전히 낄낄거리고 이명식은 상해죄로 검거되어 간다.

그런데 누가 누구를 응징한 것일까? 누가 누구를 몰아낸 것일까? 이명식과 현룡은 전혀 다른 존재일까? 이명식을 어떤 존재의 슈퍼에고로, 현룡을 이드로 읽을 수는 없을까? 활달한 풍자와 유머와 아이러니로 묘사되는 현룡과는 달리, 극히 형식적이고 딱딱한 논설 문체로 일관된 이명식이 소설 무대에 잠깐 나타났다 사라진 이후 현룡의 자포자기적인 광분이 고삐 풀린 말처럼 무대를 채우는 것을 보면, 이 비천한 존재는 슈퍼에고의 통제를 벗어난 이드의 형상으로 읽힌다. 그런데, 그렇다면 누구의 이드인가?

"조선 사람들에게 버림받고" 일본인들에게까지 "버림받는다면 길바닥에서 죽을 수밖에 없"(259)는 절박한 처지에 몰린 이 앱젝트는 자기를 주시하는 자들 앞에 매달리고, 애원하고, 화내고, 비웃고, 협박하고, 달아나고, 몸부림친다. 이 몸부림에 따라 피사체를 향한 시선도 이리저리 흔들리고 의도하지 않은 반사가 일어난다. 예컨대, 현룡은 '조선 문화의 정체성'을 강조하는 이명식과 그의 동료들의 혐오의 대상이 되지만, "동경 문

---

52) 이때 이명식의 발언, 즉 "내지어로 쓰는 것을 좋아하지 않는 자나, 또 실제로 쓰지 못하는 이의 예술을 위해서는 이해심 있는 내지 문화인의 지지와 후원하에 좋은 번역기관이라도 만들어 소개하도록 힘쓰는 게 좋을 것 같네. 내지어가 아니면 붓을 꺾어야 한다는 것은 참으로 언어도단일세"(254)라는 말은 김사량이 1940년 9월 「조선문화통신」에서 말한 내용의 일부이다.

단에서 활약"하는 김사량 자신의 배경, 그리고 이명식의 소설 내 발언이 김사량의 다른 글에서의 발언과 동일한 것을 알고 있는 독자의 시선으로 보자면, 현룡과 이명식의 싸움이 무엇을 의미하는 것인지는 혼란스러워진다.

한편, 현룡을 '조선 문화의 진드기'로 규정하고 그를 '몰아내기로' 결정한 '조선 문인'들은 어떤가? "내지 예술계에서 좀 알려진 사람이 오면 자못 조선 문인을 대표하는 듯한 얼굴로"(250) 서로 아첨 경쟁을 벌이는 이들은, 아침부터 숨을 헐떡거리며 내지에서 온 일본 작가를 찾아헤매는 현룡과 다를 바 없는 존재들이며, "애국주의적" 정열에서도 서로 경쟁하는 처지이다. 결국, 현룡에 대한 경멸의 시선이 강하면 강할수록 그것이 그대로 그들에게 되비칠 것임은 자명한 이치다.

더욱 주목할 것은 일본 지식인들과의 관계이다. 일련의 사건으로 인해 현룡은 "조선 민중의 애국사상을 심화하기 위해 편집되는 시국 잡지의 책임자"인 오무라로부터 당분간 절에 들어가 근신할 것을 명받고 전전긍긍하고 있는 상태다. "오무라에게까지 버림받는다면 길바닥에서 죽을 수밖에 없"다고 생각하는 그는 내지에서 온 작가 다나카에게 자신의 구명을 부탁하기 위해 하루종일 그를 찾아 혼마치와 종로 일대를 헤맨다. 이 비굴한 앱젝트가 벌이는 어처구니없는 광태狂態를 좇다 보면 마침내 그가 그토록 찾아헤매던 "위세 좋은" 일본인들을 만나게 된다. 이 일본인들이 현룡을 벌레처럼 바라보는 것은 말할 것도 없다.

그런데, 현룡을 대하는 이들의 태도에서 동시에 드러나는 것은 무지와 교만, 허세와 허영으로 가득 찬 그들 자신의 모습이다. "조선의 청년이라고 하는 것은 하나같이 겁쟁이인 주제에 삐딱한 근성이 있고 뻔뻔스러운 데다가 당파심이 강한 족속"(270)이라고 말하는 "관립전문학교 교수"

쓰노이角井는 화자의 말에 따르면, "돈벌이하려는 속셈으로 조선에 건너온 일부 학자"의 하나로 "내지인 현룡이라고 할 만한 존재"(268)다. "만주에라도 가서 좀 돌아다니다 오면 다른 레테르도 붙어서 새로운 분야의 일을 할 수 있을지도 모른다고 생각"(269)해서 조선에 들른 다나카는, "내지인과 마주할 때는 일종의 비굴함으로 조선인 욕을 줄줄이 늘어놓지 않고는 못 배기"(270)는 현룡의 장광설을 듣고 "완전히 감동하여", "내지에 틀어박혀 있으면 황국문학밖에 할 수 없다는 것은 정말 맞는 말이다. 여기에 대륙 사람들의 고뇌하는 모습이 있다. […] 그렇다. 이것이야말로 조선 지식계급의 자기반성이라고 내지에 알리자. […] 중국사람은 알 수가 없다고 하는 자들은 어리석기 짝이 없다. 조선인을 불과 이틀에 파악한 이런 페이스라면 나는 나흘 정도에 알아내 보이리라"라고 마음속으로 외치면서 "절절한 기쁨을 느끼"(271)는 인물이다. 오무라 역시 "시국을 똑바로 인식해야 한다"며 현룡을 훈계하다가 "자기 말솜씨에 감동하여" "우쭐거리며"(273) 흥분하고 마는 인물이다.

그러나, 비천한 '쓰레기' 현룡을 향한 경멸과 혐오의 시선이 불현듯 자기 자신의 벌거벗은 모습, 응시의 대상과 다를 것 없는 자신의 모습을 되비추는 순간이 있다. 작가는 그 순간을 예리하게 포착한다. 그러니까 조롱받고 밀려나는 것은 현룡만이 아니라, 그런 현룡을 바라보는 '조선 문인', '조선 문화', '조선 문화의 정체성'이기도 하고, '애국주의', '황국문학', '내선일체'이기도 하고, '일본 문인', '일본인'이기도 한 것이다. 다음의 장면은 "조선 민족을 조사라도 하는 듯한 태도로"(270) 현룡을 관찰하던 다나카가 뜻밖의 사태에 당황하는 모습, 그리고 그 뜻밖의 사태가 무엇으로부터 초래된 것인지를 직접적으로 묘사하고 있다.

현룡은 이때다 싶어서 그 옆으로 뛰어가 숨을 헐떡거리며

"다나카 군"

하고 목에 걸린 듯한 목소리로 속삭였다.

"오무라 군에게 날 좀 부탁해 줘. 절에 가지 않게 해 줘. 절에"

그 목소리가 너무나도 절망적인 슬픔에 떨리고 있었기 때문에 다나카는 놀라서 현룡의 얼굴을 쳐다보았다. 소름이 끼칠 만큼 **굳어 보이는 형상**이 갑자기 **흐트러지며** 기분 나쁜 웃음을 띠었다.(275~76, 강조는 인용자)

'조선 민족을 조사하고 관찰'하던 이 식민자는 관찰 대상의 '형상이 갑자기 흐트러지며 기분 나쁜 웃음'을 보내는 순간 당황하고 놀란다. 지배자의 언어를 지껄이는 이 지적인 '괴물'은 더 이상 '고귀한 야만인'이 아니다. 이 '괴물'로부터 나오는 것은 음산함, 불쾌함, 밑을 들켜버린 듯한 난처함 같은 것이다. '자연보다 더 자연 같은 상태에 붙박혀 있던' 이 '괴물'이 음산한 웃음을 띠면서 자신을 바라보는 순간, 관찰자의 시선은 흔들리면서 대상의 "형상이 갑자기 흐트러"지는 것을 경험한다. 그는 자신과 대상 사이에 가로놓인 '보이지 않는 철창'을 이 순간 보아버린 것인지도 모른다. 다시 말해, 그는 자신이 억압해온 자신의 일부가 철창 저 너머의 존재로부터 되돌아나오고 있음을 불현듯 깨닫고 당황하는 것인지도 모른다.

"기분 나쁜 웃음"을 흘리던 이 앱젝트는 어떻게 되었는가? 모든 시도가 수포로 돌아간 뒤, 그는 "나야말로 확실하게 죽어주지! 자동차와 전차 사이에 끼어 폭탄처럼 죽어주겠다!"라고 속으로 외치면서, 소설의 첫 장면에서와 마찬가지로, 신마치 유곽의 골목길을 헤맨다. 그는 "게토르를 감은 중학생과 전문학교 생도들이 가도 가도 끝없이 이어지고 뒤쪽에는

국방색 옷을 걸친 선생과 그 밖에 신문 잡지사의 사람이나 안면 있는 문인들"로 이루어진 신사神社 참배의 행렬이 "자기를 포위하고 쫓아올 것 같"(279)은 질식감 속에서, 수만 명의 사람들이 자기를 향해 "센징! 센징!" 하고 떠드는 것 같은 환청과 환각에 시달리면서, "센징이 아니야! 센징이 아니라고!" 외치며 미로 같은 골목길을 헤매고 다닌다.

"이 내지인을 살려줘, 살려달라고!"
그는 숨을 헐떡거리면서 울부짖는 것이었다. 그리고 또 다른 집으로 뛰어가서 대문을 두들겨댄다.
"열어 줘. 이 내지인을 들여보내 줘!"
또 뛰기 시작한다. 대문을 두드린다.
"이제 나는 센징이 아냐! 겐노가미 류노스케다, 류노스케다! 류노스케를 들여보내 달라고"(281, 강조는 인용자)

경계 밖으로 내팽개쳐진 이 앱젝트는 당돌하게도 경계 안쪽의 자기동일성의 신성한 상징(류노스케)을 호명하면서 안으로 들어갈 것을 요구하고 있다. 페가수스Pegasus(天馬)는 '괴물' 메두사Medusa가 죽어야만 태어날 수 있다는 사실을 그는 알고 있었다. '센징'은 죽어서야 '내지인'이 될 수 있음을 그는 절망적으로 부르짖고 있었다. 앞에서 보았던 수많은 식민지의 앱젝트처럼, 그 역시 '죽어야만 살 수 있었다'.

III. 맺음말

폭력은 모든 살아 있는 존재들의 기본적인 조건이다. 생명이 폭력의 산물이라면 그것을 없애는 데에 주력하기보다는, 그것이 실현되는 조건, 다시 말해 '폭력이 예감되는 그 자리'[53]에 모든 주의를 기울여야 한다. 예외적이고 비상한 사태로서의 폭력이 아닌 나날의 일상 속에 준비되고 실현되는 폭력에 대해 사유할 때, 우리는 식민주의의 폭력이 어째서 식민주의의 정치적 종식 이후에도 지속되고 있는지, 식민주의의 폭력에 대한 저항이 어째서 쉽사리 동일한 폭력으로 전화되는지를 이해할 수 있을 것이다.

타자와의 접촉의 첫 순간에 폭력의 징후는 어른거린다. 그러므로 우리가 눈여겨보아야 할 것은, 그 징후의 거대한 폭발 혹은 결과로서의 살육이나 학살의 현장이 아니라, 그것들이 배태된 최초의 장소이다. 그 장소에 서야만 우리는 비로소 '죽은 자를 대신해서 말하기'를 그치고 '죽은 자로 하여금 말하게' 할 수 있을 것이다. 어떻게 죽은 자의 말을 알아들을 것인가? 저 '인간-짐승'들의 "의심 깊은 눈초리, 빈정거리는 미소를 참는 입매, 그리고 느려터진 동작"[54]이 전하는 말들을 우리는 알아들을 수 있을까? 지배자의 시선을 빨아들이는 블랙홀 같은 무표정이 폭력의 질서에 일으키는 작은 균열의 가능성을 읽어낼 수 있을까? '한 입으로 두 말 하는' 복화술複話術[55]의 '괴물'들이 퍼뜨리는 미세한 감염感染의 흔적들을 찾아

---

53) 도미야마 이치로冨山一郎, 『暴力の豫感』(송석원 외 옮김, 『폭력의 예감』, 그린비, 2009) 참조.

54) 주 45) 참조.

55) 김철, 『복화술사들』(문학과지성사, 2008) 참조.

낼 수 있을까?

길은 아마도, '혁명적 전복이나 불복종 행위 같은 능동적 역능의 장' 이 아니라, 예상하지도 의도하지도 않았던 사소한 '위반'의 정치적 의미 에 주의를 기울이는 데에서 발견될지도 모른다.[56] 근대국가의 감시 및 관 리-규율 체제가 국민의 신체와 감각을 새롭게 주조鑄造해낸다면, 규율의 '위반/가능성' 역시 그들의 "삶과 자기 형성에 항상적으로 주어진 상황"[57] 인 것이다. 그렇다면, "국가의 부당한 독점 체제에 구멍을 내는" "일종의 임계점"으로서의 사소한 '위반들', 그리고 그때 위반자가 느끼는 불안으 로 인한 미열微熱, 혹은 어떤 '서글픔'에 눈을 돌린다면, 우리는 이 폭력의 질서가 교란되는 어떤 지점을 찾아낼 수 있을지도 모른다. 다시 말해, "희 미하여 잘 파악되지 않는 이 임계점을 관찰하기 위해서는 산재하는 위반 의 '뜨뜻미지근한' 온도 혹은 허술해 보이는 위반자의 신체에 퍼진 미열微 熱의 의미를 신중하게 되물어야 한다".[58] 폭력에 대해 숙고하는 것, 그 균 열의 출발점을 찾는 것은 이렇듯 잘 보이지 않고 잘 들리지 않는 것에 귀 기울이고 주의하는 것이다. 그런 점에서 우리는 어쩌면 또 다른 인류학자 일지도 모른다.

---

56) 김예림, 「국가와 시민의 밤―경찰국가의 야경, 시민의 야행」, 『현대문학의 연구』 49집, 한국 문학연구학회, 2013, p. 398.

57) 위의 글, p. 380.

58) 위의 글, p. 409.

'국어'의 정신분석
―조선어학회 사건과 『자유부인』

대표적인 한글학자의 한 사람인 정렬모(1895~1967)가 1927년에 쓴 「조선어 연구의 정체는 무엇?」이라는 글은, 말 그대로, '조선어의 정체'에 대한 매우 흥미로운 논점들을 제시하고 있다. 조선어학회의 기관지 『한글』 1권 2호에 발표된 이 글은 "조선어 연구자가 걸핏하면 세인에게 이매망량魅魅魍魎의 도徒로 지적"받고 있다는 말로 시작된다. 세상 사람들은 조선어 연구자의 "정체"를 모른다. 그들의 눈에 조선어 연구자는 "새 말을 지어내는 사람", "없어진 말을 찾아 쓰는 사람", "쉬운 말을 어렵게 쓰려는 사람", 즉 '도깨비나 귀신의 무리'에 다름 아니라는 것이다.

다소 과격한 이 표현은, 조선어 연구에 대한 대중의 무지를 탓하기보다는 오히려 그러한 오해와 무지를 초래한 조선어 연구자들의 반성을 촉구하는 쪽에 중점이 놓여 있다. "조선어 연구자는 자기 사업에 대한 명백한 의식을 가지지 못하였었고", "沒世間的 문자 유희를 일삼고 있었"다는 등의 신랄한 비판에 이어 필자는 바로 다음과 같이 말한다.

그러므로 툭하면 남에게 非難을 사고 誤解를 받게 되었으며 甚하게는 우리의 生命과 같이 貴重한 國語(註: 言語學上으로 보아 어느 特秀한 体系를 갖춘 文法에 依하여 統一된 言語의 一團을 國語이라 하나니 假令 英國과 米國과는 政治上 獨立한 兩個 國家이지마는 '英語'라는 一個 國語를 使用하는 것이요 朝鮮語와 日本語는 그 文法上 体系가 다르므로 政治上 意味를 떠나서 兩個 國語가 되는 것이다)를 拒否 厭避하는 弊까지 생기게 하였다.[1]

'체계를 갖춘 문법에 의해 통일된 언어가 국어'라는 주장을 통해 '조

---

1) 鄭烈模, 「朝鮮語研究의 正體는 무엇?」, 『한글』, 1권 2호, 1927.3, p. 68.

선어'는 바로 '국어'로 지칭된다. 그에 따르면, 조선어가 '국어'로 불리기 위해서는 정치적 독립이 필요한 것이 아니라 언어학적 독립이 필요하다. 즉, '언어학적 체계를 갖춘 문법에 의하여 통일된 언어'라면 정치적 상황과 관계없이 국어가 될 수 있다는 것이 그의 주장이었다. 당연히 역으로, 문법적 통일성을 갖추지 못한 언어는 국어일 수 없을 것이다. 그의 논리 속에서 조선어/국어 사이에는 절대적인 경계가 있고, 그 경계는 국어사를 비롯해 음운론, 문장론, 문법론, 방언론, 정서법 등, 요컨대 근대 언어학의 제반 분야로 이루어져 있다. '조선어'가 그 경계 바깥에 본래적으로 주어져 있는 일종의 '자연언어'라면 '국어'는 그 자연언어와는 다른, 근대적 언어학의 방법으로 만들어낸 어떤 것일 터이다. 그의 결론을 요약하자면, 근대 언어학적 방법으로 연구되는 '조선어(학)'은 '국어(학)'이고, 그렇지 못한 '조선어(학)'은 '도깨비나 귀신의 무리'에 속하는 것이다.

여기서 국어의 개념 규정이 너무 막연하거나 자의적이라고 비판한다면 그것은 초점을 벗어난 것이다. 왜냐하면 그러한 비판은 통일적이고 실정적인 국어의 개념을 전제로 하는 것인데, 문제로 삼아야 할 것은 바로 그 전제 자체이기 때문이다. 한편 제국의 학문-제도적 편제 안에서 이미 조선어는 국어로 지칭될 여지가 없었다는 현실을 들어, 필자의 조선어=국어의 과잉결정을 비판하는 것 역시 그 비판이 국민국가=국어=국민문화=국민의 무매개적 일치를 승인하는 전제 위에 서 있다면 무의미한 것이 되기 쉽다. 문제는 국어의 개념이 아니라 국어라는 이데올로기, 즉 표상과 구조의 체계로서의 이데올로기이기 때문이다.[2]

위의 글에서 내가 주목하는 것은 조선어를 일본어와 동등한 하나의 국

---

2) 국어 이데올로기의 역사적 형성에 관해서는 이연숙의 『「國語」という思想』, 岩波書店, 1996(고영진·임경화 역, 『'국어'라는 사상』, 소명출판, 2006) 참조.

어로 지칭하는 이 오인misrecognition 또는 환상fantasy의 구조이다. 어떤 구조 혹은 체계가 1927년의 시점에서 이 식민지의 언어학자에게 조선어를 '국어'라고 말하게 했는가? 대체 국어란 무엇인가, 보다 직접적으로 말해, 국어는 식민지 및 탈식민지 주체들에게 무엇인가? 나는 국어 혹은 국문이 처음으로 발화되는 19세기 말부터 식민지 말기의 '조선어학회 사건'(1942), 그리고 해방 이후 이른바 '한글 간소화 파동'(1954)에 연관된 정비석의 소설 『자유부인』을 통해 국어라는 기표를 둘러싼 식민지 및 탈식민지 주체들의 무의식을 분석해 보고자 한다.

국어=팔루스의 탄생

잘 알려진 바와 같이, '국문'이라는 용어가 처음으로 공식화되어 나타난 것은 갑오개혁(1894) 이후의 일이다. 예컨대 1894년 7월 19일 의정부議政府 학부아문學部衙門 편집국은 "掌國文綴字國文飜譯及教科書編輯等事(국문 철자와 국문 번역 및 교과서 편집 등의 일을 관장한다)"는 규정을 공표하는데, 여기서 쓰인 '국문'이라는 용어가 예사롭지 않은 것임은 이보다 18년 전인 1876년의 「朝日修好條規(조일수호조규)」와 비교하면 바로 드러난다. 조선이 '自主之邦(자주지방)'임을 선언한 이 최초의 국제조약에서 두 나라가 교환할 외교문서의 문자는, 일본의 경우는 '其國文(기국문)', 조선은 '眞文(진문)', 즉 한문으로 정해졌던 것이다. 그 이유는 조선에는 '국문'이 존재하지 않았기 때문이다.[3]

---

3) 박광현, 「언어적 민족주의 형성에 관한 재고―'국문'과 '조선어'의 사이」, 『한국문학연구』 23집, 동국대 한국문학연구소, 2003, p. 250.

외국과의 조약문서에 '其國文' 대신에 '眞文'을 사용하던 시점으로부터 국가의 공식문서에 '국문'을 사용할 것을 칙령으로 반포하는[4] 이 시점까지의 변화가 어떤 열망들에 이끌리고 있었던 것인지 우리는 잘 알고 있다. 이제 바야흐로 조선/인은 '국문' 혹은 '국어'로만 표상될 것이었다. 그런데 이 국문 혹은 국어란 무엇인가? 국문 탄생의 산파産婆 주시경이 여러 차례 반복해서 강조하는 국어는 다음과 같은 것이다.

　　我國은 亞洲東方溫帶에 在하여 北으로 靈明한 長白山이 特秀하고 東西南으로 溫和한 三面海가 圍繞한 半島니 古時에는 長白山이 中央이요 北은 滿野를 盡하고 其餘三面은 곳 東西南海라 天이 此域을 界하고 我人種을 祖産하고 其音을 命하매 此域에서 此人種이 此音을 發하여 言語를 作하고 其言語로 思想을 上達하여 長白四疆에 繁衍하더니 許多年代를 經하여 檀聖이 開國하신 以來로 神聖한 政敎를 四千餘載에 傳하니 此는 天然特性의 我國語라[5]

---

4)　"法律勅令은다國文으로써本을삼고漢譯을付하며或國漢文을混用흠"(勅令 제1호 14조, 1895. 5. 8. 박광현의 위의 글에서 재인용)

5)　주시경, 『國語文法』, 序, 博文書館, 1910(이기문 엮음, 『周時經全集 下』, 亞細亞文化社, 1976, p. 221). 『國語文法』의 발행일자는 隆熙 4년(1910) 4월 15일이며, 서문이 쓰여진 시기는 隆熙 3년(1909) 7월, 즉 한일합방 이전이다. 이 책은 한일합방 이후 1911년 및 1913년에 재간행되는데, 그때의 제목은 『朝鮮語文法』이며 刊記에 적힌 연호는 '明治 44년' 및 '大正 2년'이다. 위 인용문과 같은 구절들은 『國語文典音學』(1908)에도 보이고, 똑같은 표현은 아니더라도 유사한 내용이 「必尙自國文言」(1907)에도 보인다. 인용문을 한글로 옮기면 다음과 같다. "우리나라는 아세아 동쪽 온대에 있으며 북으로 신령스러운 장백산이 특히 빼어나고 동, 서, 남으로 삼면의 바다가 둘러싼 반도이니 옛날에는 장백산이 중앙이고 북으로는 만주 벌판의 끝에 이르고 그 밖의 삼면이 동, 서, 남해다. 하늘이 이 땅의 경계를 정하고 우리 인종을 낳고 그 음음을 명하시니 이 땅에서 우리 인종이 그 음을 발하여 언어를 만들고 그 언어로 사상을 위에 이르게 하여 장백산 사방에 번창하더니 오랜 세월을 거쳐 단군 성조께서 개국하신 이래 신성한 정교政敎를 사천여 년간 전하니 이것이 천연 특성의 우리 국어다."

"단군 개국" 이래 4000여 년의 시간 및 장백산, 만주, 동해, 서해를 포괄하는 "반도"의 공간, 그리고 그 안에 거주해온 "我人種"을 하나로 묶는 이 상상의 기반은 "天이 命한" "天然特性의" "我國語"이다. 이 천연성=자연성의 감각이야말로 '나'(我=민족 자아)를 탄생시키는 필수적인 요소에 다름 아니다. 다시 말해, 19세기 말 조선에서의 민족 자아는 이 자연성의 감각, 즉 민족어=국어의 통합성과 자연성에 대한 믿음, 동시에 그것과 자기의 동일시라는 환영幻影을 통해 탄생했던 것이다. 그 환영의 과정과 결과는 어떤 것이었던가?

　　널리 알려진 라캉Jacques Lacan의 이론에 따르면, '나'는 "이미지들의 효과"이며 "상상계의 기능"이다.[6] 이른바 '거울 단계'에서 아이는 자기 신체에 대한 파편적 감각과는 달리 거울에 비치는 이미지의 통합적 전체상을 자신과 동일시한다. '나'는 이러한 오인을 통해 탄생한다. 요컨대, '나'는 일련의 환영적 이미지, 즉 연속성과 통일성의 환상에 근거한 것이며 그 기능은 환상을 유지하는 것, 다시 말해 진실을 받아들이기를 거부하면서 오인을 통해 상상계적 질서를 구축하는 것이다. 그러나 통합성과 자연성의 감각이 환영에 근거한 것인 한, '나'는 영원히 해소될 수 없는 부조화, 즉 어떤 상실과 결여를 처음부터 안고 있는 것일 수밖에 없다. '국어'는 이 상실과 결여의 한 기표이다.

　　사카이 나오키酒井直樹는 일본어의 탄생 과정에서 어떤 전도顚倒가 일어났는지를 상세하게 밝힌 바 있는데, 그에 따르면, "어떤 공동체 안에서 공통적으로 이해할 수 있는 민족언어 혹은 국민어"는 "균질적인 언어 매체가 존재해야 한다는 암묵적인 요청"에 의해 "일관된 체계의 통일체로

---

6)　손 호머Sean Homer, 김서영 옮김, 『라캉 읽기』, 은행나무, 2014, p. 47.

서 구상된 것"이다.[7] 실제 현실에 있어서의 잡종적이고 비균질적이며 다언어적인 상황이 부정적인 것으로 평가되고 극복되어야 할 것으로 인식되는 한편, 투명하고 균질적인 통일체로서의 일본어의 성립이 하나의 격률格率로서 요구되었던 것이다. 더 나아가, 이러한 구상은 통일체로서의 일본어와 그 일본어가 보편적으로 통용된 어떤 공동체가 고대에 존재했었다는 가정, 그러나 현재에는 존재하지 않는다는 상실감을 바탕으로 성립된 것이다. 즉, 통일된 체계로서의 일본어가 탄생되기 위해서 우선 그것은 상실된 것으로 가정되어야만 했다. "본래 사용했어야 할 순수 일본어를 상실해버렸다는 가슴 아픈 본래성 상실의 감각"을 통해서 '있어야 할' 일본어가 가시화되었던 것이다. 요컨대, "일본어의 탄생은 일본어의 사산死産으로서만 가능했다."[8]

　한국어의 경우에도 사정은 다르지 않다. 일본과의 외교문서에 '진문'을 사용하던 때로부터 국가의 공문서를 '국문'으로 표기할 것을 선언하기까지에는 머나먼 과거에 존재했던 언어적 공동체에 대한 상상("我檀朝 以來에 德政을 行하던 優等의 言語와 子母의 分別이 簡要하여 記用이 便利한 文字")과 함께 탄식 가득한 상실감("開國 四千餘載에 硏究가 寂寞하여 語典一卷도 尙此未成함으로 近者에 國語로 著作하는 文字가 各各 恣意를 從하여 言語의 訛訛함과 文字의 誤用하는 弊가 相雜하여 正當한 言文이 되지 못함으로 國民이 自國言과 自國文을 愛重할 思想이 發치 못하는지라")[9]이 동반되어야 했다. 동

---

7)　사카이 나오키酒井直樹, 이득재 옮김, 『사산되는 일본어/일본인』, 문화과학사, 2003,. pp. 189-190.

8)　위의 책, p. 200.

9)　주시경, 『國語文典音學』, 이기문 엮음, 앞의 책(下), p. 157. 인용문을 한글로 옮기면 다음과 같다. "우리 단군 왕조 이래 덕정을 행하던 우수한 말과 자모의 분별이 간결하여 그 쓰임이 편리하던 문자", "개국 사천여 년간 연구가 거의 없어 사전 한 권도 아직 완성하지 못해 요

시에, 국어에 대한 상상은 곧 주권에 대한 상상이기도 했다. 주시경과 그의 시대의 민족 자아에게 국어는 국가의 독립과 주권을 보장하는 절대의 기준이었다.

天이 命한 性을 從하여 其域에 其種이 居하기 宜하며 其言을 言하기 適하여 天然의 社會로 國家를 成하며 獨立이 各定하니 其域은 獨立의 基요 其種은 獨立의 體요 其言은 獨立의 性이라.[10]

自國의 言語文字는 […] 自由國 되는 特性의 表準이라 […] 言語가 他衆之文言의 弄絡을 被하여 紊亂混雜하면 […] 國家自主의 保全을 其望키 不能하더라.[11]

"其言은 獨立의 性"이고 "自國의 言語"는 "自由國의 表準"이며 "國家自主 保全"의 기반이라는 믿음, 즉 '국어=국가=주권'의 주제는 충만함과 풍요의 감각에 감싸인 '나'의 환상 속에 지속적으로 등장하는 주제이다. 그러나 이 충만함의 감각은 실제 현실에서의 파편적 경험(예컨대 최초의 '自主之邦'을 선언했던 문서에서 '其國文'을 사용할 수 없었던 트라우마 같은 것)

───────────────

즘은 국어로 짓는 글이 저마다 제멋대로여서 말이 잘못되고 글자를 잘못 쓰는 폐단이 서로 뒤섞여 옳은 말글이 되지 못하므로 국민이 제나라 말과 제나라 글을 아끼고 중히 여기는 사상이 나오지 못하는지라."

10) 위의 책, p. 156. 인용문을 한글로 옮기면 다음과 같다. "하늘이 명한 성품을 따라 그 땅에 그 인종이 사는 것이 마땅하며, 제 말을 말함이 적당하며, 천연의 사회로 국가를 이루어 각각 독립함이 정해진 것이니, 그 땅은 독립의 기틀이며, 그 인종은 독립의 몸체이며, 그 말은 독립의 성품이라."

11) 주시경, 「必尙自國文言」, 위의 책(上), p. 27. 인용문을 한글로 옮기면 다음과 같다. "자국의 언어 문자는 […] 자유국이 되는 특성의 기준이라 […] 언어가 다른 무리의 말글에 농락을 당해 문란 혼잡해지면 […] 국가의 자주 보전을 기대할 수 없다."

과 더불어 어떤 부조화, 즉 라캉이 '존재의 결여'라고 불렀던 소외와 분열을 마주할 수밖에 없다. 알다시피 조선 왕조국가는 19세기 말, 물론 전적으로 일본 제국의 후원에 힘입은 것이었지만, 중국으로부터 독립한 주권국가로 스스로를 표상했다. 그러나 이 주권이야말로 베스트팔렌조약 이후 성립된 유럽 중심의 국제법적 질서 아래서의 '대등한 국가주권'이라는 상상체계에 깊숙이 접속되어 있다는 점에서 전적으로 제국주의의 효과인 것이다.[12] 대등한 주권이란, '자유', '국어'가 그렇듯이 본래적으로 비대칭적인 발판 위에서의 대등성에 지나지 않는다. 중요한 것은 주체가 이미 그 비대칭성을 '잘 알면서도' '마치 모르는 듯이' 행동한다는 것, 즉 실제적 현실 관계를 구성하는 환영을 간과하고 오인한다는 점에서, 주권=국가=국어에의 믿음은 전형적인 물신화, 즉 이데올로기적 환상에 속한다는 것이다.[13]

국어나 주권은 처음부터 존재하지 않는다. 그럼에도 불구하고, 아니 바로 그 때문에 이데올로기적 환상은 주체의 사회적 현실을 구성하고 실제의 삶에서 중요한 일련의 효과들을 산출한다.[14] 이것은 "삶은 한낱 환상

---

12) Andre Schmid, Korea between Empires,1895-1919, Columbia University Press, 2002; 헨리 임, 「유로-아메리칸 헤게모니와 근대 한국역사학의 기원」, 헨리 임·곽준혁 엮음,『근대성의 역설』, 후마니타스, 2009. 한편, 상품의 등가교환 논리 속에 숨은 '대칭적 호혜성'이라는 가상과 그 가상을 바탕으로 한 식민주의와 번역의 공모관계에 대해서는 서석배, 「신뢰할 수 없는 번역」, 헨리 임·곽준혁 엮음, 위의 책 참조.

13) "그들이 간과하고 오인한 것은 현실 자체가 아니라 그들의 현실을, 그들의 현실의 사회활동을 구조화하는 환영이다. 그들은 실제로 사물의 실상을 잘 알고 있다. 하지만 그들은 여전히 그것을 몰랐다는 듯이 행동한다. 따라서 환영은 이중적이다. 그것은 우리의 현실을, 실제적 현실 관계를 구성하는 환영을 간과하는 데 있다. 그리고 이 간과된 무의식적인 환영이야말로 이데올로기적 환상이라고 불릴 수 있는 것이다." 슬라보예 지젝, 이수련 옮김,『이데올로기의 숭고한 대상』, 새물결, 2013, p. 68.

14) 실재의 실체성(대상 a)이 주체들의 상징적 현실에서 일으키는 일련의 효과에 대해 지젝은 다음과 같은 농담들을 예로 들어 설명하고 있다. "이곳이 바로 웰링턴 공작이 그 유명한 연

일 뿐"이라는 의미가 아니며, 또 그런 방식의 초연함을 가장하는 태도로는 결코 해소될 수 없다. 국어=국가=주권은 이데올로기적 환상 속에 지속적으로 등장하는 주제로서, 주체는 그 환상을 통해 결코 충족되지 않는 욕망, 즉 본래적 결여와 부재를 메꾼다. 이 환상이 없이는 주체의 현실, 즉 상징계는 유지되지 않는다. 그리고 그것이야말로 이데올로기의 진정한 효과이다. 주체는 한때 존재했지만 이제는 상실한 것으로 여겨지는 원초적 대상("天然의 國家", "檀聖 以來의 神聖한 政教")을 찾아 영원히 헤맨다. 이때 국어는 이 근본적 상실을 구체화하고 그 상실감에 신체를 부여하는 대상, 즉 팔루스phallus[15] 같은 것이 된다. 팔루스는 결여, 즉 거세의 기표이며 현존함으로써 상실 그 자체를 실정적으로 존재하게 하는 것이다. 다시 말해, 그것은 그 자신의 불가능성에 대한 지표인 것이다.[16]

거세를 통해, 즉 팔루스의 현존을 통해 주체는 근본적 결여 그 자체로서 상상계적 '나'로부터 상징계적 주체로 이동하면서 현실의 삶을 유지해 나간다. 이 글의 첫머리에서 언급했던 한글학자 정렬모의 경우로 잠시 돌아가보자. 그는 조선어를 둘로 나눈다. 첫째는 "문법에 의해 통일되지 않은" 조선어인데, 이것은 "이매망량", 즉 유령이다. 둘째는 언어학적 방법으로 통일된 조선어로서 "우리의 생명과 같이 귀중한 국어"다. 지금까지

설을 하셨던 장소인가요?" "예, 이곳이 바로 그곳이에요. 하지만 그는 그런 연설을 한 적이 없답니다." // "저기 있는 것이 무엇이죠?" "아, 그거요, 맥거핀McGuffin이에요." "맥거핀이 뭐죠?" "아, 그건 스코틀랜드 고지방에서 사자를 잡을 때 쓰는 장비예요." "그런데 스코틀랜드 고지방에는 사자가 없는데요." "그래도, 그게 얼마나 효과가 있는지 몰라요." 위의 책, p. 259.

15) 쇤 호머, 앞의 책, pp. 89-91. 프로이트에게 팔루스는 오직 남근을 의미할 뿐이지만, 라캉은 그것을 '남근과 더불어 부재 또는 결여의 인식을 더한 것'으로 정의한다. 따라서 거세란 단순히 남근을 잃는 것에 대한 두려움만이 아니라, 어머니의 팔루스가 될 수 있다는 생각을 포기하는 상징화 과정에 연관되는 것이다.

16) 슬라보예 지젝, 앞의 책, p. 249.

의 우리의 논의에 비추어 보면 이 두 번째의 국어가 훨씬 더 유령에 가까
울 터이지만, 흥미로운 것은 그가 이매망량으로 지칭한 첫 번째의 조선어
이다. 이 발화에는 무언가 기묘한 공포 혹은 불안이 어른거린다. 근대 과
학적 방법으로 다듬어지지 않은 조선어를 이매망량으로 지칭하는 이 발
화에는 언어나 개념으로는 포획할 수 없는 어떤 것, 닿거나 보는 순간 불
안과 혼란을 야기하는 어떤 것, 우리의 실존 너머 어둠 속에 존재하는 어
떤 것에 대한 공포가 서려 있지 않은가. 그는 서둘러 이것을 이매망량의
세계로 지칭하면서 그것이 현실의 세계(국어)로 넘어오지 못하도록 금을
긋는다. 다시 라캉을 빌려 말하면, 그는 말할 수도 볼 수도 없는 실재를 현
실에서 분리함으로써 상징적 질서 속에 안정된 주체로서의 위치를 확보
하는 것처럼 보인다. 다시 말해, 부재와 결여의 기표로서의 팔루스(국어)
는 상실의 지양, 즉 상상계적 팔루스(소문자 파이 φ)로부터 상징계적 팔루
스(대문자 파이 Φ)로 이동하는 것이다.[17] 국어는 이렇게 태어난 것이다.

언어학적 연구에 의해 포착되지 않는 언어, 즉 자연언어로 간주되는
어떤 것을 '유령'으로 구획하면서 현실에서의 국어와 철저하게 금을 긋는
이 태도는 환상의 기능과 관련하여 대단히 중요하다. 우리의 사회적 현실
이란 무엇인가? 그것은 트라우마를 묻어둔 채로 진행되는 환상, 즉 "실재
의 침입으로 인해 언제든지 찢길 수 있는 취약한 상징적 그물망에 지나지

---

17) "상징계적 팔루스는 사회적으로 중요한 것이며 가치 있는 것이며 욕망되는 것이다. 라캉
은—환상 속에서 떨어지거나 잘려나가는 이미지로서가 아니라—상징으로서의 팔루스
를 그리스어 알파벳 대문자 Φ로 표기한다." 브루스 핑크, 김서영 옮김, 『에크리 읽기』, 도서
출판b, 2007, p. 246. 여기서 정렬모가 지칭하는 이매망량의 세계를 곧바로 실재와 등치시
키는 데에는 약간의 무리가 있다. 내가 주목하는 것은 이 주체가 팔루스로서의 국어를 상징
적 질서 안에서 인식했다는 것이다. 다시 말해, "팔루스는 상상적 대상의 상징적 상실로서
등장"하며 그것을 통해 주체는 오이디푸스 콤플렉스를 극복하는 것이다. 조엘 도르, 홍준
기·강응섭 옮김, 『라깡 세미나·에크리 독해 I』, 아난케, 2009, p. 153.

않는다".[18] 이 상징적 네트워크(사회적 현실)를 유지하기 위해서는 실재가 현실의 경계를 침범하지 않도록 해야 하는데, 그것은 달리 말하면 상징계적 환상을 계속해야 한다는 것이다. 라캉의 유명한 명제에 따르면, 우리는 환상을 통해 어떻게 욕망할 것인가를 배우는 것이다. 환상은 우리의 욕망이 투사되는 무대이다. 환상 공간의 스크린 위에 펼쳐지는 생생한 현존들(국어는 그 현존들 중의 하나인데)이 곧 사회적 현실의 세목들이다. '정상적인 상태'란 이 환상이 유지되는 순간이며 광기狂氣는 그 환상이 깨지는 순간, 즉 "실재와 현실의 경계선이 무너져내릴 때, 실재계가 현실 속으로 넘쳐흐를 때 시작된다".[19] 말하자면, 정렬모는 그가 '유령fantom'으로 지칭한 것과의 경계를 통해 자신의 상징적 현실을 확보하지만, 실은 그 현실이야말로 환상fantasy의 공간인 것이다. 이제 우리는 이 환상의 무대 위에서 욕망이 어떻게 스스로를 드러내는지를 가장 극적으로 보여주는 한 서사적 순간을 목격할 것이다.

"환상을 계속하라, 너는 노예다"
─조선어학회 사건의 환상 게임

식민지화와 더불어 조선어는 더 이상 '국어'로 불릴 수는 없게 되었지만, 그럴수록 그것의 환상 공간에서의 현존성(또는 효과)은 강화되었다. 전혀 다른 문맥에서이지만, 조선어문학과 조선어가 "식민지 상황 속의 한국인

---

18) 슬라보예 지젝, 김소연, 유재희 옮김, 『삐딱하게 보기』, 시각과 언어, 1995, p. 40.
19) 위의 책, p. 46.

에겐 상상의 공동체로서의 국민국가 몫을 했다"[20]는 널리 알려진 김윤식의 평가는 조선어가 국어든 아니든 상관없이, 아니 오히려 국어가 아니기 때문에 더욱더 식민지 주체들의 환상의 무대 위에서 강력한 결여의 기표로 기능했음을 간명하게 지적하고 있다. 요컨대 조선어≠국어는 충족될 수 없는 욕망을 분명하게 인식하게 하는 확실한 상징적 팔루스로 기능한다. 식민지 주체들은 이 결여의 기표를 통해 욕망하는 주체들로 구성된다.

알다시피 1938년 이후 조선어는 그 현존 자체를 위협받고 있었다. 즉, 조선어는 식민지의 상징적 질서의 무대 위에서 사라져야 했다. 그 자리를 일본어=국어가 대신하도록 강요되었다. 식민지 주체들에게 강요된 이 욕망의 대체물에 대한 반응은 우리가 익히 알고 있는 바와 같다. 그것들을 일일이 거론할 필요는 없을 것이다. 대략적으로 말해, 조선어를 비롯해서 모든 조선적인 것을 일시에 폐기하고 새로운 주체로 비약할 것을 꿈꾸는 극단적인 욕망이 있었는가 하면, 국어(일본어) 상용화 정책의 빈 틈새를 파고들면서(예컨대 이중어 글쓰기) 어떻게든 조선어를 무대 위에 세우고자 하는 욕망까지 다양한 주체 형성의 시도들이 전시기戰時期 식민지의 시공간을 점하고 있었다고 할 수 있을 것이다.

조선어학회 사건(1942)은 조선어≠국어라는 기표를 둘러싸고 식민자와 피식민자가 환상의 무대 위에서 펼치는 수많은 드라마 가운데 극적 완성도가 가장 높은 드라마일 것이다. 우리가 환상으로부터 얻는 쾌락은 욕망이 서사구조를 통하여 어떻게 드러나는가에 달려 있다.[21] 식민지기를

---

20)   김윤식, 『일제 말기 한국 작가의 일본어 글쓰기론』, 서울대 출판부, 2003, p. 74.

21)   "환상은 사회적 현실과 무의식이 한데 얽혀 나타나는 특권적 지대라고 할 수 있다. 환상은 욕망의 미장센이다. 우리가 환상에서 도출하는 쾌락은 목적의 달성과 성취에 기인하는 것이 아니라, 어떻게 욕망이 서사구조를 통하여 스스로 드러날 수 있는가에 달려 있다." 숀 호머, 앞의 책, p. 206.

통틀어 식민주체들의 원망 성취의 환상을 이보다 더 만족시킨 서사는 없었다. 그 영웅 서사는 전시기 식민주체들의 가장 큰 결여, 즉 국어와 주권에의 욕망을 불붙이는 데에 조금의 부족함도 없었다. 그러나 그렇게 말해버리는 것으로 끝나도 좋은 것일까?

나는 이 사건의 시작과 종점의 장면에 주목함으로써 식민자와 피식민자 사이에 벌어진 무의식의 무대를 탐색해보려 한다. '국체변혁의 기도'라는 죄목으로 33인의 회원이 검거되고 가혹한 고문과 장기투옥 끝에 두 명의 옥사자獄死者를 내고 해방이 되어서야 옥문을 나섰던 이 민족 영웅 서사가 지극히 우연하고도 사소한 오해/오인에서 비롯되고 또 다른 오해들을 통해 완성되었다는 사실에 우선 주목해보자. "연애편지나 일기 같은 가장 사적인 문자letter"의 '비밀'을 "가장 공적인 법적 언어로 전도"시키면서 "글자, 편지, 문학, 언어에 개입하는 통치성의 단면"을 정교하게 분석해낸 황호덕의 연구에 따르면, 이 사건은 "내면 자체의 소멸, 즉 비밀의 소멸을 통해 완성되는" 파시즘적 전체주의 국가의 메커니즘을 잘 보여준 하나의 사례이다.[22]

이 사건의 발단에 대해서는 몇 가지 이설들이 있지만, "국어를 상용하는 자를 처벌했다"라는 한 여학생의 일기에 적힌 구절을 조선인 형사가 문제 삼음으로써 사건이 시작되었다는 설명이 가장 신빙성 있는 것으로 여겨진다. 국어라면 일본어인데 일본어를 쓰는 자를 처벌했다면 국체에 대한 도전이 아니냐는 과잉해석이 사소한 해프닝으로 끝났을 수도 있었을 이 사건을 식민지기 최대의 공안사건의 하나로 확대시키는 데에 결정

---

22) 황호덕, 「엽서의 제국, 전체주의 국가의 공사 개념—조선어학회 사건 재독再讀」, 『벌레와 제국』, 새물결, 2011, p. 290. 이하 조선어학회 사건의 발단에 관한 여러 이설들은 이 글에 따른다.

적인 계기가 되었던 것이다. 또 한편 훗날의 회고에 따른 사후적인 것이지만, 여학생이 말한 '국어'란 실은 '조선어'를 가리키는 것이었다는 해석이 존재한다. 이 해석에 따르면, '국어=조선어'를 쓴 학생을 처벌했다는 구절을 형사가 의도적으로 '국어=일본어'로 오해하고 그것을 빌미로 사건을 꾸며냈다는 것이다. 한편, 그러한 해석을 부정하면서 여전히 '국어'는 '일본어'를 가리킨 것이었다는 또 다른 해석도 존재한다. 그런가 하면 이 사건이 처음부터 사소한 우연에 기인한 것이 아니라 '민족독립운동'의 일환으로 시작된 것이라는 해석도 존재한다.

나의 관심은 어떤 것이 진실이냐가 아니라, 이 의도적인 해석들, 즉 오해들의 상호 교차 혹은 중첩에 있다. 조선인 여학생이 쓴 '국어'라는 기표를 '일본어'로 읽는 형사(애초에는 조선인이었으나 훗날의 또 다른 해석에서는 일본인으로 바뀌는)가 있고, 그에 대해, "아니다, 그것은 조선어다. 따라서 우리는 죄가 없다"라고 말하는 주체가 있다. (그러나 이렇게 말함으로써 그는 '국어=일본어'를 수긍해야만 했던 식민주체가 아니라 '조선어=국어'를 굳건히 수호하고 있었던 '민족주체'로 자신의 위치를 바꾸는 것이다). 요컨대, 사건의 시초부터 해석상의 어떤 의도들, 오해들, 특정한 기표를 전유하고자 하는 욕망이 서로 교차하고 있고 그것을 따라 흐르는 주체의 위치 변동이 있다.[23] 그것은 주체들에게 의식되는 것이 아니라 무의식의 활동인데, 조선어학회 사건이야말로 그러한 무의식과 식민지의 사회적 현실이 한데

---

23) 특정한 기표들을 전유하려고 하는 욕망의 투쟁들은 반드시 식민자와 피식민자 사이에서만 일어나는 것은 아니다. 이 사건이 '국체변혁'을 시도한 것인가를 놓고 벌어진 공안당국자들의 이견과 갈등은 말하자면 '국체변혁'이라는 기표를 누가 점유하는가의 문제이다. '국어'는 '일본어'를 뜻했는가, '조선어'를 가리킨 것인가를 놓고는 식민자와 피식민자뿐 아니라 피식민자들 사이에서도 의견이 엇갈린다. 어떻게 해석하느냐에 따라 사건의 전체 의미와 연루된 주체들의 위치가 달라질 수 있으므로, 이것은 단순한 의견 차이라기보다는 자신의 주체성을 결정하는 중요한 지점이 된다.

결합하여 빚어내는 욕망의 무대, 즉 상징계적 환상을 잘 보여주는 사례인 것이다.

그것을 이 사건의 종점, 즉 「조선어학회 사건 예심 판결문」 및 「조선어학회 사건 최종 판결문」을 통해 살펴보자. 이 판결문 또는 이 판결문이 낭독되는 제국의 법정, 나아가 식민지 권력 전체의 아이러니는 우선 사법당국이 펼치는 다음과 같은 주장에서 선명하게 드러난다.

민족운동의 한 형태로서의 소위 어문운동은 민족 고유의 어문의 정리·통일·보급을 도모하는 하나의 문화적 민족운동임과 동시에 심모원려를 품은 민족독립운동의 점진형태이다. 생각건대 언어는 인간이 지적·정신적이 되는 데에 있어 원천됨과 동시에 인간의 의사감정을 표현하는 외 그 특성까지도 표현하는 것으로써 민족 고유의 언어는 민족 간의 의사의 소통을 근본으로 민족감정 및 민족의식을 양성하고 이에 굳은 민족의 결합을 낳게 하고 이를 표기하는 민족 고유의 문자가 있어 이에 민족문화를 성립시키는 것으로써 민족적 특질은 그 어문을 통해 다시 민족문화의 특수성을 파출派出해서 향상 발달하고 그 고유 문자에 대한 과시애착은 민족적 우월감을 낳고, 그 결합을 다시 더 견고히 하고 민족은 생생 발전한다.

그렇다면 민족 고유의 어문의 소장消長은 이에 기원하여 민족 자체의 소장에 관한 것으로써 약소민족은 필사적으로 이것의 보지에 노력함과 동시에 이것의 발전을 책策하여 방언의 표준화 문자의 통일 및 보급을 희구하여 쉬지 않는다. 그리하여 어문운동은 민족 고유문화의 쇠퇴를 방지할 뿐만 아니라 그 향상 발전을 가져오게 하고 문화의 향상은 민족 자체에 있어서 다시 강한 반성적 의식을 갖게 함에 이르게 하고 강렬한 민족의식을 배양해서 약소민족에게 독립의욕을 낳게 하고, 정치적 독립을 달성할 실력을 양성하게 하는 것으로서 해該운동은 18세기 중엽 이래 구주 약소민족의 반복되어 행하여온 그 성과에 비추어 세계 민족운동사상 가장 유력, 또 효과적 항목向目에 이르렀다.[24]

"민족과 민족어에 대한 근본주의적 이해와 상상공동체와 미디어, 내면성과 공공성에 대한 탁월한 해석을" 보여주는, "막스 베버와 베네딕트 앤더슨 사이에 놓인 정치 논문으로 제시할 수조차 있을 만한 탄탄한 추론으로 이루어져"[25] 있는 이 발언의 주체가, "민족 고유의 어문의 정리·통일·보급을 도모하는" 조선어학회가 아니라 그들을 법정에 세운 제국의 사법권력이라는 사실은 이 사건의 아이러니의 핵심이다. 이에 맞서는 피고인들의 항변은 어떠한가.

이제 조선 어문을 가지고 정치를 말하며 경제를 논하며 과학을 연구하며 사회를 말하는 것은 불가능하다. 이 현상은 우리가 조선인과 말하든지 또는 조선인과 말하는 것을 듣든지 혹은 그들이 쓴 문장 논문들을 보면, 곧 알 수 있는 것으로 그들이 의논의 요점을 반드시 국어(일본어)로 표현하는 까닭은 다름 아니라 진보된 문화를 말할 때 적절한 조선어가 없는 까닭이다. […] 아무리 조선 어문의 정리 통일을 도모할지라도 그것은 단지 종래 존재하는 조선 어문의 정리 통일을 모색하는 순문학적 연구 또는 과거의 고전문학적 연구를 뜻할 뿐이며 나아가서 조선어족에 민족정신을 불어넣어 조선 민족 독립운동을 진전시키는 것과 같은 가능은 없다. 조선 어문운동에는 이제 이와 같은 능력은 없다. 만약 그래도 감히 이와 같은 것을 하려고 한다면 그것은 마치 연목

---

24) 「조선어학회 사건 예심 판결문」, 『語文硏究』, 통권 제39-40 합본호, 1983, p. 482.(황호덕, 앞의 글에서 재인용)

25) 황호덕, 위의 글, p. 322.

구어 따위의 우행이라 아니할 수 없을 것이다. [⋯] 민족 고유의 어문의 소장消長이 그 민족 자체의 소장에 대하여 결정적 요인이라는 판정은 부당하다. 오히려 본말전도라고 생각된다. [⋯] 민족 자체의 소장, 발전은 오직 그 민족의 정치 경제 과학 사회 종교 등 넓은 의미의 문화에 기인한 것으로 단순한 어문 정리·통일·보급 등은 민족의 소장 발전의 원인이 아니라 오히려 그 결과에 불과하다.[26)]

이 발언들이 진심인가 아닌가를 묻는 것은 부질없는 일이다. 처벌의 근거를 최대한 확대하고자 하는 식민지 사법권력의 욕구와 어떻게든 그 함정으로부터 벗어나려 애쓸 수밖에 없는 피식민자의 욕구가 담론의 기본 조건을 형성하고 있는 법정에서의 상황을 고려하면, "어문운동은 심모원려를 품은 민족 독립운동의 점진형태"라는 권력 측의 주장과 '조선어로 정치, 경제, 과학, 사회 등을 논하는 것은 불가능하다'고 거침없이 말하는 피고인들의 주장이 그들의 진심인가 아닌가를 가리는 것은 필요한 일도 아니고 가능한 일도 아니다. 내가 주목하는 것은 이 편집증적 텍스트에서 드러나는 일종의 환상 게임이다. '조선어는 민족정신이나 민족발전 및 독립운동 등과 아무런 관련이 없다, 조선어문운동에는 그럴 능력이 없으며 우리 역시 그럴 의사가 전혀 없다'는 피고 측의 장황하게 반복되는 변론은, '조선어문운동은 민족독립운동이다'라는 정치적 선언 또는 행동보다 식민권력에게는 더 위험한 일인 것이다. 여기에 이 텍스트의 무의식,

---

26) 「조선어학회 사건 최종 판결문」, 『동아일보』, 1982. 9. 6. 조선어학회 사건에 대한 조선총독부 고등법원 형사부의 최종 판결문은 1982년에 발견되어 『동아일보』에 세 차례에 걸쳐 번역·전재되었다. 일본어 원문은 한국 국가기록원(http://archives.go.kr)의 '독립운동 관련 판결문'에서 볼 수 있다.

그리고 환상 게임의 비밀이 있다.

이 텍스트에서 피식민자는 자신의 욕망을 포기했음을 선언하고 있다. 그는 민족어로 꿈꿀 수 있는 것, 예컨대 민족정신의 함양, 민족문화의 발전, 궁극적으로 민족의 주권 혹은 독립이라는 환상을 포기했음을, 아니 그것이 아예 불가능한 것임을 깨달았다고 선언한다. 이 선언은 지루할 정도로 장황하게 반복된다. 그런데 이 선언은 현실의 주권자에게는 어떤 정치적 선언보다도 위험하다. 그는 피식민자가 평소에 품고 있는 환상, 즉 "어문운동은 민족운동임과 동시에 심모원려를 품은 민족독립운동의 점진형태"이며 "강렬한 민족의식을 배양해서 약소민족에게 독립의욕을 낳게 하고, 정치적 독립을 달성할 실력을 양성하게 하는 것으로" "세계 민족운동사상 가장 유력"한 운동이라는 점을 거듭 강조한다. 이 텍스트의 편집증 혹은 환상은 이와 같이 식민자와 피식민자의 욕망이 서로 전도된 채 표출되고 있다는 사실에서 기인한다.

민족어를 통해 민족 자아를 인식하고 독립적 주권을 확보할 수 있다는 피식민자의 환상을 식민자가 피식민자에게 강조하고 피식민자는 그것을 한사코 부정하는 이 기묘한 텍스트는 이른바 주인/노예의 변증법이 작동하는 현장을 놀랍도록 분명하게 보여주고 있다. 알다시피 주인/노예 변증법의 핵심은 양자가 서로에게 의지한다는 점이다. 주인과 노예는 서로에게 인정되지 않으면 존재할 수 없다. 주인이 주인이기 위해서는 노예가 노예이어야 하고 그 역도 마찬가지이다. 그런데 노예는 어떻게 노예인가? 다케우치 요시미竹內好의 통찰에 따르면, 노예를 노예로 만드는 것은 노예가 지닌 꿈, 즉 해방에의 환상이다. 언젠가는 해방될 수 있다는 꿈을 지니는 한, 노예는 영원히 노예이다. 그 꿈을 포기하는 순간 비로소 그는 노예가 아닐 가능성에 마주선다. 그러나 그것은 '절망'이며 '길 없는 길'이다. 그는 그 절망에 마주서야 한다.[27] 이 글의 문맥에 따라 다시 말하면, 그것은 노예가 상징계적 환상을 벗어나 실재와 마주서는 순간이다. 그것은 절대 공포의 세계이다.

나는 조선어학회 사건의 판결문이라는 텍스트에서 벌어지는 환상 게임의 무의식은 이것이라고 생각한다. 어떤 의미에서는 이 게임에서 수세에 몰려 있는 것은 주인, 즉 식민지의 주권 권력이라고 할 수 있다. 왜냐하면 피식민자=노예가 스스로의 환상을 포기했다고 선언했기 때문이다. 진심이든 아니든 이것처럼 위험한 징후는 없다. 놀란 주인은 노예가 지녀야 할 해방에의 꿈을 거듭거듭 자세히 일러준다. 노예의 환상이 없으면 주인의 환상도 없기 때문이다. 그러므로 주인에게 가장 무서운 노예는 환상을 포기한 노예이다. 그는 명령한다. "환상을 계속하라. 너는 노예다." 그렇다. 이 텍스트는 처벌을 내리는 문서가 아니다. 그것은 자신(식민자=주인)의 환상을 지속시키는 데에 절대적으로 필요한 노예에게 꿈을 포기하지 말 것을, 즉 이 상징질서 안에 계속 머물러줄 것을 '간절히 명령하는 호소문'이다.[28]

---

27) 竹內好, 「近代とは何か」, 『竹內好全集』 第4卷, 筑摩書房, 1980, pp.156-157. 여기서 다케우치가 말하는 '꿈'은 물론 정신분석학적 용법으로 쓰인 것은 아니다. 라캉에게 있어서 꿈은 우리가 실재를 만나는 유일한 통로이다. 우리가 꿈속에서 조우하는 것은 바로 우리 욕망의 실재이다. 우리는 실재와의 대면을 피하기 위해 꿈에서 깨어나 '현실 속으로 도피'한다. 그렇다면 '꿈'의 용례만이 다를 뿐, 다케우치와 라캉은 같은 말을 하고 있는 것이다. 즉, 실재와의 대면이 무서워 우리는 꿈을 깨기를 거부하거나(다케우치), 꿈에서 깨어나 현실로 도피하거나(라캉) 하는 것이다. 이 점에 관한 더 자세한 설명은 슬라보예 지젝, 『이데올로기의 숭고한 대상』, pp.87-91, 『삐딱하게 보기』, pp.38-40 참조.

28) 그러므로 식민자에게 필요한 것은 피식민자의 '항복'이 아니라 그가 끝까지 '저항'하는 것이다. 「최종 판결문」의 결론 부분은 그 점을 압축적으로 보여주고 있다. "피고인 義本克魯(李克魯), 동 月城鉉培(崔鉉培), 동 木下熙昇(李熙昇)은 각기 공판정에서 자기들은 지금에 와서는 이미 완전히 민족의식을 청산하고 忠良한 臣民이 되어 있다고 공술하고 있으나 동 피고인 등은 지금도 가슴속 깊이 농후한 민족의식을 품고 있음을 알 수 있다. 이상 여러 사

발기한(것처럼 보이는) 팔루스— '자유부인'의 오인

1954년은 두 개의 특별한 사건으로 기억될 만하다. 그 하나는 '한글 간소화 파동'이고 또 하나는 정비석의 소설 『자유부인』인데, 이 두 개의 사건은 서로 깊숙이 연관되어 있다. 잘 알려진 바와 같이, '한글 간소화 파동'은 대통령 이승만의 지시로 시작되었다. 조선어학회의 철자법을 폐기하고 舊 철자법으로 회귀하라는 대통령의 명령은 한글학자들의 반대에 부딪혀 2년여의 사회적 소동 끝에 철회되었다. 흔히 이 파동은 대통령 이승만의 개인적 취향이 작용한 것으로 이야기되지만, 과연 그것이 진정한 이유였을까? 그것은 아무래도 좋다.

이 사건을 "한 국민국가에서 통용되는 언어규범을 그 기원과 형성과정에 대한 의문 없이 자명한 것으로 받아들이고 준수하는" 언어내셔널리즘의 실정성positivity이라는 관점에서 해석한 이혜령에 따르면, "이 사건은 해방 이후 지금까지 이루어진 언어정책의 동기와 수행 주체, 방식 등에 대해 전면적인 물음을 제기했기에 사건화될 수 있었"[29]던 것이다. 이 해석에 동의하면서, 나는 이 사건을 탈식민지 민족국가의 주권 형성이라는 관점, 더 구체적으로는 국어=팔루스와의 관계에 따른 재주체화라는 관점에서 독해하고자 한다.

끊임없는 스캔들[30]로 넘쳐났던 이 소설은 "소장파 한글학자 장태연 교

항을 종합하면 피고인 등의 본건 범행은 실로 重大惡質이어서 […] 악화의 경향이 보이는 半島 現下의 사상정세에 비추어… 우 피고인 등을 엄벌에 처하는 필요가 있음을 통감하는 바 […]."(강조는 인용자)

29) 이혜령, 「언어 법제화의 내셔널리즘」, 임형택·한기형·류준필·이혜령 엮음, 『흔들리는 언어들』, 성균관대 대동문화연구원, 2008, p.543.

30) 가장 징후적인 것은 대학교수 부인의 '자유연애'를 그린 이 통속소설이 "중공군 40만 명보

수"가 조간신문에 실린 "철자법 간소화 문제에 대한 문교 당국의 담화"[31]를 읽는 장면으로 시작된다. 장태연 교수는 국부國父로 추앙받는 대통령의 '한글 간소화 정책'(실은 명령)에 학자적 양심을 걸고 반대하는 인물이다. 한편 장 교수의 부인인 오선영은 남편의 무능력, 특히 성적 무능력과 경제적 결핍 그리고 지루한 일상에 지친 나머지 여러 남성들과의 연애사건을 일으킨다. 이렇게 소설은 국가권력 대 장태연, 그리고 장태연 대 오선영이라는 두 개의 갈등축을 따라 진행된다. 이 두 개의 축은 상호반영적인데, 첫 번째 대립이 실제 현실의 단순한 모사에 그친다면 더 상징적이면서 복잡한 의미를 지니는 것은 두 번째의 대립이다.

우선 주목할 것은 장태연이 문법학자라는 것, 그리고 국가권력과 그의 대립이 다름 아닌 문법을 중심으로 벌어지고 있다는 점이다. 주권 권력의 구조를 문법적 범주를 통해 규정한 아감벤에 따르면, "말한다는 것은 법을 말하는 것이다".[32] 독립한 신생국가로서 주권성의 회복은 무엇보다도 (문)법을 바로잡는 것, 즉 (문)법정립적 폭력의 획득에 있다는 명제 혹은 무의식적 욕망이 장태연과 국가권력의 대립을 통해 나타나고 있는 것이

다 더 무서운 이적소설利敵小說"이라는 어마어마한 비난을 받았다는 것인데, 사실상 이 소설의 화자와 비판자들이 공통적으로 보여주는 것은 극도의 여성혐오증misogyny이다. 한국소설의 계보에서 이보다 더 심한 여성혐오증을 드러낸 소설은 없을 것이다. '중공군'이나 '북괴'를 끌어들이는 비판자들 역시 노골적인 여성혐오를 감추지 않는다. '적'은 다름 아닌 여자다. 남근중심주의자는 성차가 사회적으로 구성된 것임을 외면하고 오로지 남녀의 생물학적 차이에 집중한다. 그것은 남근기의 유아가 여자를 '남근이 거세된 남자'로 보는 것과 같다. 결국, 그들은 자기 자신에게 적개심을 드러내고 있는 것이다. 그들이 무서워하고 비난하는 것은 억압된 자신의 욕망이다. 그러니까 그들은 이 소설이 드러내고 있는 여자의 '욕망'과 '쾌락'을 맹렬히 비난하고 있지만, 실은 또 간절히 원하고 있는 것이다.

31) 정비석,『자유부인』 1, 고려원, 1985. p.11. 최초의 텍스트는 1954년『서울신문』에 연재된 것이다. 이 글에서는 고려원 간행의 단행본을 사용한다.

32) 조르조 아감벤, 박진우 옮김,『호모 사케르』, 새물결, 2008, p.69.

다. 다음 장면을 보자.

한글 철자법을 간소화해야 한다는 것은 장태연 교수도 벌써부터 주장해 왔고, 지금도 그것에 대해 열렬한 연구를 계속하고 있다. 그러나 문법을 벗어난 간소화에는 찬동할 수가 없었다. 글의 질서를 유지할 수 있는 근본은 오직 문법이 있을 뿐이기 때문이다. 글에 있어서의 문법이란, 마치 국가에 있어서의 헌법과 같다고 장태연 교수는 생각한다. 국가에 헌법이 있음으로 해서 국민의 의무와 권리가 분명해지고, 국민 각자가 의무와 권리를 분명하게 실천함으로써 국가 전체의 질서가 정연하게 유지되어 가는 것과 마찬가지로, 글에도 문법이 없으면 질서를 유지하기가 어렵다고 생각하는 것이었다.(1권, p. 9-10.)

이 싸움에서 대통령이 지고 학자들이 이겼다고 말하면 그것은 부질없는 일이다. 이 사건의 의미는 누가 이겼느냐에 있는 것이 아니라, 문법이 헌법적 구조와 동일한 형상을 지닌다는 것, 따라서 문법이 주권 권력의 기초일 수 있다는 사실, 즉 아감벤적 명제를 분명하게 드러낸 하나의 사례라는 점에 있다. 그리고 이것은 이 소설의 두 번째 대립, 즉 장태연과 오선영의 대립으로 반영되면서 장태연에게 부여된 절대권력의 근거가 된다. 이 문법학자의 세속적 무능과 남성적 무기력은 아내의 타락과 일탈을 초래하는 것이지만, 그 무기력을 벗어나 남성성을 회복하는 것은 그가 다름 아닌 문법학자이기 때문이다. 소설의 마지막, 즉 '한글 간소화'에 대한 공청회 장면에서 그는 "민족의 말과 글을 연구하는 삼천만의 대표로서" 국회의사당을 가득 메운 청중들의 "우레와 같은 박수를 받으며" "순교자처럼 비장한 태도"로 연설을 하는데, 이 장면을 몰래 훔쳐보던 그의 아내는 "저렇게 훌륭한 남편을 몰라보았구나!" 하는 후회와 함께 "남편의 영웅적 모습"에 한없는 존경심을 느끼면서도 차마 남편 앞에 나서지를 못한다. 이 장면에서 오선영이 몸을 숨기고 남편의 모습을 훔쳐보는 "인영人影이 절무絶無한 넓은 복도"의 "국회의사당 기둥"이 그녀의 욕망으로서의 글자 그대로의 남근을 표상하는 것임을 짐작하기는 어렵지 않다. 그런데 그녀의 남편은 남근일 뿐만 아니라 국회의사당이 상징하는 바, 입법자인 것이다.

앞서 말했듯, 법은 곧 말이다. 말한다는 것은 법을 말하는 것이고, 법을 말하는 것은 법과 비법非法의 경계, 즉 '예외상태'를 결정하는 것이고, 예외상태를 결정하는 것이 곧 주권자인 것이다. 문법학자 역시 법을 말한다. 오선영에게 있어 문법학자인 남편은 그녀의 주권자이다. 그도 그럴 것이, 시종일관 무력하고 무능한 존재로 그려지고 있지만, 그녀의 운명을 결정할 수 있는 존재는 오로지 그 한 사람뿐이다. 아내의 일탈을 의심하는 한편 그는 "미군부대의 타이피스트" 박은미와 아슬아슬한 "밀회"를 즐기고 있다. 아내의 수상한 일탈은 "구역질이 나도록 역겨운" 것인 반면, 자신의 그것은 "안타까움과 동시에 슬픔이 엄습하는" "아름다운 일"로 예외화하는 이 남성의 형상을 단지 남성중심주의의 반영으로만 치부해서는 안 된다. 그는 그 이상이다. 즉, 그는 아내의 일탈에 대한 최종적인 심판자, 다시 말해, 아내의 죄를 응징할 것인지, 용서할 것인지를 결정하는 입법자, 사면권자赦免權者이며, 무엇보다도, 자기 자신을 '예외'로 규정할 수 있는 주권자인 것이다. 그가 문법학자의 형상을 지닌 것은 그러므로 필연적이다. 마침내 국회의사당에서 "영웅적인" 연설을 마치고 난 후에 그는 숨어서 그를 바라보던 아내를 용서하고 함께 집으로 돌아오는 것이다.

문제는 이 법의 권위의 원천이다. 소설은 남편에 대한 이러저러한 불만에도 불구하고 오선영이 남편에 대한 무조건적인 복종과 믿음을 표명하는 것으로 결말을 맺는다. 박은미 역시 장태연에 대한 존경을 끊임없이 표현한다. 이 믿음과 권위는 그가 문법학자(즉, 바르게 쓰기orthography의 권위자)라는 사실에서 오는데, 문제는 왜 (문)법이 믿음과 권위의 근거가 되는가, 라는 것이다. (문)법의 권위는 어디에서 오는가? 그것은 오로지 그것이 법이기 때문이다. 법의 권위는 어떤 필연적, 내재적 속성도 지니지 않는다. 그것은 전적으로 우연적인 것이며 전적으로 '몰상식한' 것이며, 다시 말해 초자아적 명령인 것이다. 요컨대 "법이기 때문에 법을 따르는 것이다".

> 법이기 때문에 법과 관습을 따르는 것은 우리에게 유익한 일이다. 하지만 사람들은 이런 주장을 흔쾌히 받아들이기 어렵다. 그래서 사람들은 진리가 발견될 수 있고 그것이 법이나 관습에 있다고 믿으면서 또한 그 법과 관습을 믿으며, 그것이 오래되었다는 점을 (진리가 없는 권위만의 증거가 아니라) 그것들의 진리에 대한 증거라고 보는 것이다.[33]

우리는 법이 언제나 비일관적이며 트라우마적임에도 불구하고 그 이면에는 진리와 의미가 있다고 가정하는데, 이것이야말로 정신분석학적 의미에서의 전이轉移, 즉 '이미 알고 있다고 생각되는 타자'를 상정하는 것이다. "사람들로 하여금 법 속에서 진리를 발견할 수 있다고 믿도록 하는 필연적이고 구조적인 환영은 정확히 전이의 메커니즘을 나타낸다. 다시 말해 전이는 믿음의 악순환을 지칭한다. 우리가 믿어야 하는 이유는 이

---

33) Blaise Pascal, Pensées, Harmondsworth, Penguin, 1966, p. 216.(슬라보예 지젝, 『이데올로기의 숭고한 대상』, p. 76에서 재인용)

미 믿음이 있는 사람들에게만 설득력이 있다."[34] 장태연의 두 여자, 즉 오선영과 박은미는 이 전이에 포획된 인물들이다. 그녀들에게 있어서 장태연이 지닌 문법의 지식은 절대적인 존경의 대상이며, 권위 그 자체이다. 그녀들은 문법이 어째서 그의 권위를 보증하는 것인지는 묻지 않는다. 오선영에게 있어 장태연은 금지를 명령하는 초자아인데, 초자아는 법으로부터 면제된, 다시 말해 스스로를 예외상태에 둘 수 있는 존재이기도 하다. 초자아는 우리에게 금지하는 것을 스스로 행한다. 그것의 사회적 대리자는 예컨대 카프카의 소설에서 보는 것과 같은 관료-기계이며 파시즘적 전체주의 국가이기도 하다.[35] 장태연은 1950년대 한국 파시즘의 은유인 것이다.

그런데 국회의사당의 거대한 기둥 아래 숨어서 남편을 바라보는 오선영의 눈에 비치는 남편의 그 기둥(=남근)은 정말 발기한 것일까? 그는 정말로 지금까지의 무능을 벗어던지고 온전한 남성성-주권성을 회복한 것일까? 박은미와의 관계를 살펴봄으로써 이 질문에 대답해보자. "해방 후 싱가포르에서 돌아왔다는 처녀로 지금은 미군부대의 영문 타이피스트로 있는 여자" 박은미가 오선영과의 관계 불능을 대리하는 장태연의 보상적 상상의 한 산물임은 분명하다. 박은미와 그가 가까워진 것은 그녀가 그에게 한글 철자법을 강의해달라는 부탁을 했기 때문이다. 화자는 박은미가 '해방 이후 싱가포르에서 돌아온 처녀'라고만 말할 뿐 그녀의 전력에 대한 더 이상의 자세한 정보를 전하지 않는다. 그러나 일본의 점령지였던 싱가포르에서 그녀가 일본과 관련된 일에 종사하고 있었을 것, 그리고 일본

---

34) 위의 책, p. 77. 또 다른 설명을 덧붙이자면, "전이는 어떤 요소의 의미가 처음부터 내재적인 본질로 그 요소 안에 현존한다는 환영에서 비롯된다"(p. 172).

35) 슬라보예 지젝, 『삐딱하게 보기』, p. 316.

어에 능숙했을 것이라고 추측하는 것은 전혀 무리가 아닐 것이다. 어쩌면 일본어 타이피스트였을 가능성도 높다. 이제 그녀는 미군부대의 영문 타이피스트로 근무하고 있다. 그런 그녀는 "저희들은 한글 철자법을 모르는데, 역시 철자법을 몰라서는 안 되겠죠?"라고 말하고, 장태연은 "문맹자에게 한글을 가르치는 것은 자신의 천직"이라고 말하며 그녀의 부탁에 응한다. 한국어와 관련하여 박은미의 이러한 형상에는 어떤 억압의 흔적, 다시 말해 거세의 외상이 새겨져 있다. 그 억압의 흔적은 한문, 일본어, 영어 등과 관련된 것이며, 문법학자 장태연에게는 끊임없이 '국어의 순수성'을 파괴하려 드는 위협적 외부로서 출몰한다.

그런 점에서 장태연과 박은미의 관계가 소설에서 끊임없이 반복되는 국어=주권의 이념과 더불어 시종일관 불안과 실패의 초조함에 쌓여 있는 것은 당연한 일이다. 장태연은 "이 혼돈천지에서 한글 철자법을 배우고 있는 박은미만이 가장 올바른 현대 여성"이라고 찬양하고 있는데, 과도하게 자기도취적인 이 감정은 필경 일방적인 것이며 결국 좌절될 수밖에 없다. 극도로 이상화된 그래서 도달 불가능한 존재인 그녀는 "욕망의 움직임 자체를 개시하는 욕망의 불가능한 원인/대상"[36]으로서의 대상 a이다. 이 도달 불가능한 대상 a 박은미에 대한 욕망은 당연히 좌절되는데, 이 좌절에 대한 장태연의 복수는 그가 가장 경멸하는 속물 학생과 그녀의 결혼에 의해 달성된다. 소설 안에서 독자는 박은미와 속물 원효삼의 급작스러운 결혼에 당황하게 된다. 지금까지 그녀에게 부여되었던 순결하고 고귀한 이미지와는 전혀 어울리지 않는 이 결합은 장태연에게도 독자에게도 예고된 것이 아니고 장태연이 그렇게 하도록 만든 것도 아니다. 중요한 것

---

36) 숀 호머, 『라캉 읽기』, p. 174.

은 형편없는 속물과 결혼함으로써 박은미에게 부여되었던 고귀한 이미지
가 추락하게 된다는 것이다. '그러면 그렇지, 그녀는 알고 보면 그렇게 대
단한 여자가 아니었어'라는, 상실감을 위무하는 또 다른 목소리에 의해 트
라우마는 묻히고 환상은 지속되는 것이다.

과연 장태연은 박은미의 결혼식 날 식장에 갈 것인가 말 것인가를 고
민하다가 외박을 한 아내가 돌아오는 것을 기다린다는 핑계로 집안에 남
는데, 돌아온 아내를 집 밖으로 내쫓음으로써 권위를 회복하고 박은미를
잊는다. 용서를 비는 아내의 눈에 남편은 "신의 존재같이 무서워 보였던
것이다."(2권, p. 236) 동시에 이 장면 이후 박은미는 소설 무대에 더 이상
나타나지 않는다. 이어서 국회의사당에서의 "영웅적인" 연설 후에 권위
와 남성성을 회복한 장태연은 용서를 비는 아내의 손을 잡고 집으로 돌아
온다. 그가 아내를 용서하기로 마음먹은 이유는 그녀가 국회의 한글 공청
회장에 나타났기 때문이다("나는 아내를 용서해야 한다. 아내는 이미 자신의
잘못을 깨닫고 한글 공청회장에 나타나지 않았는가." 2권, p. 273). 아내를 용서
하는 것은 그녀가 잘못을 깨달았기 때문이라기보다는 그녀가 공청회장에
나타났다는 것, 즉 그를 입법자, 명령권자, 초자아로 인정했다는 것에서
기인한다. 그의 남근은 비로소 발기하는 듯하다.

여기서 주의할 것은 오선영이 장태연과 박은미의 관계를 전혀 모르
고 있다는 사실이다. 만일 그녀가 사실을 알면 어떻게 될까? 모든 것이 무
너질 것이다. 오선영의 무지와 오인이야말로 이 세계를 유지시키는 근본
적인 토대다. 그녀가 오인을 계속하는 한 그들의 질서는 유지되고 장태연
의 권위도 보장될 것이다. 소설의 결말은 남편과 가정의 "따뜻한 품 안"에
서 오선영의 오인이 영원히 계속될 것임을 알리고 있다. 그녀에게 남편은
"눈물겹도록 거룩한" "순교자" 같은 "영웅"이며, 공청회에 참석한 10여

명의 한글학자들은 옷차림은 허술하더라도 "민족의 말과 글을 연구하는 삼천만의 대표자"이다. "집에서는 구박만 받던 남편"은 이제 오선영이 감히 마주보기도 힘든 위엄에 넘치는 영웅이다. 국회의사당 복도의 "기둥에 꼭 기대어 서서" 남편을 훔쳐보는 그녀는 "심장이 맹렬하게 뛰놀며 전신이 덜덜덜 떨려오는 것 같았다"(2권, p. 270).

이 노골적인 성적 메타포는 장태연의 남성성이 완전히 회복되었음을, 그의 남근이 국회의사당의 거대한 기둥처럼 우뚝 섰음을 알린다. 장태연과 박은미의 관계를 아는 순간 그녀의 '착시'는 사라질 것이지만, 그럴 가능성은 전혀 없어 보인다. 그리고 이 오인 속에서 '자유부인'은 영원히 자유로울 것이다.

파시즘적 국가기구들은 온갖 위용에 넘치는 장식들로 가득 차 있다. 힘에 넘치는 화려한 미장센은 전체주의나 파시즘 체제의 무대에 필수적이다. 독립기념관, 혁명기념관, 국립묘지, 역사박물관 등등의 하늘로 치솟은 처마, 굵고 길게 뻗은 열주들, 우러러보게 만드는 중앙 홀의 천장과 영웅들의 동상들, 압도적인 군사퍼레이드, 장군들과 참전용사들의 가슴에 주렁주렁 달린 훈장들, 특수부대 복장을 하고 거드럭거리는 노인들, 팔을 휘젓고 다리를 공중으로 치켜올리는 군대의 행진, 격앙된 목청의 아나운서와 악대의 장엄한 연주들, 높은 단상 위에 올라선 지도자들, 이 모든 미장센들은 성적 매력을 있는 대로 뽐내는 공작새의 활짝 펼친 꼬리, 가슴을 두드리고 괴성을 지르면서 이리저리 날뛰는 발정한 침팬지의 허옇게 드러난 이빨 같은 것이다. 신성함과 엄숙함으로 뒤범벅된 이 허세가 제대로 먹히기 위해 마지막으로 꼭 필요한 한 가지는 "심장이 맹렬하게 뛰놀며 전신이 덜덜덜 떨려오는" 모든 '우리들'이다.

'국어', '국가', '민족' 등은 "기의의 환유적인 미끄러짐을 멈추게 함으로써 하나의 이데올로기를 전체화"하는 "일종의 착시", 즉 "이데올로기적 왜상歪像, anamorphosis"이다. 한스 홀바인Hans Holbein의 〈대사들 Ambassadors〉이라는 그림에 대한 라캉의 설명에 따르면, 이 그림의 한 가운데에 있는 얼룩 같은 물체는 정면에서 보면 마치 발기한 남근처럼 보인다. 그것은 무언가 의미로 가득 차 있는 듯이 보인다. 그러나 살짝 비껴서 '삐딱하게' 흘낏 바라보는 순간, 그것은 아무 상관 없는 해골에 지나지 않는 것임을 알게 된다. 이 그림의 나머지를 채우고 있는 모든 세속적인 물건들, 그 허세들, 그 이데올로기적 허구들을 하나로 결집시키는 이 발기한 남근을 '삐딱하게' 바라보는 순간, "우리는 이데올로기적 의미의 중심에서 입 벌리고 있는 무의미의 틈새를, 결여의 구현을 확인할 수 있을 것이다".

"근본적 불가능성의 빈 공간을 메우는 시나리오이자 공백을 감추는 스크린"인 환상의 무대 위에서 우리가 할 수 있는 일은 오로지 그 환상을 '횡단traverse'하는 것뿐이다. 횡단을 통해 우리가 해야 할 일은 "어떻게 그것 뒤에 아무것도 없는지를 체험하는 것뿐이다. 어떻게 환상이 정확히 '아무것도 아닌 것'을 감추고 있는지를 체험하는 것이다".[37] 환상을 가로지르고 나서 우리가 보는 것은 "있는 그대로의 무無", "자기 자신의 자리, 공백, 결여"이며 거기로 이행한 "자기 자신의 모습"[38]이다. 그리고 아마도 그것이야말로 우리가 발기한(것처럼 보이는) 이 팔루스들에 속지 않으면서 동시에 이 환상을 살아갈 수 있는 유일한 방법일 것이다.[39]

---

37) 슬라보예 지젝, 『이데올로기의 숭고한 대상』, pp. 167-169.

38) 위의 책, pp. 308-309.

39) 이 논문에 대한 익명의 심사위원들의 진지하고도 성실한 논평과 충고는 이 논문을 수정·보

완하는 데에 큰 도움이 되었다. 깊은 감사의 말씀을 드린다. 특히 나는 한 심사위원의 다음과 같은 논평에 전적으로 동의하면서, 여기에 그 일부를 부기附記해 둔다. "국어 의식에 대한 정신분석은 민족성의 기표로 강고하게 버티고 서 있는 발기한 '국어'의 내부가 실은 권력의 혈관과 해면체에 의해 지탱되는 폭력적인 것임을 환기한다. 그렇다는 것은 발기한 '국어(팔루스)'의 허구성이 발견 혹은 포착되는 순간 '국어'는 자칫 마지막 배설물(오줌)의 배설구로 덜렁거릴 뿐인 부끄럽거나 치욕적인 사물로 되돌아감을 또한 뜻한다. 그러니 '국어'는 발기하지 않으면 견딜 수 없다는 것, 오직 발기를 통해서만 자기를 입증할 수 있다는 것을 뜻하겠는데, 그러나 이런 '국어'는 타자도, 타인의 언어도 배려할 줄 모르고 또 약자의 목소리와 연대할 줄 모르는 파시즘적 전체성의 한 국면일 수 있다."

"오늘의 적도 내일의 적처럼 생각하면 되고"

─ '일제 청산'과 김수영의 저항

"배일은 완벽이다"

1966년에 시인 김수영은 다음과 같은 충격적인 글을 썼다. 우선 그 글의
한 대목을 보자.

> 내가 참말로 꾀하고 있는 것은 침묵이다. 이 침묵을 지키기 위해서라면 어떤
> 희생을 치르더라도 좋다. 그대의 박해를 감수하는 것도 물론 이 때문이다. 그
> 러나 그대는 근시안이므로 나의 참뜻이 침묵임을 모른다. 그대는 기껏 내가
> 일본어로 쓰는 것을 비방할 것이다. 친일파라고, 저널리즘의 적이라고. 얼마
> 전에 小山いと子가 왔을 때도 한국의 잡지는 기피했다. 여당의 잡지는 야당과
> 학생데모의 기억이 두려워서, 야당은 야당의 대의명분을 지키기 위해서. […]
> 이리하여 배일은 완벽이다. 군소리는 집어치우자. 내가 일본어를 쓰는 것은
> 그러한 교훈적 명분도 있기는 하다. 그대의 비방을 초래하기 위해서이기도 하
> 다. 그러나 인기 때문만은 아니다. 어때, 그대의 기선을 제하지 않았는가. 이제
> 그대는 일본어는 못 쓸 것이다. 내 다음에 사용하는 셈이 되니까. 그러나 그대
> 에게 다소의 기회를 남겨주기 위해 일부러 나는 서투른 일본어를 쓰는 정도로
> 그쳐두자. 하여튼 나는 해방 후 20년 만에 비로소 번역의 수고를 덜은 문장을
> 쓸 수 있었다. 독자여, 나의 휴식을 용서하라.[1]

김수영은 자기 시의 창작과정과 의도를 설명하는 「시작詩作 노트」를
여러 편 남겼는데, 위의 인용문은 1966년 2월 한 문학잡지에 발표된 노트
의 한 부분이다. 두 가지 점에서 이 글은 충격적이다. 첫째는 이 글 전체가

---

1) 김수영, 『김수영 전집』 2, 민음사, 1981, p.302.

일본어로 쓰여졌다는 것. 해방 이후 한국에서 한국 작가가 한국의 잡지에 일본어로 글을 써서 기고한 것은 이 글이 유일한 사례일 것이다. 김수영은 한국의 전후문학을 대표하는 시인이며 한국의 현대문학사에서 가장 많이 언급되는 작가 중의 한 명이다. 그런 작가가 의도적으로 일본어로 글을 써서 한국의 독자들을 향해 발표한다. 충격이 아닐 수 없다. 둘째는 그럼에도 불구하고, 이 글이 정작 잡지에 발표될 때에는 한국어로 번역되어 실렸다는 것이다. 작가가 일부러 일본어로 써서 보낸 원고를 잡지의 편집자가 자기 마음대로 한국어로 번역하여 출판한 것이다. 결국, 일본어 원문은 사라졌고 김수영의 의도는 실현되지 않았다. 한국문학사상 전무후무한 이 사건의 '사건성'은 이렇게 '사산死産'되고 말았다. 무엇보다도 충격적인 것은 이 '사산된 사건성' 그 자체다.

나에게는, 식민지와 해방 이후를 관통하는 한국 사회의 어떤 뿌리 깊은 정신구조, 혹은 현대 한국인의 어떤 정치적 무의식 같은 것이 이 '사산된 사건성'을 통해 그 전형적인 모습을 드러내고 있는 것으로 보인다. 그 점에서 이 사건은 더 깊이 음미될 필요가 있다. 1945년 8월 15일 이른바 '해방'의 순간 작동하기 시작한 새로운 민족 단일체로의 욕망과 집념이 도달한 어떤 지점을 이 사건은 압축적으로 보여주고 있다. 이 욕망과 집착의 정체는 무엇이었던가, 그리고 그 결과는 무엇이었던가.

의도적으로 일본어로 원고를 써서 잡지사에 보낸 김수영의 행동이 어째서 충격적인 '사건'인가를 이해하기 위해서는 우선 위의 인용문에서의 "해방 후 20년 만에 비로소 번역의 수고를 덜은 문장을 쓸 수 있었다"는 부분에 주목할 필요가 있다. 일본어로 쓰는 행위를 그는 '번역의 수고를 더는 일'이라고 말하고 있다. 그리고 그것이 '해방 후 20년 만에 처음'이라고 말하는 것이다. 문장의 전체적인 어조는, 김수영의 에세이가 대개 그렇듯이, 시니컬하면서도 자신감에 넘친다. '일본어로 썼다. 번역하지 않아도 되니 매우 편하다. 어디 비난할 테면 비난해보아라'는 식이다. 단지 외국어로 썼다는 것만으로는 아무 문제가 되지 않는다. 그러나 그 외국어가 일본어였다는 것, 그리고 그 일본어가 김수영과 그의 독자들에게는 외국어가 아니었다는 것, 문제는 여기에서 시작되는 것이다. 우선 다음과 같은 발언들에 주목해보자.

1) 나는 국민학교에 들어가던 그날부터 제 나라의 모국어를 말하지도 쓰지도 못하는 언어의 囚人으로 자라나야 했다. 해방이 되고 난 뒤에 비로소 '가나다'를 배운 세대였다.[2]

2) 그 전해까지는 국민학교에서도 이른바 '조선어' 시간이 주당 2시간 정도는 배당되어 있었으나 1941년부터 전폐가 되고 말았다. 따라서 한글을 처음 깨친 것은 해방 후의 일이다. 처음 천자문을 배우고 이어 일본말 교육을 학교에서 받았으니 나의 기초적 어문 교육은 중국 문자, 일본 가나, 한글의 순서로 진행된 셈이다.[3]

3) 1학년부터 우리는 모든 과목을 일어로 배웠다. 2학년 때 우리는 구구표를 일어로 암기했다. 셀 수 없이 여러 번 우리는 시시 주로꾸(4곱하기 4는 16), 시치 시치 욘주쿠(7곱하기 7은 49) 등등을 되풀이했다. 나는 곱하기가 근사하다고 생각했다. 그것은 물건값을 계산하는 데 편리하게 쓰여졌다. 나는 영어로 생각

2) 이어령, 『축소지향의 일본인』, 기린원, 1986, 서문.
3) 유종호, 『나의 해방 전후』, 민음사, 2004, p.39.

하고 꿈도 꾸지만 숫자 곱하기는 지금도 일어로 한다.[4]

4) 나는 자기의 약점을 검증하고, 그것을 보완할 방법을 연구해야 했다. 가장 큰 약점은 우리말의 서투름이었다. 일제하에서의 국민학교 4학년까지 '조선어'를 배웠을 뿐, 일본인이 대다수인 중학교에서 일본말로 공부하다 해방을 맞아 정확한 우리말을 익힐 기회가 별로 없었다. 군대생활 7년간은 영어와 우리말을 절반씩 사용하는 틀 속에서 '쓰는 한국어'를 연마할 기회가 없었다.[5]

1)과 2)는 한국의 전후문학을 대표하는 평론가들인 이어령(1934년생)과 유종호(1935년생)의 회고이다. 3)은 게이오대학을 졸업하고 1948년 미국으로 건너가 하버드대학 등에서 경제학을 전공하고 미국에서 경제학 교수로 활동한 최기일(1922년생)의 회고이며, 4)는 1970년대 박정희 정권에 대한 저항운동을 이끌었던 언론인 이영희(1929년생)의 회고다. 1920~30년대에 태어나 식민지에서 자라고 교육받은 이들 세대는 '해방'이 될 때까지 일본어와 조선어의 이중언어 상황 속에 살았다. 그러나 지식인으로서의 고급 지식과 교양은 거의 전부 일본어를 통해 습득했다.

일본 제국이 한반도에서 물러갔을 때 10대 및 20대의 청년기에 이르렀던 이들 세대에게 닥친 가장 큰 어려움은 다름 아닌 '한글로 읽고 쓰기'였다. 일본어를 국어로 익히고 교육받은 이들에게 새로운 국어로 등장한 한국어는 외국어에 다름 아니었다. 특히 중일전쟁 이후 이른바 내선일체 시기 학교교육에서 '국어(=일본어) 상용화'가 강제되고 "꿈도 일본말로

---

4)   최기일, 『자존심을 지킨 한 조선인의 회상』, 생각의 나무, 2002, p.195.

5)   이영희, 『歷程—나의 청년시대』, 창작과비평사, 1988, p.251.

꿰야 한다고 가르칠 때"[6] 소학교를 다녔던 세대에게는 더욱 그러했다. 일본어의 세계로부터 한국어의 세계로의 급작스러운 이동이 초래한 혼란과 정신적 트라우마에 관한 회고는 이 시기를 살았던 한국 지식인들의 글에서 쉽게 발견할 수 있다.

　김수영에게도 이런 상황은 물론 예외가 아니다. 그는 1921년 서울에서 태어나 1968년 불의의 교통사고로 사망할 때까지 생애의 절반을 '일본인'으로 살았다. 그는 일본어와 영어에 능통했던 반면 새로운 국어인 한국어에 서툴렀다. 1946년에 발표된 그의 처녀시 「廟庭(묘정)의 노래」는 그에게는 가장 낯설고 서투른 언어인 한국어로 쓰여졌다. 그는 오랫동안 이 처녀시를 부끄러워했다. 그는 1960년대까지도 일본어로 일기나 시를 쓰고 그것을 다시 한국어로 번역하는 과정을 되풀이하고 있었다. 그러나 자신에게 가장 낯설고 서투른 언어로 문학을 해야만 했던 김수영과 동세대 작가들의 이러한 운명의 복잡성은 탈식민지의 한국 사회에서 오랫동안 의식되지 않았다. 그리고 그 복잡성이 잊혀졌다는 사실 그 자체가 현대 한국 사회의 집단적 정신구조의 문제를 드러내고 있는 것이기도 하다.

"나는 더 이상 시치미를 떼지 않겠다"

1945년 '해방' 직후 한반도에는 수많은 정치-사회세력들이 등장했다. 새로운 민족국가 건설의 과제를 향한 사회적 갈등은 1948년 남과 북에 각각 정치적 이념을 극단적으로 달리하는 정권이 수립될 때까지 치열하고 격

---

6)　박완서, 『두부』, 창비, 2002, p.177.

럴하게 전개되었다. 그런데, 화해와 타협이 전혀 불가능할 정도로 격렬했던 이 시기의 이념적 혼란 속에서도 '일제 잔재의 청산'이라는 슬로건은 모든 정치-사회세력이 공통적으로 내세운 사회적 목표였다. 이념이나 목표를 달리 하는 정치조직이나 사회세력이라도 '일제 잔재의 청산'을 그들이 수행해야 할 시급한 과제로 설정하는 데에서는 전혀 차이가 없었다. 요컨대, '일제 잔재의 청산'은 해방 이후 한국 사회에서 일종의 '정언명령'이었다.

그 정언명령을 실행하는 데에서 가장 우선적인 청산의 대상은 다름아닌 일본어였다. 식민지 시대를 살아왔던 모든 한국인의 생활과 내면에 깊이 배어든 일본어를 씻어내는 것이야말로 새로운 민족국가의 '국민'이 되는 필수조건이었고, 일본어로 '오염'된 모국어를 '정화'하고 그 '순수성'을 회복하는 것이야말로 민족문화 건설의 선결과제였다. 그리하여 1945년 8월 15일을 기점으로 일본어와 조선어의 위치는 정반대로 바뀌었다. 즉, 학교나 관공서 기타 공공영역을 지배하고 있던 일본어와 가정이나 개인 생활 같은 사적 영역으로 밀려나 있던 조선어라는 한반도에서의 언어의 분할은 8월 15일을 기점으로 일본어와 조선어의 위치만을 바꾼 채그대로 유지되었다. 불과 얼마 전까지 제국의 국민이 되기 위한 필수요건으로 강요되었던 일본어는 하루빨리 씻어내야 할 '찌꺼기'가 되었고, 낡고 쓸모없는 폐기물에 지나지 않았던 조선어는 새로운 국가 건설의 초석이 되었다.

국어의 습득을 통한 '국민화 프로세스'라는 관점에서 본다면 식민지 시대와 해방 이후가 동일한 메커니즘을 지닌 것처럼 보일 수도 있지만, 후자의 경우 그것은 거대하고 장기적인 '기억의 재편성'을 수반하는 것이었다는 점에서 식민지 시대의 '국어 상용화' 정책과는 또 다른 의미의 가혹함을 지닌 것이었다. '일제 잔재의 청산'이라는 정언명령이 누구도 부정할 수 없는 절대적인 것이었던 만큼, 자신의 신체에 깊숙이 새겨진 그 잔재를 청산한다는 것은 당사자들에게 있어서는 심각한 정신의 뒤틀림을 유발하는 또 하나의 억압일 수밖에 없었기 때문이다. 국어에 관한 한 청산의 대상은 바로 다름 아닌 자기 자신이었던 것이다. 이 억압의 무게를 가장 크게 받고 있던 세대가 김수영을 비롯한 1920~30년대생이었다.

김수영과 그의 세대의 불운은 그들이 받았던 이런 역사의 억압, 그리고 그로부터 발생한 어떤 정신적 뒤틀림이 그들 자신에게나 다른 사람들에게나 거의 인식되지 않았다는 데에 있다. 일본어를 비롯한 '일본적인 것'의 흔적과 기억을 깨끗이 지우고 말소하는 동시에 그 자리를 민족 순수성의 신화로 대체하는 작업은 해방 이후의 국가적 기획으로서 가차 없이 진행되었다. 자신의 기원에 새겨진 식민지적 혼종성과 굴절을 정면으로 직시하는 지적 용기는 이런 상황에서는 생겨날 수 없었다. 김수영이 예외적인 인물인 까닭, 그의 「시작 노트」가 특별한 '사건'일 수 있는 이유는 바로 여기에 있다.

요컨대, 김수영은 당대 한국 사회의 가장 강력한 금기에 정면으로 도전하고 있는 것이다. 해방 이후 남한 국가는 두 개의 강력한 금기에 의해 그 사회적 통합을 유지해왔다. 하나는 '공산주의', 또 하나는 '일본'이었다. 세계 최대의 반공국가 한국에서 공산주의 및 그와 관련된 일체의 것은 접근해서는 안 되는 절대 금기의 영역이었다. 그 영역은 (명백히 '일제의 잔재'인) 반공법이나 국가보안법 같은 법률로 명시화된 영역이었다. 공산주의나 그와 관련된 기억 및 언설 가운데 허용되는 것은 '악랄하고 비인간적인 공산주의'를 증오하고 규탄할 때뿐이었다. 그러므로 역설적이지만, '반공주의'를 통해서만 공산주의는 한국에서 발화될 수 있었다. 그러나 강력한 금지의 명령에도 불구하고, 반공주의는 한국의 정치-사회운동 등의 공적 영역에서 자주 도전받거나 흔들렸다.

다른 또 하나의 금기, 즉 일본과 관련된 것들은 정치나 사법의 영역을 넘어선 것이었다. 일본이나 그와 관련된 기억 및 언설 가운데 허용되는 것은 '악랄하고 비인간적인 일본 제국주의'를 증오하거나 규탄할 때뿐이었다. 그러므로 역설적으로, '배일排日'이나 '반일'을 통해서만 일본은 발화될 수 있었다. 그것은 법률로 명시화된 영역은 아니었다. 즉, '일본적인 것'을 기억하거나 발화하는 것을 금지하는 법률은 없었다. 그러나 해방 이후 최초로 간행된 도남陶南 조윤제의 『국문학사』(1948)가 명료하게 보여주듯이,[7] 식민지의 흔적을 민족적 동일성의 신화 안에서 깨끗이 삭제하고자 하는 집단적 욕망은 정치나 법률의 영역을 넘어 모든 사회적 영역에 그물처럼 드리워져 있었다. 어떤 법률적 규제가 없음에도 불구하고, '반일', '배일'은 '반공주의'를 훨씬 더 능가하는 위력을 지니고 있었다.

금기는 지켜짐으로써가 아니라, 위반됨으로써 가시화된다. 증오와 규탄만이 허용되는 공적 영역에서와는 달리, 사적 영역에서 일상적으로 수행되는 금기의 위반은 '반일'의 경우 특히 심했다. 김수영은 일기와 시를 일본어로 쓰고 한국어로 번역하는 과정을 계속하고 있었지만, 이것은 그에게만 특별한 일이 아니었다. 나의 부친과 모친 역시 식민지 시기 소학교를 졸업한 사람들이었는데, 나는 명절 때 우리집에 모인 친척들이 일본 유행가를 부르며 즐기던 일, 그들이 일제 시대의 창씨명으로 서로를 부르던 일, 부친과 모친이 가끔 아이들이 들으면 안 될 비밀 이야기를 나누거나

---

7) 조윤제의 『국문학사』가 '일본적 기원'을 어떻게 삭제하고 은폐했는가에 관한 좀더 자세한 설명은 나의 다른 글 「결여로서의 국문학」(『사이/間/SAI』, 창간호, 국제한국문학문화학회, 2006; 『식민지를 안고서』, 역락, 2009)을 참조할 것.

혹은 서로 다툴 때 일본어로 대화를 주고받던 일을 선명히 기억하고 있다. 그러나 나는 그들이 집을 벗어난 공간에서는 절대로 그렇게 하지 않는다는 것을 잘 알고 있었다.

자신의 신체 속에 육화된 식민지의 언어와 기억이 공적 공간에서 발화되지 않도록 시치미를 떼고 살아야 했던 것이 김수영과 그의 세대가 지켜야 할 금기의 내용이었다. 달리 말하면 그것은 "꿈도 일본말로 꿔라"는 명령 속에 살던 사람이 어느날 갑자기 "꿈에서도 일본말을 하지 말라"는 명령 속에 사는 끔찍함을 견뎌내야 했다는 것을 뜻한다. 이 '시치미 떼기'를 20년 이상 지속하던 어느날 김수영은 돌연 "나는 더 이상 시치미를 떼지 않겠다"고 선언하는 것이다. 이것은 현대 한국의 역사에서 전무후무한 선언이다. "그대는 기껏 내가 일본어로 쓰는 것을 비방할 것이다"라고 그는 말한다. 일본어로 썼다는 사실은 그에게는 중요한 문제가 아닌 것이다. 야당도 여당도 일치단결해서 '완벽'의 상태에 이른 '배일', 그 위선과 허구, 그 '시치미 떼기'를 집어치우라고 말하기 위해 그는 자신의 신체에 새겨진 기원으로서의 일본어를 드러내보이는 것이다.

김수영과 그의 세대에게 드리워진 금기의 끔찍함, 그 억압의 무게를 이해할 만한 상상력은 당시에나 지금이나 보기 어렵다. 잡지의 편집자는 그 의도가 무엇이었든 간에 일본어로 된 원고를 한국어로 번역하여 실었다. 그렇다고 무작정 편집자를 비난할 일은 아니다. 이 글이 일본어로 출판되었을 경우 야기될 사회적 소란과 물의를 잡지사 측으로서는 감당하기 어려웠을 것임을 생각하면 편집자의 조치는 충분히 이해될 법도 하다. 그러나 이 사건이야말로 식민지의 기억을 민족국가의 순수성이라는 신화 속에 봉인하고, '민족주체'의 기원 속에 각인된 '오염'과 '혼종'의 흔적을 서둘러 지우고 분칠하는 탈식민지 사회의 집단적 자기기만을 한눈에 보여주는 사례이다.

김수영의 경우가 얼마나 예외적인가를 설명하기 위해 같은 세대의 다른 두 문인의 예를 들어보자. 공교롭게도, 김수영의 이 글이 발표된 같은 해에 식민지의 기억과 관련된 중요한 저서인 문학평론가 임종국(1929년생)의 『친일문학론』이 출간되었다. 이 책은 해방 이후 한국 사회의 오랜 금기였던 친일파 문제를 정면으로 거론하면서 일제의 식민지 통치에 협력했던 문인들의 이력과 활동을 폭로함으로써 큰 사회적 충격을 불러일으켰다. 금기에 대한 도전이라는 점에서 이 책은 김수영의 글과 같은 맥락 위에 있는 것처럼 보인다. 해방 이후 20년 이상 한국 사회를 지배하고 있는 집단적 자기기만의 허위를 고발하면서 식민지의 기억을 공적 언설의 공간으로 끌어내려 하고 있다는 점에서 김수영과 임종국은 모두 동일한 목표를 지니고 있는 것처럼 보인다.

그러나 실은 김수영과 임종국의 도전은 전혀 다른 방향을 향하고 있다. 임종국의 『친일문학론』은 '오염된 민족정기의 회복을 위해 친일파의 죄상을 폭로하고 단죄한다'는 관점 위에 서 있는 것이었다. '친일파의 용납 못 할 죄악'은 "그들이 섬긴 조국이 일본이었다는 사실"에 있는 것일 뿐, 그들이 "국가주의 문학이론을 주장했다는 사실" 자체는 "한국의 국민문학을 수립하기 위해 우리가 주목해야 할 점"[8]이라는 것이 그의 주장이었다. 요컨대, 임종국의 『친일문학론』은 한국 사회의 오랜 금기였던 친일파 문제의 봉인을 떼는 한편으로 그것을 또다시 민족의 순수성, 국가의 전체성이라는 이념으로 회수하는 것이었다. 달리 말하면, 그것은 금기에 도전하면서 금기를 더욱 강화시키는 작용을 했던 것이다. 김수영의 시도는

---

8) 임종국의 『친일문학론』에 관한 설명은 나의 다른 글 「파시즘과 한국문학」(김철, 신형기 외, 『문학 속의 파시즘』, 삼인, 2001) 참조.

그것과 전혀 다른 방향을 향하고 있다. 그는 (임종국의 『친일문학론』도 포함해서) 바로 그 "완벽"의 상태에 이른 "배일"을 문제 삼고 있는 것이다.

다른 또 하나의 사례는 역시 한국의 전후문학을 대표하는 소설가인 이호철(1932년생)의 경우다. 1977년의 한 글에서 그는 다음과 같이 말하고 있다.

> 우리 세대로서 국민학교 교육을 받고 중학교 교육을 받고, 일본말을 능숙하게 구사할 수 있다는 그 사실부터가, 이미 그렇지 못한 사람들에 비해서 순수한 한국인의 자격으로서는 결격이라는 사실의 냉정한 확인이었다. 다시 말하면, 우리 세대로서 그 당시 국민학교도 못 다니는 사람들보다 국민학교 중학교를 다닌 편이 근본적으로는 이미 잘못 오염되어 있는 점이 있으리라는 것이다. 어느 끝까지 천착해 들어가면 틀림없이 그렇다. 좀더 구체적인 예를 들어 그 무렵 국민학교도 없는 산간 벽촌에서 초동樵童으로 농사꾼으로 빼어간 사람들 편이, 일제의 식민지 교육을 받으면서 자라온 우리들보다 순종 한국인이 아니겠느냐는 점이다. 일본말을 잘 알고 잘 한다는 일이, 결코 조금도 자랑이 될 수는 없는 것이다.[9] (강조는 인용자)

이호철과 김수영의 차이는 명료하다. 이호철에게 있어 일본어를 제1언어로 익혀야 했던 자기 세대의 운명은 '순종 한국인'으로서의 '결격'으로 규정된다. 그는 자기 자신이 '이미 오염되어 있는 존재'라고 선언한다. 그러나 이것을 이호철만의 특수한 사례라고 생각해서는 안 된다. 자신의 기원에 새겨진 식민지적 혼종과 굴절을 정면으로 직시하고 성찰하는

---

9) 이호철, 「우리 세대」, 『작가수첩』, 진문출판사, 1977, pp. 11-12.

대신, 그것을 거대한 집단적 자기기만의 언설, 즉 민족적 순수성의 신화 속으로 해소하고 봉합하는 것은 이호철만의 경우라기보다는 해방 이후 한국 사회를 지배한 가장 강력한 정체성 형성의 방식이었다고 해야 옳다. 거의 유일하게, 김수영만이 그러한 정체성 형성의 메커니즘에 이의를 제기하고 있었다.

식민지 기억의 '식민화'

1920~30년대에 출생한 세대에게 해방이 언어의 급작스러운 교체로 인한 정신적 뒤틀림과 죄의식을 수반하는 것이었음에 반해, 해방 이후에 자라고 교육받은 세대에게는 사정이 전혀 달랐다. 독립국가의 국민으로 처음부터 한국어로 교육받은 이 새로운 세대는 '일제 잔재의 청산'이라는 구호 앞에서 어떤 자기모순이나 자기분열도 겪을 필요가 없었다. 그들은 국어에 대한 어떤 콤플렉스도 가질 이유가 없었고 식민지의 기억으로부터도 자유로웠다. 그들에게 주어진 역사적 행운은 그뿐만이 아니었다. '한글세대'라는 명칭을 얻은 그들은 20대가 되었을 때 4·19 학생혁명의 주역이 되었다. 독재와 부패로 얼룩진 데다가 '친일분자'들로 이루어진 이승만 정권은 새로운 '민주국가'에서 자라난 이 신세대에 의해 붕괴되었다. 한국의 역사에서 이러한 승리와 영광을 체험한 세대는 오직 한글세대뿐이었다.

한국사에 대한 전면적인 새로운 인식이 시작된 것은 이 한글세대의 등장과 함께였다. 이른바 '아시아적 정체성론'에 입각한 기존의 한국사 서술은 '식민사관'으로 규정되고 철저하게 부정되었다. 한국의 근대는 일본 제국주의의 침탈 이전인 18세기에 이미 시작되었다는 '자생적 근대화론', '자본주의 맹아론' 등이 그 주요한 이론적 근거로 제출되었고, 그것은 한글세대에 의해 적극적으로 수용되고 재생산되었다. 그들의 지적 에너지는 민족사의 정통성, 연속성, 순수성을 구축하려는 열망으로 불타올랐다. 예컨대, 1973년에 출간되어 오랫동안 강력한 영향력을 행사했던 김현-김윤식 공저의 『한국문학사』는 '일본에 의해 한국의 근대문학이 시작되었다는 이식문학론의 관점을 극복'하는 것이 새로운 한국문학사의 이해를 위한 가장 중요한 과제임을 선언하고 있었다.[10] 식민지의 기억을 최소화 혹은 부정하고 민족사의 연속성과 순수성을 재구축하고자 하는 이 욕구는 결국 '일제 잔재의 청산'이라는 기존의 사회적 과제를 더욱더 강도 높게, 김수영의 표현으로 말하자면 "완벽"하게 수행하는 것에 다름 아니었다.

그 결과, 식민지의 관습과 언어로 '오염'된 김수영과 그의 세대의 문학, 즉 전후문학은 한글세대로부터 "우리 '곁'에 혹은 우리 '안'에 있는"[11] 문학은 아니라는 "사망선고"[12]를 받는다. 한글세대는 김수영과 그의 세대가 지닌 가장 큰 콤플렉스, 즉 완벽한 모국어를 구사하지 못한다는 사실을 비판의 도구로 삼았고, 그것을 통해 1960~70년대의 문화적 헤게모니를 장악할 수 있었다. 그럴 수 있었던 것은 한글세대가 자기만의 고유한 권력이나 능력을 지녀서라기보다는 식민지의 기억을 민족적 순수성의 신화 가운데 봉인하고자 하는 탈식민지 사회의 욕구가 시간이 지날수록 점점 더

---

10) 김윤식-김현, 『한국문학사』, 민음사, 1973. 김윤식(1936년생)은 연령과는 상관없이 학문적으로는 한글세대에 속한다고 볼 수 있다. 김현(1943년생)은 한글세대를 논할 때 빠뜨릴 수 없는 가장 대표적인 평론가이다.

11) 김현, 「테러리즘의 문학」, 『문학과 지성』, 1971년 여름호.

12) 한수영, 「전후세대의 문학과 언어적 정체성」, 『사상과 성찰─한국근대문학의 언어/주체/이데올로기』, 소명출판, 2011, p. 240.

확장되고 고착되었기 때문이라고 보아야 한다.

이렇듯 김수영이 시도했던 '저항'은 간단히 잊혀졌다. 그리고 해방 이후 70년 가까운 세월이 흐른 현재, 민족사의 연속성과 순수성의 신화는 한국 사회에서 신성불가침의 신앙이 되었다. 이 신앙 안에서 일본 제국주의가 한반도를 지배했던 20세기 전반의 역사는 민족적 순수성의 일시적인 오염, 민족사의 궤도로부터의 일시적인 '일탈'로 규정된다. 그 시기를 살았던 수많은 조선인들의 삶은 제국주의와의 투쟁의 정도에 따라 그 의미를 부여받는다. 독립된 국민국가의 건설이라는 최종적 목표를 향한 민족적 수난과 저항의 역사가 곧 한국 현대사의 핵심이라는 인식은 정치적 이념의 좌우를 불문하고 한국사학을 지배해왔고 현재도 지배하고 있다. 식민지의 역사는 그러한 목적론적 민족사의 관점에서 보면 언제나 어떤 '결여', '미완', '왜곡'의 형상으로 재현될 수밖에 없다. 그 안에서의 삶 역시 온전한 주체로서의 삶일 수 없으며 민족해방투쟁의 제단 아래, 혹은 새로운 국민적 주체의 형성을 위해 청산되고 극복되어야 할 대상이 된다.

해방 이후 지금까지 수많은 정치적 격변과 정권 교체에도 불구하고, 이 신앙은 도전받기는커녕 더욱더 강화되었다. 식민지의 체험을 지니지 않은 세대가 사회의 중심으로 진입하면 할수록 식민지의 기억은 한층 더 타자화되고 식민화되었다. 예컨대, '일제강점기'라는 용어가 그러하다. 이 용어는 현재 한국 사회에서 가장 보편적이면서 공식적인 용어로 정착했다. 일상대화나 출판물에서는 물론이고 언론매체, 교과서, 학술논문에 이르기까지, 일제 식민지기를 '일제강점기'로 부르는 관행은 2000년대 이후 전 사회적으로 보편화되어 지금은 이 용어를 사용하지 않으면 뭔가 수상쩍은 눈초리마저 감수해야 할 정도에 이르렀다.

문제는 이 용어 속에 담긴 식민지 기억에 대한 타자화이다. '일제강점기'라는 용어는 일본 제국주의에 의한 식민지 지배를 전쟁 혹은 전투 상태의 역사로 이해하는 것이다. 이 관점에서 보자면, 식민지는 한민족이 일본 제국주의와 교전交戰 상태에 있는 시간, 즉 '해방투쟁'의 시간이며 영토와 주민이 적에 의해 점령당해 있는 시간이다. 전쟁에서의 점령기란 '일시적인 비정상' 혹은 '주권의 일시적인 정지 상태', 요컨대 정상적인 궤도로부터 잠시 이탈한 일탈기에 지나지 않는다. 점령 상태가 소멸되는 순간 모든 것은 원래의 위치로 되돌아간다. 남은 일은 점령에 의한 피해를 복구하고 적에 의해 일시 단절되었던 주권 권력을 재가동하는 것이다. 점령의 기억은 일시적인 일탈로서 민족적 연속체의 장구한 역사 속에 매끄럽게 해소되고 봉합된다.

결국, 일본 제국주의의 식민지 지배를 교전 상태에서의 적에 의한 일시적인 점령으로 이해하는 '일제강점기'라는 용어는 식민지의 기억을 민족적 순수성, 연속성의 신화 속에 봉인하고, 궁극적으로는 식민지의 치욕과 굴종의 기억을 깨끗이 '청산', 즉 '망각'하고자 하는 한국 사회의 오랜 욕망을 반영하는 용어인 것이다. 무엇보다도 그것은 식민지를 살았던 수천만 명의 삶을 특정한 목적에 맞추어 재단하는 타자화의 폭력이라는 점에서 심각한 문제를 지닌 것이다. 그것은 자신의 과거를 직시하고 싶지 않은 욕망, 과거의 진실과 마주하고 싶지 않은 초라한 욕망의 단적인 표현이다. 1945년 8월 15일, 이제는 더 이상 일본 제국의 신민이 아니라는 현실을 어떻게 받아들여야 할지 난감해했을 수많은 조선인의 복잡한 내면을 헤아릴 만한 지혜나 상상력은 이 대문자로서의 역사인식 속에서는 결코 찾을 수 없다. '완벽에 이른 배일'의 허위의식을 비꼬고 조롱하는 김수영의 '저항'을 무참히 사산시킨 편집자의 욕망도 그 용어에 배어 있다. 식민지의 기억은 이렇게 '식민화'되었다.

해방 이후 정확히 50년이 지난 1995년 8월 15일, 서울 광화문에 있던 구舊 조선총독부 건물이 철거되었다. 반세기에 걸친 '일제 잔재의 청산'은 서울 한복판에 서 있던 조선총독부 건물을 철거하고 원래 그 자리에 있던 조선왕조의 궁궐인 경복궁을 복원하는 것으로 그 절정에 달했다. 자신의 신체에 새겨진 식민지의 기억과 흔적을 민족적 연속성과 순수성의 신화를 통해 청산하고자 하는 오랜 집단적 욕망은 이 퍼포먼스에서 최대한으로 표현된 것처럼 보인다. 이 상징물의 재편성은 국가적 사업으로 진행되어 오늘도 그 자리는 수많은 관광객들로 들끓는다. 세계 10위권의 경제대국으로 성장한 '대한민국'의 현재는 옛 조선왕조의 화려한 궁궐들과 일직선으로 연결되어 관광객의 눈앞에 현시된다. 식민지를 떠올릴 어떤 가시적인 단서도 거기에는 없다. 과연 식민지는 청산된 것일까?

조선총독부는 천안의 독립기념관에 가면 볼 수 있다. 철거된 조선총독부의 잔해는 '조선총독부 철거 부재部材 전시 공원'이라는 (표지판이 부실해서 찾기가 대단히 어려운) 야외전시장에 전시되어 있다. 그곳의 안내문은 세계 어디에서도 그 유례를 찾을 수 없는 놀라운 표현들로 가득하다.

일제 식민통치의 상징인 조선총독부는 일제 잔재의 청산과 민족정기 회복 차원에서 광복 50주년인 1995년 8월 15일부터 철거가 단행되었다. 이후 각계의 의견을 수렴하여 철거 부재를 독립기념관으로 이전, 역사교육 자료로 활용하기로 결정하였다. [⋯] 전시의 기본적인 개념은 역사교육의 자료로서 활용, 전시하되 홀대忽待하는 방식으로 배치하는 데에 있다. 이에 따라 첨탑을 지하 5미터의 깊이에 매장하여 전시하는 형식으로 조성하였고, 독립기념관 주 건물의 서쪽(석양을 상징)에 위치시킴으로써 일제 식민지 시기의 진정한 극복과

청산이라는 점을 강조하고 있다.(강조는 인용자)

이 전시공원의 설계자는 전시의 기본적인 개념을 "전시하되 홀대하는 방식"이라는 기상천외의 언어로 표현하고 있다. '민족 기상의 장'이라는 제목의 또 다른 안내문은 이 전시장을 가리켜 "조선총독부의 철거 부재를 폐허의 공간에 전시하여 우리 민족의 자긍심을 느낄 수 있게 연출, 전시한 공간"이라고 설명하고 있다. 조선총독부 건물의 잔해를 "홀대하는 방식"

〈사진 7〉 충남 천안시 독립기념관 '조선총독부 철거 부재 전시 공원'. 안내문의 설명에 따르면, 조선총독부 건물의 잔해를 "홀대하는 방식"으로, "석양을 상징하는 서쪽", "폐허의 공간" "지하 5미터에 매장하는 형식"으로 내던지듯 전시함으로써, "일제 잔재를 청산"하고 "민족 자긍심"을 고취한다는 것이다.

으로, "지하 5미터에 매장하는 형식"으로, "석양을 상징하는 서쪽에", "폐허의 공간"에 내던지듯 전시함으로써 "일제 잔재를 청산"하고 "민족 자긍심"을 느낀다는, 대체 뭐라고 말할 수 없는 이 어이없는 발상 앞에서 나는 "일제 잔재의 청산"은 영원히 불가능하다는 절망감, 식민지는 영원할 것이라는 공포를 느낀다.

사정이 이와 같은 한, "나의 참뜻은 침묵에 있지 일본어로 쓰는 데 있는 것이 아니다"라던 김수영의 '참뜻'은 이해되지 않을 것이다. "20년 만에 번역의 수고를 덜 수 있었다. 나의 휴식을 용서하라"고 했던 그의 소망도 이루어지지 않을 것이다. 그의 시 「적敵」(1965)은 살아생전 자기 시대와 끊임없이 불화했던 시인의 피로감을 다음과 같이 표현하고 있다. 이 시를 인용하는 것으로 나 또한 나의 피로감을 위무받고 싶다.

우리는 무슨 敵이든 敵을 갖고 있다
적에는 가벼운 敵도 무거운 敵도 없다
지금의 敵이 제일 무거운 것 같고 무서울 것 같지만
이 敵이 없으면 또 다른 敵—來日
來日의 적은 오늘의 敵보다 弱할지 몰라도
오늘의 적도 來日의 敵처럼 생각하면 되고
오늘의 적도 來日의 敵처럼 생각하면 되고

오늘의 敵으로 來日의 敵을 쫓으면 되고
내일의 敵으로 오늘의 敵을 쫓을 수도 있다
이래서 우리는 태평으로 지낸다

우리를 지키는 더러운 것들
─오지 않은 '전후'

'永田絃次郎'과 '○○○○○'를 함께 월간지에 발표할 작정이다. […] 암만해도 나의 작품과 나의 산문은 퍽 낡은 것같이 밖에 생각이 안 든다. 내가 나쁘냐 우리나라가 나쁘냐?

─김수영,「日記抄」(1960. 12. 25.)

1. '자유'라는 공포

2012년 4월 한국의 총선거에서는 여러 정치적 진보그룹이 연대한 통합진보당(이하 통진당)이 13석의 의석을 확보하고 제3당의 위치를 차지했다. 그러나 선거가 끝나자마자 통진당은 심각한 내분에 휩싸였다. 당의 국회의원후보자를 선출하는 과정에서 자행된 심각한 부정과 이른바 '당권파'의 '종북주의'가 폭로되었던 것이다. 이어서 문제를 해결하기 위한 당의 공식회의 석상에서 폭력사태가 발생하고 그 현장이 미디어를 통해 전국에 생중계되기에 이르렀다. 통진당은 분열의 사태에 직면했고, 여론은 진보정치의 타락, 특히 그들의 종북주의에 대한 비난으로 들끓었다. 통진당 내부의 다른 그룹들이 당권파의 과격한 북한 추종을 비판하는 뜻으로 만들어낸 '종북'이라는 용어는 이제는 '북한과 주체사상 및 삼대세습을 따르는 무리'라는 일반적이고 보편적인, 그러나 대단히 위협적이고 음산한 분위기를 풍기는 용어로 한국인 전체에게 각인되었다. 당의 공식적인 대표를 제쳐두고 당권파를 배후에서 이끌었던 실력자의 정체가 공개되고, 미디어는 그의 행적을 샅샅이 보도했다. 남한에서 전쟁이 벌어지면 북한의 지령에 따라 국가의 주요 시설을 파괴할 것을 논의하는 그와 당원들의 회의 내용이 보도되고, 대중은 경악했다.

이 사태가 이후 지금까지 어떻게 진행되고 있는지는 후술하기로 한다. 일단 이 시점에서 이 사건과 연관된 하나의 장면, 즉 2012년 5월에 한국의 한 텔레비전에서 방영된 통진당 사태를 주제로 한 토론회를 주목해보자. 토론에 참여하는 패널의 한마디 한마디가 매우 큰 사회적 반향을 불러일으키기도 하는 이 토론회에는 통진당의 당권파 2명, 그리고 그들과 입장을 달리하는 진보적 인사 2명이 출연했다. 토론은 당의 국회의원후보 경선 과정에서의 부정행위와 비민주성을 중심으로 진행되었다. 토론이 거의 끝나갈 무렵, 방청객의 질문을 받는 순서에서 한 방청객이 당권파의 패널에게 다음과 같은 질문을 던졌다.

통진당 사태의 근본적인 원인 중의 하나가 당권파의 종북주의 때문이 아닌가 이런 의혹이 있는데요. 북한 인권이나 3대세습, 북핵과 같은 주요 사안에 대해서 ○○○ 당선자님의 정확한 입장, 종북보다는 종미가 문제다, 이런 식의 말 돌리기가 아닌 정확한 입장을 표명해주셨으면 감사하겠습니다.

패널의 답변은 질문자를 만족시키지 못했다. 처음에 그는 '종북'이라는 말 자체가 "군사독재 시절"의 "색깔론"이며 "양심의 자유를 옥죄는" "사상검증"이라는 점을 지적했다. 그가 몹시 당황하고 있음은 분명했다. 갑자기 그는 자기가 평양을 방문했을 때의 인상, 건물이 온통 회색빛이었다거나, 병뚜껑 기술이 정교하지 않아서 술이 샌다는 등의 말을 두서없이 늘어놓았다. 그러다가 다시 본론으로 돌아와 "북에 대해서 동포애적 관점, 그리고 통일의 상대방으로서 협력과 교류를 해야 할 대상으로 바라보는 기초하에서 비판할 건 비판할 수 있다"고 말을 이었다. 그가 "3대세습"에 관한 말을 꺼내려는 순간, 앞서의 방청객이 그의 말을 가로막고 "지금 말을 돌리고 있는 것 같은데 좀 더 정확한 입장을 말해달라"고 재차 추궁했다. 그가 다시 원론적인 차원의 답변을 계속하려 하자, 이번에는 그의 토론 상대방이었던, 한국의 이른바 진보진영을 대표하는 토론자가 질문자를 거들었다.

한 사람에 대해서 당신 주사파냐, 이렇게 묻는 건 실례입니다. 우리는 양심의 자유가 있어요. 하지만 의원이라면 자기를 대표하는 게 아니라 유권자를 대변해야 해요. [유권자 앞에서] 자기 양심의 자유를 얘기할 순 없는 겁니다. 그걸 지키고 싶으시면 공직에 나오시면 안 됩니다. 유권자에게 자기 이념과 정책을 분명하게 뚜렷하게 밝혀야 되고 그 사람들을 대변해야 되는데, 양심의 자유를 지키려면 공직을 맡아선 안 되는 거죠.

"그 말씀이야말로 위험한 얘기"라는 상대방의 반론은 간단히 묵살되었다. "정확한 입장"을 밝힐 것을 요구하는 발언들이 계속되고, 마침내 그는 "답변을 유보하는 것이냐?"라는 사회자의 질문에 간단히 "예"라고 대답하는 것으로 궁지를 벗어났다. 토론회가 끝나자, '비겁한 주사파'에 대한 극심한 매도와 조롱, 동시에 그에게 '돌직구'를 날린 용감한 방청객, 그리고 '촌철살인'으로 평소 유명한 진보 논객의 속 시원한 발언에 대한 칭송이 인터넷 공간을 가득 메웠다. 이 장면이 드러내고 있는 이른바 '자유민주주의'의 끔찍한 폭력과 모순, '자유라는 공포'는 전혀 의식되지 않았다.

문제는 물론 이 국회의원이 주사파냐 아니냐 하는 것이 아니다. 문제는 그에게 자유가 주어졌다는 것, 그리고 그와 동시에 그가 자유의 이름으로 자유를 박탈당했다는 데에 있다. 그는 주사파일 수도 있고, 아닐 수도 있다. 그러나 내가 그에게 그것을 물을 권리가 없고 그는 대답할 의무가 없는 것은, 가령 그가 나에게 동성애자인지 아닌지를 물을 권리가 없고 내가 그 질문에 대답할 의무가 없는 것과 마찬가지이다. 이 토론회에서 간단히 무시된 것은 이 원칙이었다. 유권자를 대변하는 공직자에게는 "양심의 자유가 없다"고 한 저 진보주의자는 '주사파'라는 말 대신에 그것을 '동성애자'로 바꾸어도 똑같이 말할 수 있을까? 내가 아는 한, 그는 정반대로 말할 것이다. "공직자라고 해서 자신의 성적 취향이나 신조를 유권자 앞에 공개

해야 할 이유는 없다. 그것은 양심의 자유에 어긋나는 일이다"라고.

모순은 '자유'라는 말 자체에 있다. '사상의 자유', '표현의 자유', '양심의 자유', '민주주의' 따위를 말할 때, 우리는 그것이 무엇을 가리키는 것인가보다는 무엇을 가리키지 않는가에 유념해야 한다. 그렇지 않으면 우리는 계속해서 '자유', '민주주의'라는 환상 속에 살아갈 것이고, 무의식적인 폭력의 집행자가 될 것이다. 내가 오늘의 한국 사회에서 목도하는 것은 바로 그런 현실이며, 방금 예로 든 통진당 관련의 토론회 장면도 그런 현실의 하나이다. 한국 사회에서 '공산주의자' 혹은 더 나아가 '주사파'라고 자신의 정치적 입장을 표명하는 것, 아니 그렇게 낙인찍히는 것이 어떤 결과를 초래하는 것인가에 대해서는 긴 설명이 필요없다. 그것이 당사자의 정치적-사회적 파멸은 물론이고 죽음까지도 불러올 수 있다는 사실을 모르는 한국인은 없다. 그런 상황의 한국인들에게 "당신 주사파냐, 이렇게 묻는 건 실례"라고 말하는 것은, 나치 치하의 독일인들에게 "당신 유태인이냐, 이렇게 묻는 건 실례"라고 말하는 것과 같다. 이 '진보적 매카시스트'의 위선과 잔인함에 나는 모골이 송연함을 느끼지 않을 수 없다.

더 큰 문제는, 공안 당국과 매스컴과 대중에 의해 '주사파' 혹은 '종북주의자'로 단정되고 있는 상대방에게 "북에 대한 정확한 입장"을 밝힐 것을 요구하는 이 방청객은 결코 상대방의 "정확한 입장"을 알고 싶어하지 않는다는 점이다. 왜냐하면 이 방청객은 이미 그의 "정확한 입장"을 잘 알고 있기 (혹은 알고 있다고 믿기) 때문이다. "종북보다는 종미가 문제라는 식으로 말을 돌리지 말라"고 미리 못을 박고 있는 것을 보면, 이 방청객은 상대방이 어떤 대답을 할지를 이미 충분히 예상하고 그런 대답은 용납하지 않겠다는 것을 경고하고 있는 것이다.

요컨대 그녀가 말하는 "정확한 입장"이란 이미 정해져 있고, 다만 그것을 상대방이 자기 입으로 스스로 말해주기를 요구하고 있는 것일 뿐이다. 이 상황의 모순은 명백하다. 만일 답변자가 주사파라면, 그에게 주어진 자유란 그 질문을 회피하거나 혹은 (그럴 가능성은 거의 없지만) 자유롭게 "정확한 입장"을 표명하는 것, 즉 주사파임을 인정하는 것, 두 가지뿐이다. 만일 질문을 회피한다면 그는 주사파임에 틀림없다. 주사파가 아니라면, 질문을 회피할 필요가 없을 것이기 때문이다. 결국 어느 쪽이든 그에게 주어진 자유는 모두 그의 자유의 박탈이라는 결과를 낳는다. 그 점에서 이 토론회는 중세 마녀사냥의 재판을 재현하고 있다: 마녀인지 아닌지를 판별하는 법은 우선 마녀로 의심받는 여자를 꽁꽁 묶은 채 물속에 빠뜨리는 것이다. 묶인 줄을 풀고 살아나오는 것은 어디까지나 그녀의 '자유'다. 살아나오면, 틀림없이 마녀이므로 죽인다. 살아나오지 않으면, 마녀가 아닌 것으로 판단하고 사건은 종결된다. '자유'는 '부자유'의 다른 이름이다.[1]

2. 삼팔선은 '빨갱이'가 지킨다

한국의 전후 민주주의를 유지-보호해온 두 개의 강력한 기둥은 '빨갱이'와 '친일파'이다. '빨갱이'와 '친일파'의 실체가 무엇인지는, '민주주의'가

---

1) 이 토론회가 끝난 몇 주 뒤, 한 여당 국회의원은 천주교가 운영하는 라디오 방송과의 대담에서, 중세 일본의 후미에踏み絵와 같은 방법으로 "종북 국회의원 30여 명의 사상을 검증하자"고 주장했다. 앞서의 토론회에서 "정확한 입장"을 추궁하는 방청객과 그녀에게 환호를 보내는 대중의 심리는, 후미에를 사용해서 좌파를 "색출"하자고 주장하는 이 국회의원의 "입장"과 "정확하게" 공명하고 있다. 내가 보기에, 이 국회의원이야말로 저 토론회의 장면이 내포한 의미를 가장 "정확하게" 꿰뚫어본 인물이다.(그런데 천주교도를 살육하는 데에 사용된 '후미에'를 사용해서 '종북주의자'를 색출하자고 천주교 방송에 출연해 주장하는 천주교인인 이 국회의원은 자기가 무슨 말을 하고 있는지 알고는 있을까?)

그렇듯, 아무도 모른다. 그것들은 끝없이 부유하는 공허한 기표들이다. 미끄러지는 이 기표들이 어디에서 어떻게 멈추어 의미를 고정하는가는 전적으로 우연적이고 비일관적이다. 이로부터 발생하는 폭력과 트라우마는 거대한 집단적 정신분열을 낳는다. 그 정신분열적 행태는 최근 몇 년, 특히 2013년 2월 박근혜 정부의 등장과 더불어 한국 사회에서 극단적으로 표출되고 있다. 나는 이 실태를 살펴봄으로써 이른바 '전후의 초극'[2]을 생각하는 하나의 실마리로 삼고자 한다.

앞서 예로 들었던 통진당 사태로부터 이야기를 시작하자. 2012년 10월 통진당은 결국 내분을 수습하지 못하고 분당되었다. 1년 후인 2013년 10월 박근혜 정부는 통진당 당권파의 리더인 국회의원과 당원 등 4명을 내란음모 혐의로 체포하는 한편, 11월에는 "민주적 기본질서에 위

---

2) '전후'는 일본에서는 '종전(혹은 패전) 이후'를 뜻하지만, 한국에서는 일본 제국의 식민지로부터 벗어난 '해방'이라는 용어가 쓰인다. 1945년 8월 15일을 패전 혹은 종전으로 명명하는 인식과 해방으로 명명하는 인식 사이에는 차이 못지않게 공통점도 존재한다. 그것을 종전(패전)으로 명명함으로써 사라지는 것은 일본 제국이 19세기 후반 이래 반세기 이상에 걸쳐 아시아 여러 지역에 대해 행했던 제국주의 침탈의 역사이다. 다시 말해 '종전'은 태평양전쟁의 결과로서 그 상대는 미국이라는 점만이 부각되는 것이다(1972년 미-중 수교라는 이른바 데탕트 국면에서 다케우치 요시미가 "중국과 일본은 교전국交戰國이었다"는 사실을 새삼 강조한 것은 바로 그 점을 지적한 것이었다. 竹內好, 「講和の原点」, 丸山哲史, 『竹內好セレクション』II, 日本経済評論社, 2006 참조). 한편, 그것을 '해방'으로 인식할 때 역시 사라지는 것은 '아시아' 혹은 '세계'이다. 이 용어는 식민지의 역사를 오로지 '식민지 조선 대 제국 일본'이라는 일대일의 관계만으로 인식함으로써, 식민지 조선과 제국 일본 바깥의 세계를 시아에서 지운다. 즉, 식민지의 역사를 세계 제국주의 및 자본주의의 전개 과정이라는 관점, 특히 1930년대 이후 식민지 조선(인)의 위치를 '일본 제국 대 아시아'라는 관점에서 파악 가능성은 1945년 8월 15일을 해방으로 명명하는 한 기대하기 어렵다. 요컨대 '종전'과 '해방'은 지극히 자기중심적-자폐적인 관점으로 아시아/세계를 누락시킨다는 점에서 동질적이다. 이 문제에 관한 더 자세한 고찰은 고영란高英蘭, 『「戰後」というイデオロギー』, 藤原書店, 2010 참조. 한편, 한국에서의 '전후'란 '한국전쟁 이후', 즉 1953년 이후를 가리킨다. 내가 여기서 전후라는 용어를 사용하는 의도는 식민지-해방-한국전쟁 및 전후의 역사적 연속성을 강조하기 위함이다. 동시에, 일본의 '전후'와 한국의 '전후'를 겹쳐놓음으로써 어떤 새로운 관점이 열리지 않을까 하는 기대 때문이기도 하다.

배된다"는 이유로 사상 최초로 헌법재판소(이하 헌재)에 통진당의 정당해
산심판을 청구했다. 통진당의 정치적 입장과 노선에 동조하지 않는 지식
인들뿐 아니라 당권파와 대립하여 탈당한 전직 당원들조차 정부의 무리
한 법 적용에 이의를 제기했지만, 그런 이견은 확인되지 않은 '비밀조직'
이나 그들의 '내란음모'를 자극적으로 보도하는 미디어의 소리에 묻혀버
렸다. 지속적인 대중선동의 결과, 정치적 영향력이나 대중적 인지도가 극
히 미미한 소수파에 지나지 않았던 통진당의 당권파 그룹은 한국 사회의
오랜 사회적 증오와 차별의 대상, 즉 흉악한 '빨갱이 집단'[3]으로 대중 앞
에 등장했다.

마침내 2014년 12월, 헌재는 통진당이 "우리 사회의 민주적 기본질서
에 대해 실질적 해악을 끼칠 수 있는 구체적 위험성을 초래하였다"[4]는 판

---

3) 한국 사회에서 누군가를 가리켜 '빨갱이'로 부르는 것은 그를 '공산주의자', '사회주의자',
    '주사파' 등으로 부르는 것과는 완전히 다른 효과를 불러일으킨다. '빨갱이'는 가장 지독
    한 인종차별적 용어이다. '빨갱이'는 인간이 아니며 동정과 연민의 대상도 아니다. 한국 사
    회에서 '빨갱이'로 낙인찍힌 자를 모욕하거나 학대하는 데에는 어떤 한계도 없다. 예컨대
    2015년 1월, 한국 민주화운동의 상징이었던 시인 김지하는 한 텔레비전 대담프로그램에 출
    연하여 통진당 대표인 여성 국회의원을 "그 계집애"라고 부르면서 "빨갱이들"이라는 욕설
    을 퍼붓기도 했다. 그가 비판적 정치세력을 "빨갱이", "마르크시스트"로 지칭하면서 증오
    감을 드러낸 것은 이미 오래전부터 반복된 일이었다. 안타까운 것은 그의 기억상실증이다.
    1970년대 박정희 유신정권이 반공법으로 그를 구속했을 때 그는 자신에게 씌워진 '빨갱이'
    혐의를 반박하는 장문의 「양심선언문」을 발표했다. 이 글에서 그는 "마르크스가 꽃을 꽃이
    라고 부른다고 해서 왜 내가 꽃을 꽃으로 부르면 안 되는가"라고 항변함으로써 냉전체제하
    의 폭력적 담론질서의 허구를 통쾌하게 돌파한 바 있다(1990년대 들어 김지하는 이 명문장
    의 필자가 실은 유명한 인권변호사 고故 조영래임을 밝혔다). '빨갱이'를 비롯한 한국어의
    냉전적 정치성에 관한 논의로는 나의 다른 글, 「분단의 언어/통일의 언어」(『잠 없는 시대의
    꿈』, 문학과 지성사, 1987) 참조. '빨갱이'라는 용어의 폭력성과는 별도로, 통진당 당권파가
    과연 '공산주의자', 혹은 '좌파'인가에 대해서는 또 다른 논의가 필요할 것이다. 내가 보기
    에, 그들은 공산주의자이기는커녕 시대착오적 극우 민족주의자 그 이상도 이하도 아니다.
    그리고 그 점에서는 북한 정권 및 남한 정권과도 하등의 차이가 없다. 한국 사회의 집단적
    정신분열은 이런 혼동들에서 시작되는지도 모른다.

4) 헌법재판소, 「통일진보당 해산 결정」, 2014. 12. 19. 정당해산제도는 정부의 일방적인 행정

단 아래 당의 해산을 결정했다. "우리의 존립과 생존의 기반을 파괴하는 대역大逆행위"[5]라는 왕조식王朝式 용어를 구사하며 재판관 9명 가운데 1명을 제외한 8명이 통진당의 해산을 결정한 이 판결문에서 내가 주목하는 것은 다음의 두 가지 점이다. 첫째, 통진당의 활동이 "표현의 자유의 한계를 넘어섰다"는 주장이다. 둘째는 그러한 판단의 근거로 든 "대한민국과 북한은 아직도 냉전의 구도에서 벗어나지 못했다"[6]는 주장이다.

이 판결문은 한국 사회에서 표현의 자유의 '한계'가 무엇인지, 그리고 그 한계의 근거가 무엇인지를 유례없이 선명하게 밝히고 있다. 즉, 표현의 자유가 '넘어서는 안 될 선'은 바로 다름 아닌 '삼팔선'이라는 것이다. 모든 한국인의 신체가 그곳을 자유롭게 넘을 수 없듯이, 정신도 그곳을 넘을 수 없다는 것, 자유의 한계는 딱 거기까지라는 것을 이렇게 선명하게 밝힌 문서는 아마 달리 찾기 어려울 것이다. 그렇다고 보면 삼팔선에는 군대가 서 있는 것이 아니라 그 한계를 넘어버린 자들이 서 있는 것이다. 그들의 존재 자체가 경계선을 보여주기 때문이다. 모든 한국인의 정신의 삼팔선은 '빨갱이'가 지킨다.

그런데 경계선에 선 그들은 누구이며, 어디에서 왔는가? 실은 그들은 '우리'로부터 나왔다. 그들은 크리스테바가 말하는 앱젝트(abject, 卑體), 즉 내 몸에서 나온 오물들, 똥, 오줌, 피, 땀, 고름, 토사물 같은 것이다. 역겹

조치에 의해 정당의 존립이 위협받는 사태를 방지하기 위해 1960년에 헌법에 명문화되었던 것이다. 따라서 이 제도의 기본 목적은 민주주의 질서를 수호하기 위한 '보충적·방어적 수단'에 있는 것이다. 그러나 보다시피, 박근혜 정부는 이 제도를 '선제적·공격적 수단'으로 활용했다. 통진당 해산 결정에 대한 헌법학적 관점에서의 정교한 비판으로는 김종철, 「민주공화국과 정당해산제도—통합진보당 해산심판청구를 소재로」, 『공법학연구』, 2014 참조.

5) 「통일진보당 해산 결정」

6) 위의 글.

고 구역질나는 이 앱젝트야말로 내 존재의 한계다. 살아 있는 존재로서 내 육체는 그 오물들이 쏟아지는 지점까지만 살아 있을 것이기 때문이다. 따라서 이 경계선의 저쪽은 시체다. (삼팔선을 넘으면 죽는다!) 즉, "오물과 시체는 내가 살기 위해서 끊임없이 밀어내야 할 것들을 적나라하게 보여준다".[7] 시체야말로 앱젝트의 극한이다. 앱젝트는 "정체성을, 체제를, 질서를 교란하는"[8] 불순하고 위험한 존재들이다. 이들을 밀어내지 않는 한, 나의 정체성은 끊임없이 흔들릴 것이며 법과 질서는 위험에 처할 것이다. 살기 위해서는 이 오물들을 배설해내지 않으면 안 된다. 그러므로 앱젝트는 내 존재를 유지시키는 최후의 선, 한계를 가리킨다. 넘어서지 말아야 할 이 선이야말로 금기=성역의 표지인 것이다. 이 역겨운 존재가 불러일으키는 불안과 오염에의 공포야말로 전후 한국의 냉전 질서를 지탱해온 가장 중요한 요소였다. 수없이 많은 존재들이 '빨갱이'(즉, 한계를 넘은 자)의 이름으로 제거되었고, 체제 바깥으로 토해진 이 존재들에 의해 체제의 '안'은 안전하게 유지·보호되었다. '빨갱이'야말로 한국의 전후 민주주의 질서를 수호해온 '제물로 바쳐진 존재=성스러운 존재Homo Sacer'에 다름 아닌 것이다.

헌재의 판결문은 또한 남북한이 '아직도 벗어나지 못한 냉전의 구도'를 표현의 자유의 한계를 규정하는 근거로 삼고 있다. 한반도가 아직도 냉전의 구도에서 벗어나지 못했는지 어떤지는 물론 법률적 판단의 대상이 아니다. 그것은 어디까지나 주관적·이념적 판단의 문제이다. 그 점에서 보면, 아직도 냉전의 구도에서 벗어나지 못하고 있는 것은 다름 아닌 재판

---

7) Julia Kristeva, Powers of Horror: an Essay on Abjection, (trans.) Leon Roudiez, Columbia University Press, 1982, p.3.

8) 위의 책, p.4.

관들 자신임이 이 판결문을 통해 분명해진다. 달리 말하면, 표현의 자유의 한계 설정은 냉전 구도라는 객관적 정세에 기반한 것이라기보다는, 아직도 냉전 구도를 벗어나지 못한 (아니, 절대로 벗어나고 싶지 않은) 권력의 머릿속에 기반한 것이다. 그 점을 잘 보여주는 한 사례를 보자.

통진당 사태가 불거진 것과 같은 시기에 일부 탈북자단체들은 삼팔선 인근의 북한 접경지역에서 '대북전단'을 북쪽으로 살포하는 행사를 벌여왔다. 북한 정권을 비난하는 선전삐라와 미국 달러(!)를 넣은 대형 풍선을 북한 지역으로 날려보내는 이 행사는 거대한 규모로 지속되었고 남북의 급격한 정치적·군사적 긴장을 초래했다. 북한 정권은 무력을 통한 '응징'을 여러 차례 경고했고, 접경지역의 주민들은 공포와 불안을 호소했다. 2010년에 북한은 실제로 접경지역의 한 섬마을에 포격을 가한 적이 있었다. 따라서 주민들의 공포감은 근거 없는 것이 아니었다. 야당을 비롯한 여러 사회단체도 주최 측에게 전단 살포를 중지해줄 것과 더 이상 위험한 사태가 발생하지 않도록 정부가 개입할 것을 요구했다. 놀랍게도 정부의 대답은 "표현의 자유를 억압할 수 없다"는 것이었다. "민주적 기본질서에 대해 실질적 해악을 끼칠 수 있는 구체적 위험성"이 말 그대로 "구체적으로" 드러난 대북 전단 살포 행위에 대해서는 완벽한 '표현의 자유'를 보장하면서, 너무나 유치해서 짜증마저 일으키는 뒤죽박죽의 삼류 활극을 연상시키는 통진당의 이른바 "지하혁명조직"이나 "비밀모임"이란 것에 대해서는 "우리의 생존과 존립의 기반을 파괴하는 대역행위"라는 어마어마한 언사를 동원하여 가차 없이 '표현의 자유'를 박탈하는 이 현실이야말로 21세기 한국의 국가권력이 연출하는 웃지 못할 블랙코미디이다.

'우리는 아직도 냉전 구도를 벗어나지 못했다'라는 국가권력의 뻔뻔하고 대담한 선언은 세계사적 변화를 한사코 무시하면서 냉전적 지배질서를 끝까지 지키고 유지하겠다는 의지의 표명에 다름 아니다. 그것은 냉전 구도하의 자유의 얼굴, 더 나아가 냉전 구도를 통해서만 유지될 수 있는 권력의 얼굴을 그대로 보여준다. 동시에 분명해지는 것은, "민주적 기본질서에 대한 구체적 위험" 및 "우리의 생존과 존립의 기반을 파괴하는 대역행위"야말로 한국의 전후 민주주의를 수호하고 국민의 이념적 동질성을 구축하는 데에 없어서는 안 될 핵심적 요소라는 것, 그리고 '빨갱이'는 그것의 가장 완벽한 수행자라는 사실이다.

3. 동해는 '친일파'가 지킨다

정치적 이념의 금기(=성역)를 표시하고 그에 따라 국민적 동질성을 구축하는 데에 '빨갱이'라는 기표가 수행하는 역할이 삼팔선 이남의 지역에 한정된 것이라면, '친일파'라는 기표가 민족적 동질성을 강화하는 데에서 수행하는 역할은 남과 북의 경계를 넘나든다. 일본의 식민지로 전락한 36년의 시간은 반만년의 '민족사'에 새겨진 '오점'이 아닐 수 없다. 1945년 해방 이후 남과 북에 수립된 국민국가의 가장 큰 역사적 과제는 이 오점을 깨끗이 씻어내는 것이었고, 그것은 친일파=반민족행위자를 가려내고 그들을 '민족'으로부터 배제·추방하는 것에서 시작될 것이었다. 오늘날 한국 사회에서 나이, 신분, 직업, 지역, 정치적 입장 등에 따른 모든 차이와 갈등을 한순간에 해소하면서 '한민족'으로서의 집단적 동질성을 확립하는 데에 일본 및 친일파만큼 큰 역할을 하는 것은 없다. 친일파야말로 "정체성을, 체제를, 질서를 교란하는 존재"이며 '살기 위해서는 밀어내야 할 존재', 즉 또 다른 앱젝트에 다름 아닌 것이다. 그러므로 삼팔선은

'빨갱이'가 지키고 동해[9]는 '친일파'가 지킨다. 전후 남한의 민족-국가는 이렇게 탄생했다.

민족의 삶을 짓밟은 일본 제국주의의 가학행위와 민족을 배신하고 지배자에 협력한 '친일파'에 대한 증오와 원한은 전후 한국의 감성정치의 주요한 기반을 이룬다. 2006년부터 2009년까지 세 차례에 걸쳐 정부는 '친일반민족행위자' 1005명의 명단을 발표했다. 이 명단은 2004년에 입법화된 「일제강점하 반민족행위 진상 규명에 관한 특별법」(이하 특별법)을 근거로 대통령 소속의 '친일반민족행위진상규명위원회'가 조사한 최종 결과였다. 2002년에는 71명의 국회의원이 참여한 「민족정기를 세우는 국회의원 모임」이라는 단체가 708명의 친일파 명단을 발표했다. 한편 민간단체인 민족문제연구소는 2009년에 총 4776명 (중복자 포함 총 5207명)에 이르는 『친일인명사전』을 출간했다.

엄청난 사회적 관심과 논란을 불러일으킨 이 '친일파 명단'들은, 일찍이 1948년 정부 수립 직후 친일파를 처단하기 위해 구성된 '반민족행위 특별조사위원회'(이하 반민특위)의 활동이 이승만 정부의 방해에 의해 좌절된 경험, 그리고 그 좌절이 이후 한국 사회의 모든 부정의와 부정성의 근원이 되었다는 인식을 바탕으로 작성된 것이었다. 민족 내부에 스며 있는 '오염원'으로서의 친일파를 색출하고 그들을 추방함으로써 민족적 동질성을 확보하고 '민족사'의 정통성을 바로 세우겠다는 열망이 이 모든 작업을 이끌었다.

그런데, 친일파란 무엇일까? 2002년 이후의 친일파 명단들에 적용된 친일파의 정의나 범주는 1948년 반민특위 구성 당시의 법률적 정의를 보

---

9) '동해'라는 명칭은, 독도와 함께 일본과의 대적관계를 표상하는 전선戰線이 되었다. 한국인에게 그것은 영토주권의 분명한 경계이며 그 경계를 흐리는 자들은 명백한 친일파다.

완한 것으로서, 일본 제국주의 지배 당시의 '반민족행위자'의 직책이나 직위, 활동 등을 세밀하게 규정한 것이었다. 예컨대, 2004년의 특별법은 '친일반민족행위'를 "1. 국권을 지키기 위하여 일본 제국주의와 싸우는 부대를 공격하거나 공격을 명령한 행위"로부터 "20. 일본 제국주의와 일본인에 의한 한국 민족문화의 파괴·말살과 문화유산의 훼손·반출에 적극 협력한 행위"에 이르기까지, 모두 20개 조항으로 나누어 규정하면서 이 중 "어느 하나에 해당하는 자"를 "친일반민족행위자"로 정의하고 있다. 한 눈에도 이 정의나 범주는 일관성이 부족하고 추상적이며 따라서 자의적으로 적용될 가능성이 높아 보인다.

그러나 비판의 초점을 거기에 맞춘다면(실제로 그러한 비판이 많았다), 그것은 대단히 순진한 발상에 지나지 않는다. 추상성과 비일관성이야말로 법의 필연적인 속성이기 때문이다. 예컨대, '반민족행위'의 정의를 좀 더 구체적이고 일관성 있는 것으로 하기 위해서 20개 조항을 40개로 늘리거나 또 다른 법을 만들면 좀 더 구체적인 것이 될까? 완전히 반대다. 조항이 늘어나면 늘어날수록 구체적이 되기는커녕 더욱더 추상적이고 모순에 가득 찬 것이 될 것이다. 왜냐하면 '반민족행위'라는 추상적인 개념을 실정법적 행동으로 구체화하는 것 자체가 애초부터 불가능한 일이기 때문이다. 중요한 점은 바로 이 불가능성 자체다. '친일반민족행위'를 실정법적 행위로 규정하는 것이 모호함과 모순에 부딪힐 수밖에 없다는 사실은 명백하다. 그런데 법의 권위는 바로 여기서 나온다. 해결하기 어려운 의문이나 모순을 최종적으로 해소시키는 어떤 진리나 권위가 법 안에 들어 있다고 믿는, 아니 믿고 싶은 프로이트적 의미에서의 '전이轉移'가 작동하는 것이다. "친일파가 구체적으로 뭔지는 잘 모르겠어. 그러나 법이 그렇다면 그럴 만한 이유가 있겠지. 그걸로 해결되면 좋지 않아?"

법률적인 정의뿐만 아니라 모든 정의는 언제나 모호함과 모순을 안고 있다. 따라서 친일파란 무엇인가를 묻는 것은, 그것의 분명한 정의가 아니라 제국주의와 식민지 문제의 본질을 묻는 질문으로 연결되지 않으면 안 된다. 그러나 해방 이후 오늘까지 70년간 끊임없이 거듭된 '민족정기 회복을 위한 친일 청산'의 언설과 실천은 친일파를 색출하고 단죄하는 작업만이 식민지 문제 해결의 최우선 과제라는 착각을 한국인들에게 심어놓았다. 요컨대 "일본 제국주의의 잔재를 청산"하고 "민족정기를 회복"한다는 '민족사적 과업'은 '이 사람은 친일파인가, 아닌가'를 둘러싼 개인적 스캔들 수준의 문제로 수축되고 만 것이다.

이처럼 민족/반민족으로 선명하게 구분된 식민지의 기억 속에서 모든 주체의 삶과 죽음은 오로지 '민족주체'의 관점으로만 환원된다. '민족주체'로 환원되지 않는 주체는 한국 사회에서 기억되거나 발화되지 못한다. 기억되기 위해서는 누구나 '민족주체'로 거듭나야 한다. 발화의 위치와 주체를 '민족' 이외에는 허용치 않는 구조, 이것은 말할 것도 없이 폭력의 구조이며 무엇보다도 제국 일본의 유산이다. 이 완고한 틀은 현재의 한국 사회에서 점점 더 강화되고 있다. 나는 여기서 식민지의 청산이 아니라 식민지의 의연한 연속을, 전후 민주주의가 아니라 전시기戰時期 파시즘을 읽는다.

40년에 가까운 시간 동안 식민지에서 살아간 수천만이 넘는 사람들의 삶을 오로지 '민족주체'의 관점으로 재단하는 이러한 이해방식이 얼마나 폭력적이며 식민주의적인가에 대해 많은 한국인들은 완전히 무감각하다. 한 사람의 일생에 해당하는 기간의 행위를 60~70년이 지난 시점에서 국가와 법률의 위력으로 단죄하고 바로잡을 수 있다고 생각하는 것부터가 인간과 역사에 대한 몰이해의 소산일 뿐 아니라 파시즘적 폭력일 수 있다는 점에 대해서도 무관심하다. 자신의 몸에 깊이 새겨진 식민지를 씻어내고 새로운 주체를 형성하는 일은 누군가를 색출하고 추방함으로써 해결되는 문제가 아니라는 인식은 이 세계에서는 싹틀 가능성이 없다. 중년의 나이에 이른 어느날 갑자기, 이제 더는 일본 제국의 신민이 아니라는 사실을 어떻게 받아들여야 할지 난감했을 수많은 '조선인'의 복잡한 내면을 헤아리는 지혜도 물론 기대할 수 없다.

이런 세계에서는 폭력에 대한 분노 대신에 폭력적 증오만이 흘러넘친다. 특히 문제가 '종군위안부'일 경우 이 증오는 걷잡을 수 없는 속도로 비화한다. 대표적인 사례는 2004년의 이영훈 교수 사건일 것이다. 일본군 종군위안부 문제와 관련된 텔레비전의 토론회에서 이 교수는 그것이 국가폭력의 가장 잔인한 형태임을 지적하고 그 범죄가 끝까지 추궁되고 규명되어야 할 것임을 강조했다. 나아가 그는 위안부의 모집과 위안소의 운영에 관련된 조선인들의 존재를 언급하고, 국가기구나 군에 의한 여성의 성적 노예화가 해방 이후에도 여전히 자행된 사실을 언급했다. 토론이 끝나자 한 인터넷 매체가, "정신대는 공창이었다"라고 이 교수가 발언했다고 보도했다(그것은 그가 한 말이 아니라 토론 상대방의 질문이었다). 그러자 모든 언론매체가 그 뒤를 이었다. "정신대는 공창이었으며 강제 동원된 것이 아니라 자발적인 것이었다"라고 이 교수가 발언했다는 보도와 함께, 숱한 인신공격과 매도가 줄을 이었고 국회의원들이 그의 교수직 사퇴를 학교 당국에 요구하는 지경에까지 이르렀다.

놀라운 사실은, 그가 그런 발언이나 그렇게 해석될 어떤 종류의 발언도 하지 않았다는 것이다. 이 교수는 자신의 발언 내용을 기록한 녹취록을 해당 매체에 싣고 해명에 나섰으나, 그에 대한 인신공격(가장 많이 사용된 용어는 '친일파', '일본 우익'이었다)은 줄어들지 않았다. 마침내 그는 경기도 광주 '나눔의집'을 찾아가 위안부 피해자들에게 무릎을 꿇고 사죄해야 했다. 시간이 지나면서 여론은 잠잠해졌지만, 그는 (우익을 자처한 그 자신의 정치적 입장 때문에 더욱더) 대표적인 '친일 지식인'으로 알려지게 되었다.

이 교수가 언급한 내용 가운데 위안소의 운영 및 위안부 모집에 관련된 조선인의 존재라든가, 한국전쟁기 한국군에 의한 위안부 동원 등은 대부분의 한국인이 처음으로 접한 충격적인 사실이었을 것이다. 그리고 그 충격이 그의 발언을 왜곡시킨 중요한 이유일 것이다. 정신대와 위안부를 구별하지 못하는 기자의 무지는 그 한 사람의 경우만이 아니므로 논외로 하더라도, 수십만 명이 보고 들은 내용이 이렇게 엉뚱하게 바뀌어 제시되는데도 그것이 일본, 특히 위안부 문제와 관련된 것인 한, 사회 전체가 완전한 사유 불능, 즉 듣고 싶은 대로 듣고, 보고 싶은 대로 보는 일종의 최면 상태에 빠졌다는 데에 이 사태의 본질이 있다. 이 낯익은 현상의 저변에는, 자신이 알고 있는 것 이외에는 어떤 것도 알고 싶어하지 않는 초조한 공포가 자리잡고 있다. 알고 싶은 것은 과거의 진상이 아니다. 진상은 이미 알고 있는 것, 혹은 안다고 생각하는 것만으로 충분하다. 여기에 의문을 품게 하는 그 어떤 말이나 인간도 용납되지 않는다. 그런 인간들이야말로 우리의 '정체성을, 체제를, 질서를 교란하는' 불순하고 위험한 존재들인 것이다.[10]

민족주의적 담론의 질서를 벗어난 발언이나 행동이 얼마나 쉽사리 대중적 혐오와 폭력의 대상이 되는가를 보여주는 사례들은 그 밖에도 헤아릴 수 없이 많다. 최근에 문제가 된 박유하 교수의 저서 『제국의 위안부』역시 그중 하나다. 이 저서에서 박 교수가 제시한 일본군 위안부에 대한

---

10) 이영훈 교수 사건을 비롯한 '친일 청산'에 관한 이상의 논의는 나의 책, 『'국민'이라는 노예』 (삼인, 2005) 및 『식민지를 안고서』(역락, 2009)의 이곳저곳을 참조.

그녀 나름의 관점과 이해의 방식은 충분히 논쟁을 불러일으킬 만한 것이었다. 특히 위안부 문제에 관한 한국 내의 극히 취약한, 게다가 거의 천편일률적인 학문적 연구 성과에 비추어 볼 때 이 책이 지니는 의미는 작은 것이 아니었다.

그러나 이 책이 논란의 중심에 서게 된 것은 학문적 논쟁을 통해서가 아니라 저자에 대한 고소 사건을 통해서였다. 2014년 '나눔의집'에 기거하는 위안부 피해자들의 이름으로 저자를 '명예훼손'으로 검찰에 고발하면서 책의 출판을 금지해줄 것을 법원에 요청하는 사태가 발생했다. 저자가 위안부를 "강제 동원이 아닌 자발적 매춘부", "피해자가 아닌 일본군의 동지"로 묘사했다는 고소인 측의 왜곡된 주장이 미디어를 통해 보도되고, 대중은 오래된 익숙한 방식으로 반응했다. 언제나 그랬듯이 입에 담기 힘든 욕설과 협박, 혐오와 증오로 가득 찬 살벌한 인신공격이 저자를 향해 쏟아졌고, 학문적 논쟁의 주제가 법원의 결정을 기다리게 된 사태에 대해 학계는 침묵을 지켰다. 2015년 2월 법원은 고소인 측의 주장을 받아들여 문제가 된 부분을 삭제하지 않으면 출판을 금지한다는 판결을 내렸다. "국가의 안전 보장, 질서 유지 또는 공공복리를 위하여 필요한 경우에는" "학문의 자유를 제한할 수 있다"는 것이 그 취지였다.[11)

내가 아는 한, 일본과 관련된 학술서적에 대해 '국가의 안전 보장과 질서 유지'를 명분으로 국가권력의 제재가 가해진 것은 이 사건이 처음일 것이다. 이 책과 저자에 대해 분노하는 많은 사람들을 나는 알고 있다. 그러나 나는 이 책의 내용에 대한 이견異見 표명에는 대단히 적극적이면서 저자에 대한 인권유린 사태에 대해서는 방관하거나 심지어는 가담하기까

---

11) 서울동부지방법원,「도서출판 등 금지 및 접근금지 가처분결정」, 2015. 2. 17.

지 하는 이른바 학자와 지식인들에게 분노한다. 또 나는 이 책을 금지함으로써 유지되는 '안전'과 '질서'가 누구의 안전이며 어떤 질서인가, 그리고 그것은 식민지의 질서 및 냉전의 질서와 무엇이 다른가, 하는 점에 대해 논의하지 않는 지식인들에 대해 분노한다. 또 한편 나는, 민족주의적 담론을 조금이라도 거스르는 발언을 하면 "일본 우익을 대변한다", "일본 우익을 도와준다"는 판에 박은 비난을 퍼붓는 자들에게 분노한다. 이 얼빠진 자칭 좌파들에게서 나는 지긋지긋하게 신물나는 냉전적 폭력의 상투적 언사, 즉 "북괴를 이롭게 하는 행위…" 어쩌고저쩌고 하는 파시스트들의 목소리를 악몽처럼 듣는다. 멍청한 좌파들과 무지막지한 우파들이 자기도 모르는 채 손을 잡고, 삼팔선의 '빨갱이'와 동해의 '친일파'를 보호막으로 '민족의 안전'과 '국가의 질서'를 구가하는 것―한국의 전후 민주주의의 실체는 그러하다.

4. 아무도 하지 못한 말

한국의 전후문학을 대표하는 시인 김수영이 남긴 여러 편의 「시작 노트」 가운데 다음과 같은 구절을 주목해보자.

> 세계여행을 하는 꿈을 꾸었다. 김포 비행장에서 떠날 때 눈을 감고 떠나서 동경, 뉴욕, 런던, 파리를 거쳐서 (꿈 속에서도 동구라파와 러시아와 中共은 보지 못하게 되어 있었기 때문에 착륙하지 못했다) 홍콩을 다녀서, 다시 김포에 내릴 때까지 눈을 뜨지 않았다. 눈을 뜬 것은 비행기와 기차와 자동차를 오르내렸을 때뿐, 그리고 호텔의 카운터에서 돈을 지불할 때뿐 그 이외에는 일절 눈을 뜨

지 않았다. 말하자면 나는 한국에서도 볼 수 있는 것만은 보았지만 그 이외의 것을 일절 보지 않았다.[12] (강조는 인용자)

전후의 한국 사회를 짓누르고 있는 두 개의 금기, 즉 '반공'과 '반일'에 대해 김수영만큼 예민하게 반응하고 온몸으로 저항한 시인은 달리 찾기 어렵다. 위의 노트에서 그는 꿈속에서조차 금기의 영역을 넘어서지 못하는 반공국가에서의 삶이 지닌 정신적 기형성을 숨김없이 토로하고 있다. 시인으로서의 그의 작업은 끊임없이 오물을 색출하고 씻어내고 격리하고 감춤으로써 '질서'와 '안전'을 지키려는 민족-국가의 광적인 편집증에 맞서는 것이었다. 1921년에 태어나 1968년 불의의 교통사고로 사망할 때까지 그는 생애의 절반을 일본 제국의 '신민'으로 살았고, 고급 지식과 교양을 일본어를 통해 습득했다. 해방 후의 그의 처녀시는 그에게는 낯설고 어색한 한국어로 쓰여졌고 그는 오랫동안 그것을 부끄러워했다. 한국전쟁기에 그는 북한군으로 참전했다가 '반공포로'로 석방되었다.

이것은 특별한 이력이 아니다. 그와 동시대 한국인들의 굴곡 많은 삶에 비추면 그의 이력은 오히려 평범하기조차 한 것이다. 그가 특별한 것은 그가 자신의 기원에 새겨진 이러한 식민지적 '혼종성'과 이념적 '불순성'을 정면으로 마주보고 평생 그것과 싸웠다는 점이다. 그는 '빨갱이'와 '친일파'를 씻어냄으로써 흠 없는 순결에 이르고자 하는 민족-국가의 욕망에 가차 없이 침을 뱉었다. 1965년에 그는 의도적으로 한 편의 「시작 노트」를 일본어로 써서 잡지사에 보냈다. 그러나 말썽을 두려워했을 잡지의 편집자는 그 원고를 한국어로 번역해 실었다. 한국 작가가 한국 독자를 상

---

12) 김수영, 『김수영전집』 II, 민음사, 1982. p. 293

대로 한국 잡지에 일본어로 글을 써서 보낸 해방 이후 초유의 이 사건이 지닌 의미는 그렇게 '사산'되었다.[13]

정치적 자유와 시의 문제를 중심으로 전개된 그의 사유는 한국의 전후를 지탱하는 두 개의 기둥, 즉 '친일파'와 '빨갱이'를 그의 시 속에 거침없이 끌어들이고 내보이는 전위적 실천으로 나타났다. 앱젝트에 대한 공포와 혐오를 의도적으로 유발하고 금기의 장막을 찢어냄으로써 그 너머에 있는 것이 공허하고 무의미한 공백에 지나지 않는 것임을 폭로하고자 한 그의 시도는 그러나 번번이 실패로 돌아갔다. 1960년에 그는 두 편의 시를 발표하려 했으나 잡지의 편집자들이 게재를 거부했고, 결국 그의 생전에 발표되지 못했다. 그 시들의 존재, 그리고 그가 그 시들을 발표하기 위해 노심초사했던 사정이 알려진 것은, 그의 사후 13년이 지난 1981년에 그의 전집이 발간됨으로써였다. 이 전집에 실린 일기의 한 대목을 보자.

12월 9일
'永田絃次郞'을 쓰다.

12월 11일
'永田絃次郞', ××신문에서 또 퇫자를 맞다.

---

13) 이 사건과 관련하여 김수영의 이중언어 글쓰기에 대해서는 최근 10여 년간 괄목할 만한 진전이 이루어졌다. 다음 논문들을 참조하기 바란다. 서석배, 「단일 언어 사회를 향해」, 『한국문학연구』 29집, 동국대 한국문학연구소, 2005; 강계숙, 「김수영은 왜 시작 노트를 일본어로 썼을까?」, 『현대시』, 2005; 「김수영 문학에서 '이중언어'의 문제와 '자코메티적 발견'의 중요성」, 『한국근대문학연구』 27집, 2013; 한수영, 「식민화된 주체와 저항—김수영의 이중언어 인식과 내파內破의 논리」, 『전후문학을 다시 읽는다』, 소명출판, 2015; 김철, 「오늘의 적도 내일의 적처럼 생각하면 되고—'친일 청산'과 김수영의 저항」, 『일본비평』, 서울대 일본연구소, 2014.

12월 25일

'永田絃次郎'과 'ㅇㅇㅇㅇㅇ'를 함께 월간지에 발표할 작정이다. […] 암만해도 나의 작품과 나의 산문은 퍽 낡은 것같이 밖에 생각이 안 든다. 내가 나쁘냐 우리나라가 나쁘냐?[14]

永田絃次郎(나가타 겐지로)은 일본에서 활약한 조선인 출신 성악가 김영길金永吉의 창씨명이다. 해방 후 그는 북한으로 갔다. 시는 친구들과의 술자리에서 "以北으로 갔다는 永田絃次郎, 아니 以北으로 갔다는 金永吉의 이야기"가 나오는 순간, 갑자기 분위기가 싸늘해지면서 모두 입을 다무는 장면을 그리고 있다. 그들 모두가 잘 알고 있는 인물인 金永吉=永田絃次郎은 역시 그들 모두가 너무나 잘 알고 있는 금기, 즉 '친일파'와 '빨갱이'를 온몸으로 구현하고 있는 인물인 것이다. 모든 인물들이 입을 다무는 시의 장면과 똑같이 이 시 역시 입을 다물었다.

쓰인 지 20년도 더 지난 후에야 〈永田絃次郎〉이라는 시는 공개되었지만, 일기에 함께 나오는 〈ㅇㅇㅇㅇㅇ〉라는 또 다른 시는 다섯 글자의 복자伏字 외에는 알려지지 않았다.[15] 1981년의 편집자가 복자로 처리했던 이 다섯 글자는 2008년에 김수영의 유고가 발견됨으로써 비로소 세상에 알려졌다. 그 다섯 글자는 '金日成萬歲'였다. 중요한 것은 물론 이 시의 내용이 아니라, 이 시의 제목인 다섯 글자다. 1960년에 (그리고 1981년에도) 이 다섯 글자를 공공연히 발음한다는 것의 의미가 어떤 것인지는 설명이 필요없다. 김수영은 시의 제목을 바꾸거나 혹은 한자를 한글로 바꾸어 게재

---

14) 김수영, 『김수영 전집』 II, p. 506.

15) 김명인, 「김수영 미발표 유고」, 『창작과 비평』, 2008년 여름호 참조.

하자는 당시 편집자의 타협안을 끝내 거절하고 그 시를 어둠 속에 묻어버렸다.

그가 찢어버리고 싶었던 경계의 저편, 아무 이유도 근거도 없이 공포와 혐오를 유발하는 한계의 저 너머는 지금까지 말한 바와 같이 한국 사회에 여전히 굳건하다. 김수영은 동시대의 지식인들 가운데 거의 유일하게 '전후'를 의식하고 동시에 그것을 '초극'하기 위해 몸부림친 인물이었다. 그의 시도는 실패했지만, 21세기를 살고 있는 현재의 한국인들은 실패조차 하지 못했다. 요컨대, 전후는 아직 오지 않았다. 세상을 떠나기 직전 김수영은 「시여, 침을 뱉어라」라는 유명한 강연을 했다. 자주 인용되는 이 강연의 한 대목을 나는 '전후의 초극'의 한 에피그람epigram으로 삼고자 한다.

내가 지금, 바로 지금 이 순간에 해야 할 일은 이 지루한 횡설수설을 그치고, 당신의, 당신의, 당신의 얼굴에 침을 뱉는 일이다. 당신이, 당신이, 당신이 내 얼굴에 침을 뱉기 전에…. 자아 보아라, 당신도, 당신도, 당신도, 나도 새로운 문학에의 용기가 없다. 이러고서도 정치적 금기에만 다치지 않는 한, 얼마든지〈새로운〉문학을 할 수 있다는 말을 할 수 있겠는가. […] 자유의 과잉을, 혼돈을 시작하는 것이다. 모기 소리보다도 더 작은 목소리로 시작하는 것이다. 모기 소리보다도 더 작은 목소리로 아무도 하지 못한 말을 시작하는 것이다. 아무도 하지 못한 말을. 그것을….[16]

16) 김수영, 『김수영 전집』II, p. 254.

자기를 지우면서 움직이기

— '한국학'의 난관들

1.

오늘의 학술대회는 "'한국학'의 고고학, 고현학, 혹은 탈구축"이라는 주제를 내걸고 있습니다. 주최 측의 취지 설명에 따르면, "'한국학'의 국내외적 환경의 변화와 학문 내적으로 진행되고 있는 다양한 모색은 '한국학'의 과거, 현재, 미래에 대한 성찰적 검토를 요구"하고 있다는 것입니다. 한국학이라는 단어 위에 첨가된 이 강조 표시는 한국학이 더 이상 의문의 여지가 없는 자명한 개념이 아님을 말해주고 있고, 그것은 이 학술대회의 취지문에도 나와 있듯이, "'조선학', '국학', '한국학', 'Korean Studies'라는 복수의 이름을 부여받아온 지식체계인 '한국학'에 관한 질문"과 연결되어 있습니다. 더구나 오늘 학술대회의 공동주최자가 이 복수의 이름 중 하나를 오랫동안 지켜온 '국학연구원'임을 감안한다면, 이 질문은 모든 창발적 지식이 그러했듯, 자기 자신에 대한 회의와 부정을 기반으로 하는 고현학적인 것인 동시에 그 회의와 부정을 세계 전체로 확장하는, 그럼으로써 아직 나타나지 않은 어떤 미래를 드러내고자 하는 초월적 욕망과 이어져 있는 것처럼 보이기도 합니다. 자기 자신을 문제로 삼는 한, 분명한 것은 아무것도 없습니다. 그러나 세계-내-존재로서의 우리는 그렇게 하지 않을 수 없습니다. 그리고 그러는 한, 우리는 언제나 "출발점에 서 있을 뿐이며, 우리의 통찰이 아직 기록을 갖지 못한 선사先史 단계에 와 있을 뿐"인지도 모릅니다.

위의 문장에서의 인용구는 일찍이 월러스틴Immanuel Wallerstein이 사회과학의 학문적 역사성을 질문하면서 프리고진Ilya Prigogine의 말을 빌려서 했던 것인데, 저는 이 구절을 「'국문학'을 넘어서」라는 저의 논문의 제사題辭로 사용한 적이 있습니다. 그것은 1998년의 일이었고 역시 지금과 같은 형식의 학술대회에서 발표되었습니다. 지금 다시 읽어보면 그 어설픔과 거칢에 민망한 마음을 금할 수 없습니다. '국문학'의 개념 자체를 의문시하고 그 제도성과 역사성을 문제 삼고자 하는 성급한 욕구가 연구자로서의 저 자신의 실존적 고민과 겹치면서 과도할 정도로 넘쳐났던 것도 숨길 수가 없습니다. 어쨌든 그로부터 20년 가까운 시간이 흐른 지금, '한국학'의 경계와 정체성을 묻는 일은 무언가 진부한 느낌마저 줄 정도로 상투적인 어젠다가 되었습니다. 애초에 질문을 제기했던 한 사람으로서는 여러모로 감회가 새로울 수밖에 없고, 연구사적 관점에서 무언가 한마디쯤 거들고 싶은 마음도 없지 않습니다. 마침 주어진 기회를 이용하여 그 감회의 일단을 말해보고자 합니다.

'국학', '국사', '국문학' 등의 개념과 그 역사성에 대한 자의식적 질문이 한국 학계의 중요한 화두로 떠오르기 시작한 것은, 대체로 1990년대 중반 혹은 말쯤이었다고 생각됩니다. 이 변화를 추동한 가장 큰 객관적 조건은 모두 아시다시피, 국내적으로는 1987년의 이른바 형식적 민주주의의 성취, 그리고 세계사적으로는 소련 사회주의의 붕괴 및 그에 따른 냉전체제의 와해일 것입니다. 이러한 사회사적 변화에 따른 기존의 이념-이론에 대한 회의와 부정이 이른바 포스트주의의 범람과 더불어 급속하게 번지기 시작한 것도 이 무렵부터일 것입니다. 그에 따라 '근대성'을 키워드로 한 포스트모더니즘이나 포스트콜로니얼리즘 등에 관한 이러저러한 논의들이 90년대 내내 산만하게 진행되었고, 이 논의들의 결과는 2000년대 초에 이르러 이른바 탈민족주의적 경향의 연구들로 수렴되면서 뚜렷하게 가시화된 것으로 보입니다.

저 자신의 경험에만 비추어 보자면, 『문학 속의 파시즘』(2001)은 한국문학 연구에서의 그러한 연구경향을 대변하는 하나의 성과였다고 생각합니다. 한편 임지현, 윤해동 교수가 주축이 되고 저 자신도 참여한 바 있는 연구모임에서 출간한 『국사의 신화를 넘어서』(2004)가 기존의 한국사 연구에 충격을 가한 사실도 기억해야 할 것입니다. 이런 흐름의 연장선에서, 오늘의 학술대회의 공동주최자인 '국제한국문학문화학회'(INAKOS)의 창립(2005) 역시 특기할 만한 것이라고 생각합니다. 2005년 이 학회의 창립 국제학술대회의 주제는 '경계를 넘어서—한국문학의 국제화를 위한 제언Transcending Borders: A Statement for the Globalization of Korean Literature'이라는 것이었는데, 11년 전의 그것과 오늘 2016년 학술대회의 주제인 "'한국학'의 고고학, 고현학 혹은 탈구축" 사이에는 어떤 학문적 축적 혹은 변화가 새겨져 있을까요?

창립 학술대회에서 저는 「'결여'로서의 국(문)학」이라는 논문을 발표한 바 있습니다. 이 논문에서의 저의 의도는 한국의 근대 및 근대학문 특히 국학 및 국문학에 새겨진 식민지적 혼종성을 드러내는 한편 그것을 외면하고 은폐해온 환상의 역사를 비판하는 것이었습니다. 이 논문은 우연히 다른 장소에서도 발표할 기회를 두 차례나 갖게 되었는데, 한때 반체제 운동의 이론 및 실천의 믿음직한 선배였던 두 분의 토론자로부터 제가 들었던 논평은 "일본 우익", "임화의 이식문학론의 재판"이라는 질책이었습니다. 마음의 상처는 그렇다 치고, 이것이 내가 (혹은 우리가) 처한 현실이라는 자각을 새롭게 하지 않으면 연구의 진전은 있을 수 없다는 것, 이데올로기적 타성과 제도적 보호 속에 안주하는 것이야말로 학문 연구의 가장 큰 장애라는 것 등을 덕분에 깨닫게 되었습니다.

그런 점에서 '한국학'의 탈구축과 관련하여, 지난 10여 년 내지 20년간 한국 근대문학 연구가 성취한 내용 및 형식의 해체와 확장, 경계의 전복과 혼성混成, 아카데미즘의 전문화와 다양화는 한국의 근대 학문사에서 가장 괄목할 만한 것이었다고 해도 과언이 아닐 것입니다. 이 자리에서 그것을 세세하게 말할 여유는 없을 듯합니다. 다만, 자신이 몸담고 있는 학문의 실체적 혹은 역사적 근거를 의심하고 전복하려는 시도가 한국 근대문학 연구의 영역에서 선도적으로 시작되었고, 그것이 기존의 학제적 경계나 관습을 넘는 연구들, 예컨대 이른바 '문화연구'나 '풍속연구', 나아가 대학제도, 문학제도, 영화, 매체, 검열, 번역, 문헌학, 역사학, 사회과학 등의 영역에 접속하고 혼합되면서 '국문학'의 제도적 안정성과 자명성을 스스로 해체하는 동시에, 이전에 볼 수 없었던 역동적이면서 풍부한 학문적 성과들을 산출했다고 해도 과장된 평가는 아닐 것입니다. 그런데 한편으로 그것은 자신의 "통찰이 아직 기록을 갖지 못한", 또는 "아직 구체적인 이름을 얻지 못한" 일종의 "선사단계"에 머물러 있는 것은 아닐까 하는 의문을 일으키기도 한다는 것—지난 시기를 돌이켜볼 때 저로서는 이 정도를 대체적으로 말할 수 있을 것 같습니다.

한국학의 탈민족주의적 혹은 트랜스내셔널한 연구경향이 최근 10여 년 내지 20년 이처럼 가속화되어온 데에는 어떤 역사적 배경이 있는 것이며, 지금 그것은 어떤 형편에 처해 있는 것일까, 하는 점은 오늘의 주제가 '한국학의 고고학, 고현학'을 표방하는 만큼 피해갈 수 없는 문제입니다. 저는 이 문제를 총괄적으로 다룰 수 있는 지식이나 경험이 없기 때문에, 제가 몸담고 있는 분야에서의 한정된 경험만을 토대로 말씀드릴 수밖에 없겠습니다. 1980년대 말부터 시작된 세계사적 변화와 국내 정치정세의 변화가 한국학, 더 크게는 인문학 전체의 연구 방법과 내용을 크게 바꾼 역사적 배경이라는 것은 앞서 잠깐 말씀드렸습니다. 그러나 이런 설명은 너무 거시적이어서 하나마나한 말이 되기 십상입니다.

한국 대학에서의 한국학 내지 인문학 연구의 변화를 끌어낸 중요한 환경적 요인을 저는 다음의 몇 가지로 생각합니다. 먼저, 1980년대 초 '졸업정원제' 시행에 따른 대학 인구의 급증입니다. 수많은 문제를 안고 있던 이 제도는 어쨌든 (취업의 곤란도 함께 겹치면서) 전문연구자의 수효를 크게 증가시킴으로써 연구의 기본적 조건을 제공했다고 할 수 있겠습니다. 동시에 80년대 내내 대학 캠퍼스를 중심으로 벌어졌던 대규모 시위와 반정부운동은 한국사에서 일찍이 유례가 없을 정도로 학문연구와 정치적 전략전술, 혹은 정파적 지향이 직접적으로 연결되는 희귀한 경험을 가능하게 했습니다. 앞서 말씀드렸듯이, 1987년 이후 이 경험이 더 이상 유지될 수 없는 현실이 도래했습니다. 저는 1996년에 한총련의 연세대 점거 농성과 그 진압사태를 가까이에서 목격했습니다만, 대체로 이 시점을 전후해서 대규모 집단시위의 기지基地는 한국의 대학에서 철수했다고 보입니다.

그 빈자리를 채운 것은 국가였습니다. 그 이전에 국가가 대학을 통제하지 않았다는 뜻이 아닙니다. 그러나 대학에서의 연구에 질적인 변화를 초래할 만큼의 깊숙하고도 강력한 국가의 개입은 제가 보기에는, 1990년대 중반 이후 반정부시위의 캠프가 사라진 자리를 국가가 접수하면서부터 시작되어 지금 이 시점에서는 전무후무한 위력을 행사하는 지경에 이르고 있습니다. 우연인지는 몰라도 이 시기는 '한국학'의 탈영토적 질주가 시작된 시점과 묘하게 겹칩니다. 이것을 생각할 때 매우 난처한 질문 앞에 마주서게 됩니다. 그 질문은 다음과 같은 것들입니다.

기존의 학문적 경계나 범주를 해체하고 새로운 다多학제적, 간間학제적 영역을 구축하고자 하는 학문적 모색이 연구자 자신의 내발적 동기에서 출발한 것이라기보다는 신자유주의적 대학 운영을 이념으로 한 국가의 강력한 대학 구조조정 정책에 부응하는 것이었다면 혹은 결과적으로 그렇게 되어버렸다면, 우리는 이 아이러니를 어떻게 받아들여야 할까요? 한국 문화의 고유성과 특수성을 알리는 '콘텐츠'를 개발하고자 하는 국가 브랜드 중심의 '세계화' 정책에 따라 대학에서의 연구가 학과나 대학 단위가 아니라 개별 연구 프로젝트 단위로 재편되어가는 상황에서, 트랜스내셔널의 관점으로 한국학을 세계사적 보편의 맥락에서 파악하고자 하는 시도는 어떤 난관에 처하게 될까요? 탈민족주의나 트랜스내셔널의 관점에 선 연구자가 한국문학과나 한국사학과를 폐지하려 하는 대학 구조조정 당국자에게 그 학과의 존재 이유를 '한국인의 정체성 강화' 심지어는 '한류의 세계화'나 '중국의 동북공정에 맞서기 위한 이론 개발' 등으로 설득해야 할 때, 또는 반대로 당국자로부터 그러한 요구를 받을 때, 그가 마주칠 자기모순이나 난관은 '한국학'을 어떤 형태로 탈구축하게 할까요? 이 모순은 먼 미래의 일이 아니라 바로 우리 눈앞에 다가온 일입니다.[1)]

1) 유사한 고민은 일찍이 미국의 한국학 연구에서도 제기된 바 있습니다. 2007년에 열린 국제한국문학문화학회(INAKOS)의 제3차 국제학술대회의 주제는 '한국/학의 근대성과 로컬리티Modernity and Locality of Korean/Studies'라는 것이었는데, 이 대회에서 한국사학자 앙드레 슈미트Andre Schmid 교수는 미국대학에서의 한국학 연구의 현황에 관한 장문의 논문을 발표했습니다. 미국 대학의 학문적 위계에서 가장 아래쪽에 속한 'Korean Studies'의 현황과 전망을 논한 이 글은 한국학의 '국제화' 및 '탈구축'과 관련하여 소중한 통찰을 제공하고 있습니다. 트랜스내셔널한 관점에 선 한국학 연구자가 대학제도 안에서 한국학을 내셔널한 방식으로 고착시켜야 하는 딜레마를 그는 다음과 같이 서술하고 있습니다. "(미국 대학에서의) 한국학 교수들은 일종의 선교사와 같은 역할을 수행해야 한다. [...] 한국학을 증진시키기 위해서 학자들은 어쩔 수 없이 마음 불편한 전도사의 역할을 맡아야 한다. [...] 한국학은 많은 다양한 그룹들에 인기 있는 것으로 판명된 '민족적 내용들national framework'을 개설한다. 그것은 그 지역의 한국인 이민자들로부터 도덕적 재정적 지원을 끌어낼 수 있는 내용인데, 그들은 자주 개인적인 이유에서 대학의 교과과정에 한국이 포함되어 있는 것을 보고 싶어한다. 또 한편 미국의 다문화적 상황에서 이 내용들은 대학 당국자에게 한국인의 엄청난 성취를 인식시키거나 커리큘럼을 다양화하거나 하는 수단, 혹은 교외 기부금과 관련해서 한국인들이 외부기금을 얼마나 높일 수 있는가를 보여주는 데에 효과적인 수단이기도 하다." Andre Schmid, "Korean Studies at the Periphery

요컨대, 단단한 껍질에 쌓인 고정된 명료한 실체로 인식된 '한국학'을 깨뜨리고 중심을 흩트림으로써 좀더 개방적인 유동성을 지닌 어떤 것으로 바꾸어내고자 하는 연구자들의 힘겨운 모색은, 또 다른 의도와 목적으로 기존의 경계와 범주를 해체하고 재구성하려는 힘 앞에서 난감함과 무력감을 느끼지 않을 수 없습니다. "'한국학'의 고고학, 고현학, 혹은 탈구축"이라는 오늘의 주제가 생산적인 결과를 얻기 위해서는 우리는 어떤 식으로든 이 난문에 마주서지 않을 수 없습니다.

2.

말할 것도 없이, 이 난관은 단지 제도나 정책의 차원에서 비롯된 것만은 아닙니다. 원인은 더욱 본질적이며 뿌리 깊은 곳에 있습니다. 대통령이나 교육부장관이 "대학도 기업이다", "취업도 안 되는 학과를 대학에 둘 필요가 있는가?"라고 당당하게 외치는 국가에서 대통령과 장관을 바꾼다고 해서 문제가 해결될 리는 없습니다. 대학을 기업이나 취업학원쯤으로 인식하는 것은 단순한 정책적 판단의 문제가 아닙니다. 케케묵은 고답적인 말이라고 해도 별 수 없습니다만, '후진국적' 대학의 울타리 안에서 평생을 보내온 사람으로서 얻게 된 결론이라면, 대학의 가치에 대한 우리의 인식은 이 세계 안에서 나는 무엇이며 어떻게 살아가야 하는가 하는 마음과 윤리의 문제와 직접적으로 연관되어 있다는 것입니다.

당연한 말이지만, 대학만이 그런 것은 아닙니다. 인간이 삶을 위해 행

---

and as a Mediator in US-Korean Relations", 『사이/間/SAI』 제4호, 국제한국문학문화학회, 2008, p.17.

하는 모든 것들이 그러합니다. 종교나 예술은 물론이려니와, 농업, 상업, 공업, 정치 등 모든 곳에서 인간의 행위는 자기성찰적인/이어야 하는 것이며, 그럼으로써만 인간은 동물과 구별되는 존재일 수 있습니다. "나는 무엇인가, 무엇을 하고 있는가, 무엇을 해야 하는가"라는 질문이 생략된 채 수행되는 노동이 인간의 노동일 수 없음은 자명합니다. 그런 점에서 학문은 노동이며 다른 어떤 노동보다도 더욱더 그 질문을 거듭하지 않으면 안 되는 노동에 속합니다. 그런데 우리가 오늘날 나날의 삶에서 절감하고 있듯이, 한국의 대학은 그러한 질문을 삭제하기를 강요하고 있습니다. 이 요구를 거부하고서는 '학문노동자'로서의 자격조차 얻지 못하는 것이 오늘 우리가 당면한 현실입니다. '노동을 통해서 세계 속에 존재하는 인간'이라는 명제는 오늘날 한국의 대학에서는 거의 성립하지 않는 듯합니다.

제 말을 대학에서의 한국학 관련 과목이나 학과의 축소-폐지에 대한 항의, 나아가 한국학 교육의 강화나 확장에 대한 주장으로 오해하지 말기를 바랍니다. 이 문제를 제도나 정책의 차원에서만 접근하는 한, 방금 말씀드렸던 딜레마에서 벗어날 수 없을 뿐만 아니라, 최근 들어 더욱더 극성스러워지는 한국 사회의 파시즘적 국수주의Fascist Ultra-Nationalism에 대처할 어떤 방안도 찾아내기 어렵다는 점을 말씀드리고 싶습니다. 이런 관점에서 저의 생각을 조금 더 보충하도록 하겠습니다.

한국학 내지 인문학의 기존 범주를 해체하고 갱신하면서 그것을 탈구축하고자 하는 연구자 앞에는 두 개의 장벽이 가로놓여 있다고 저는 생각합니다. 하나는 '국가'이며, 하나는 '국민'입니다. (둘은 물론 떨어질 수 없는 것이지만, 논의의 편의상 나누어 생각해보고자 합니다). '국학'의 출발지는 말할 것도 없이 '국가'와 '국민'입니다. 그런데 '국학'의 탈구축이란 그 '국가'와 '국민'을 넘어서는 어떤 것을 추구함을 의미하는 것일 터이니, '한국학의 탈구축'이란 애초부터 자기 자신을 장벽으로, 혹은 자기 자신을 지우면서 움직이는 모순에 가득 찬 운동일 수밖에 없습니다. 그러나 이런 모순은 오히려 한국학의 탈구축을 진전시키는 근본적인 동력일 것입니다. 문제는 한국학의 질문 대상으로서의 '국가'나 '국민'이 아니라, 그러한 질문 자체를 가로막는 '국가'와 '국민'의 존재입니다.

한국학의 자의식적 질문을 가로막는 '국가'에 관해서는 앞에서 간단히 말씀드렸습니다. 이제 말씀드리고자 하는 것은 국가의 신체, 즉 국가주의를 실천하는 주체로서의 '국민'입니다. 잠깐 주위를 둘러봅시다. 현대한국은 (북한을 포함해서) '국민/민족'을 교리教理로 하는 일종의 신정국가theocratic nation라는 주장을 저는 오래전부터 기회 있을 때마다 해왔습니다만, 이 신정국가의 지배원리와 구조는 좀처럼 바뀔 것 같지 않습니다. 역사교과서를 국정화하겠다고 기를 쓰는 국가권력과 그것은 '친일독재'를 미화하는 것이며 '민족사의 정통성'을 흐리는 것이므로 반대한다는 '국민' 사이에는 무슨 차이가 있는 것일까요? 한국과 일본의 국가권력이 서로 손을 잡고 일본군 위안부 문제를 "해결"했다고 선언하는 것과 일본군 위안부를 '민족의 딸', '민족사의 참된 주인공'으로 호명하는 위안부 지원단체의 대표자가 그런 해결은 "국론 분열"이라고 비난하는 것 사이에는 무슨 차이가 있는 것일까요? 겉으로는 사생결단을 벌이는 듯한 이 싸움에서 실제로 유지-강화되는 것은 무엇이며, 반대로 약화-소멸되는 것은 무엇일까요? 중앙아시아로부터 발원한 인류 문명의 시조로서의 '한민족'의 영광을 되살려야 한다고 부르짖는 한국 민주화의 상징적 존재였던 시인과 "독도에 미사일을 설치"하여 "왜국 촌것들"을 "추상같이 다스리자"고 주장하는 한국에서 제일 많은 독자를 지닌 보수우익의 대표적 소설가 사이에는 또 무슨 차이가 있는 것일까요? '일제시대'라는 단어를 입력하는 순간 자동으로 그 단어를 '일제강점기'로 바꾸어버리는 한글 워드프로그램의 자동교정 시스템과 일제 식민지기를 '50년전쟁기'로 부를 것을 주장하는 한국사학자가 함께 그려내는 '한국사'는 어떤 것일까요? 일본군 소위 이상의 경력자를 '반민족 친일행위자'로 규정하는 국가의 법률 제정에 참여하는 동시에 동경 전범재판에서 B·C급 전범으로 처벌받은 조선 출신 일본군을 '전범 아닌 강제연행에 의한 피해자'로 규정하는 정부 결정에 참여하는 역사학자, 그리고 거기에 아무런 문제도 제기하지 않는 전문가집단, 존재하지도 않는 한반도의 '고대 제국'이나 '위대한 조선왕조'를 그리는 시대착오적 역사드라마, 침략자를 응징하는 독립투사나 민족 영웅을 그린 엉터리 영화들에 열광하는 '천만 관객'이 어울려 만들어내는 '한국인'의 자화상은 어떤 것일까요?

이 모든 사례는 한국이라는 신정국가의 국민화 = 신도화信徒化가 어느 수준에 이르렀는지를 여지없이 보여줍니다. 연령, 성별, 직업, 계층의 차이, 개인적, 사회적, 정치적 차이를 넘어서 이들을 하나로 묶어주는 강력한 근거는 앞서 말씀드린 바, 국가의 신체, 즉 국가주의를 실현하는 주체로서의 '국민'입니다. 한국 사회의 이데올로기적 갈등은 날이 갈수록 심화되어간다고 말해지고 있고, 어느 면에서 그것은 사실이긴 합니다만, 한편으로 갈등이 첨예해지면 질수록 더욱 강고해지는 것은 국민화의 기제mechanism입니다. 누가 더 국민적 대의에 복무하는가, 어느 것이 더 국가적 이익과 명예에 봉사하는 것인가, 누가 더 순결한 민족의 이미지나 자화상을 확보하는가, 어떤 것이 더 국민적 정체성과 자부심을 확립하는 길인가, 모든 갈등을 판가름하는 최종심급은 이런 것들입니다.

이 과정에서 사라지거나 잊히는 것들은 무엇일까요? 그리고 그것은 한국학의 탈구축과 무슨 관계가 있을까요? 제가 보기에, 종교화한 국민국가에서 가장 먼저 사라지는 것은 바로 민주주의 그 자체입니다. 호전적 애국주의jingoism나 집단적 국수주의가 민주주의와 공존할 수 없다는 것은 분명합니다. 민주주의의 약화는 '국민화'의 정도에 비례합니다. 오늘의 한국 사회에서 민주주의가 얼마나 형해화되어 있는가는 긴 설명을 필요로하지 않을 것입니다. 그리고 이것은 한국학 내지 인문학의 자기갱신 및 그 존립의 근거를 위협하는 가장 본질적인 요인이라고 저는 생각합니다.

대의제representative 민주주의가 어떻게 가능할 것인가 하는 문제는 재현representation의 불/가능성과 관련하여 오랫동안 논의되어온 해묵은 주제이긴 합니다. 그러나 제가 여기서 이 문제를 새삼스럽게 거론하는 이유는 그것이 다만 이론적 차원의 문제일 뿐 아니라, 지금 현재 한국의 구체적 현실 속에서 한국학 내지 인문학의 향방을 가늠하는 데에 핵심적인 사안이 되는 것이기 때문입니다. 국민국가의 체제 안에서 국민을 대표represent하는 기구로서의 의회와 정당 활동의 재현 불/가능성은 손쉬운 재현 가능성을 찾기 마련인데, 그것은 국민의 의사意思를 대리하거나 대표하는 것이 아니라, 거꾸로 국민을 만들어내고 그 의사를 독점하는 것, 즉 의사擬似재현, 혹은 전도된 재현의 양식을 택하는 것입니다. 언어나 예술의 재현 불/가능성도 이것과 정확히 유비됩니다. 진부한 통속예술이나 키치 물품들은 예술의 재현 불/가능성과 싸우지 않은 결과로 주어진 것입니다. 대의민주주의의 키치화 역시 그러합니다.

현재 한국에서의 민주주의의 형해화와 통속화는 기술의 발전과 매스미디어의 모세혈관적 침투에 힘입어 유례를 볼 수 없을 만큼의 극단적 형태로 나타나고 있는 듯합니다. 한국인으로서의 국민적 정체성을 확실하게 하고 그들의 국민으로서의 나르시시즘, 집단감상sentimentalism, 집단환각, 자기기만, 나아가 집단적 자기연민을 불러일으키는 내러티브나 퍼포먼스 없이 대의민주주의의 공간을 차지할 수 있는 정치세력이나 정당은 한국에서는 상상할 수 없습니다.[2] 그리고 국민국가의 시스템 안에서 살아가고 있는 한, 우리는 이런 현상 혹은 흐름을 공기처럼 들여마실 수밖에 없습니다. 제가 생각하는 한국학의 탈구축은 이런 흐름에 편승하고 순응하는 것이 아니라 저항하고 거스르는 것입니다. 그러나 앞에서 말씀드렸듯이, 그리고 우리가 오늘의 현실에서 생생히 목도하듯이, 사태는 어느 모로 보나 비관적입니다. 더구나 국민국가는 이런 흐름에 거스르는 존재들을 제거하고 청산하는 작업, 더 나아가서는 이런 존재들을 끊임없이 생산하고 밀어내는 작업, 그리고 이 존재들에 대한 증오와 혐오의 증폭을 통

2) 참고 삼아 하나의 장면을 소개하고 싶습니다. 2차대전 중 토마스 만은 미국으로 망명했고, 미국 정부는 그에게 미국 시민권을 부여하고 매우 오랜 기간 미국 국회도서관에서의 특별 강연의 기회를 제공했습니다. 그의 강연록은 20세기 유럽 지성의 면모를 엿볼 수 있는 소중한 기록이기도 합니다. 연합국 측의 승리가 분명해지기 시작하는 1943년에 행한 「전쟁과 미래」라는 강연에서, 그는 정치적-사회적 문제들에 대해 근본적으로 무관심한 독일인들의 심성적 결함이 국가사회주의의 지배를 가능하게 한 요인이었다고 말합니다. "사회적인 것 따위는 귀찮아. 내가 원하는 건 우리 민족의 동화folk fairy-tale야." 모든 정치적-사회적 문제를 신화 이야기 같은 것들을 통해 회피하고 해소하고자 하는 독일인들의 심성에 딱 들어맞는 대체물, 즉 현실 정치의 신화적 번역이 바로 국가사회주의였던 것입니다. 한편 다가오는 전후 민주주의의 시대를 바라보면서 토마스 만은 대중민주주의가 불러올 또 다른 폭력, 반지성적-야만적 사태를 경계합니다. 가장 높은 수준에서의 민주주의를 그는 '민중선동demagogy', 즉 대중의 '앙앙거리는 아우성flattering wooing of the masses'이 사라진 형태라고 말합니다. 이러한 사태를 그는 다음과 같이 간명한 비유로 표현하고 있습니다. "거리의 장삼이사가 베토벤의 등을 치면서 '안녕하슈? 노형!' 하고 수작을 부리는 게 민주주의가 아니다." (이것은 현재의 한국 사회에도 매우 적실한 지적이라고 생각합니다. 이 강연록은 한국어로 번역되지 않았습니다. 위 구절의 번역은 유종호 교수가 어떤 글에서 토마스 만을 인용하면서 한 번역입니다. 영어 원문의 밋밋함을 훌쩍 뛰어넘는 명번역의 사례로 기억할 만한 것이라고 생각해서 여기에 특기해둡니다. 'I do not consider it very democracy if little Mr. Smith or little Mr. Jones slaps Beethoven on the back and shouts: 'How are you, old man!'") Thomas Mann's Addresses Delivered at the Library of Congress 1942-1949, Library of Congress, Washington, 1963.

해서만 유지되고 통합되는 체제입니다.[3] 요컨대, 한국학의 대상으로서의 '한국'과 '한국인'은 동시에 한국학의 적敵입니다.

이 운명 앞에서 한국학은 어떤 자세와 방법을 취해야 할까요? '한국'과 '한국인'의 동질성과 경계를 확립하고자 하는 '국가'와 '국민'의 압력 아래, '비非국민'–'반反국가'의 존재를 드러냄으로써 한국학의 범주를 해체하려 하는 탈구축의 시도는 불가불 자기 자신을 지우면서 움직이는 모순, 일종의 '목숨을 건 도약'을 감행할 수밖에 없는 운명에 처해 있습니다. 한국학은 '한국학은 없다'는 것을 입증하는 과정인지도 모릅니다. 한국학을 하기 위해서 우리는 한국에서 한국으로 '망명'하는 존재, 한국에서 한국으로 '이민'하는 존재, 즉 한국 내의 '난민'이 되지 않으면 안 됩니다.

지난 20년간 저의 연구자로서의 삶은 그 운명을 감수하고자 한 삶이었습니다. 자신의 고향에서 가장 불편했던 이 삶은 그러나 이데올로기와 관습에의 안주가 주었던 편안함을 기꺼이 던져버릴 만한 가치로 충만한 것이었습니다. 그럴 수 있었던 것은 오직 이 자리에 참석해 계신 여러 동료들의 덕분이었음을 언제나 가슴 깊이 새기고 있습니다. 진심으로 감사와 존경의 말씀을 드리면서 두서없는 발표를 마칩니다.

---

3) 이 점에 관한 더 구체적인 논증은 이 책에 실린 다른 글, 「우리를 지키는 더러운 것들—오지 않은 '전후'」 참조.

'위안부', 그리고 또 '위안부'

2015년 11월 7일, 한국의 SBS TV는 위안부에 관한 다큐멘터리 프로그램을 방영했다. 그 내용의 일부를 잠시 주목해보자. 다음은 이 다큐멘터리에 나온 국가기관의 공문서다.

사업지침 세부계획

1. 등록 및 검진

　　보건소장은 위안부, 밀창密娼, 땐서, 접대부 등을 관계기관의 협조를 얻어 전원 보건소에 등록 조치하고 검진증을 교부한다.

2. 검진회수

　　1) 임질

　　위안부, 밀창　　　　주 2회

　　땐사　　　　　　　주 1회

　　접대부　　　　　　2주 1회

　　2) 매독

　　매독 혈청검사는 등록 당시와 그 후 3개월 1회(년 4회)

이 문서는 위안부들이 국가의 정기적이면서 집중적인 관리 아래 놓여 있던 존재라는 사실을 말해준다. 한편, 그 당시 위안부들의 거주 지역에 걸려 있던 다음과 같은 표어는 이 여성들의 성과 신체가 어떤 명목으로 국가에 의해 동원되고 있었던가를 간명하게 드러내고 있다.

"명심하자! 지금 우리의 마음씨, 몸차림, 행동이 그대로 민족의 흥망과 직결되어 있음을!"

그런가 하면 당시의 한 신문은 "민족의 흥망과 직결되어 있는 위안부"의 성과 신체, 그 존재의 이유를 더욱더 구체적으로 표현한다.

비록 몸은 위안부라는 명예롭지 못한 칭호를 달고 있지만 […] 군인들을 국가를 대신해서 위안해주는 데 대한 자부심을 갖고 국가의 위신을 지키자는 뜻 […]

그럴싸하게 포장된 이 국가이데올로기의 이면에 놓여 있는 것이 무엇이었는지는 이 위안부들을 관리하는 업무를 맡았던 한 전직 고위 관리의 다음과 같은 노골적인 증언에 의해 (물론 그의 의도와는 상관없이) 여지없이 폭로된다.

사기를 돋우어주기 위해 그런 소리를 한 거죠. 지금도 가끔 그런 사건이 일어나지만, 그땐 그 여자들이 있었기 때문에 사실상 불미스러운 일이 많지 않았죠. 만일 그런 여자들이 없었으면 (군인들이) 나와서 술 먹고 행패 부리고 아마 그런 일이 비일비재했을 겁니다.

이제는 늙은 할머니가 된 위안부들은 다음과 같이 증언한다.

박인순(가명): 어떤 여자가 […] 자기가 소개해준다고 나를 데려갔어. 그때 돈이 ○○○원, 팔려간 거야, 내가. 다 팔려온 거지, 소개소에서. 직업안내소에서 우리를 판 거지.

최경미(가명): 직업을 알선해주고 숙식을 제공한다는 직업소개소가 있더라고. 모르고 온 거지.

그러나 전직 관리는 위안부들의 자발성을 강조하고 강제동원을 부정한다.

이미 나올 때는 먹고 살기 위해서 나온 거고 또 어쩔 수 없이 상황이 그렇게 돼서 나왔는데 그걸 지금 와서 (왜 따지는지) (그 당시에) 스스로 그만두면 되는 거지. 강제동원된 게 아닌 자의에 의해서 행위를 했고 자의로 했으면 자기 스스로 그만두면 끝나는 거야.

증언에 따르면, 위안부들은 포주의 강요로 환각제를 먹어가면서 하루에도 수십 명씩의 군인들을 상대해야 했다. 그러나 한 포주는 모든 책임을 위안부들에게 돌린다.

갈취한 사람은 없었어요. 월급을 주고 그냥 술이나 한잔 팔아라. 몸 파는 건 자기 자유야. 방탕한 생활을 하니까 빚을 지는 거야.

물론 위의 말이 사실이 아님을 입증하는 말들, 즉 위안부들이 처음부터 헤어날 수 없는 빚의 굴레에 묶여 있었고, 일상적으로 포주와 군인들의 무자비한 폭력에 놓여 있었으며, 국가권력은 오히려 그들의 폭력을 방치하고 심지어는 조장하기까지 했다는 증거는 위의 포주와 관리의 몰염치한 증언을 덮고도 남을 만큼 많고 생생하다. 더 나아가, 이 다큐멘터리는 일반 시민의 출입이 금지된 거대한 규모의 군인 전용 매춘시설을 국가가 직접 설치하고 운영했다는 사실을 수많은 자료와 증언을 통해 밝힌다. 요컨대, 군 위안부와 위안시설을 창안하고 운영한 실질적 주체가 국가임은 부정할 수 없는 사실이며, 그 과정에서 수많은 위안부의 인권이 상상할 수 없을 정도로 유린되었음도 틀림없는 사실이다.

이 폭력의 일차적 가해자가 국가와 군임은 말할 것도 없지만, 취업사기 등을 통해 여성을 유인한 업자와 포주들, 위안부를 관리한 국가기구의 관리와 경찰들, 위안부의 성을 소비한 군인들 역시 가해의 책임으로부터 자유로울 수 없다. 위안부의 존재와 그들의 참상을 애국 이데올로기로 미화한 담론들과 그 담론의 주체들 역시 책임이 가볍지 않은 가해자이며, 무엇보다 이 일들을 외면하고 망각해온 모든 남성 및 여성 또한 가해자의 일부일 것이다.

그런데 이 다큐멘터리는 왜 이런 이야기를 새삼스럽게 문제 삼는 것일까? 위안부와 관련된 이런 이야기들은 모든 한국인에게 이미 너무나도 익숙한 하나의 상식이 아닌가? 그러나 이 다큐멘터리는 '일본군 위안부'가 아니라, 한국에 주둔한 미군 기지촌의 성매매 여성들, 한국 사회의 오랜 경멸적 호칭에 따르면, '양공주'들에 관한 것이었다. 이 다큐멘터리는 대한민국 정부가 2000년대 초반까지도 경기도 곳곳에 '성병 관리소'(일명 '몽키하우스')를 운영하면서 기지촌의 여성들을 강제감금하고 성병 치료의 명목으로 온갖 인권유린을 자행한 사실, 그 운영의 목적이 미군에게 '깨끗한 성'을 제공하기 위한 것이었다는 사실, 1961년에는 국가가 주도하여 전북 옥구군에 일반 시민의 출입이 통제된 거대한 미군 전용의 매춘도시 "주식회사 옥구 아메리카타운"을 건설한 사실, "달러 획득을 위한 국가사업"으로 기획된 이 매춘도시가 1999년까지도 "미군을 위한 최상의 서비스"를 제공하고 있었다는 사실 등을 비춰준다. 그러니까 위의 다큐멘터리에서 '국가'는 '대한민국', '군인'은 '미군'을 가리키는 것이다.

그러나 엄밀히 말하면, 이 사실들은 특별히 새삼스럽거나 새로운 것은 아니다. 해방 이후 지금까지 남한 곳곳, 특히 경기도 파주, 오산, 의정부, 동두천 일대, 그리고 전북 군산 일대의 숱한 기지촌과 '양공주'에 관한 이야기는 이 다큐멘터리가 아니더라도 한국인들이 일상에서 자주 듣고 보아온 것이기 때문이다. 그러면 무엇이 이 다큐멘터리를 기왕의 기록들과 다른 것으로 만드는 것일까? 이 글의 첫머리에 인용한 정부 문서는 1974년의 「전염병 관리 사업지침」이라는 문서인데, 여기서 한국 정부는 미군 기지촌의 여성들을 "위안부"로 지칭하고 있다. 이 다큐멘터리에 따르면, 1980년대까지 한국 정부는 미군 기지촌의 성매매 여성들에 대해 '위안부'라는 용어를 사용했다. 또 다른 기록에 따르면, 1990년대 중반까지 한국의 대중매체는 이 여성들을 '위안부'라는 명칭으로 불렀다.[1]

　문제는 여기서부터 발생한다. 군의 사기 진작과 민간인에 대한 성범죄 예방을 목적으로 하층 여성들을 직업적 매춘 시스템으로 동원하는 정책적 수단, 성병의 만연에 따른 전력 손실을 방지하기 위한 국가의 강력한 통제와 위생 관리 시스템, 국가 공권력의 치외법권적 보호와 지원 아래 여성들을 유인하고 성노예적 상황으로 내모는 민간업자들의 존재, 위안부의 희생을 '애국행위'로 미화하는 갖가지 담론들, 문제가 되면 책임을 회피하고 부정하는 관리와 업주의 모습—분명히 어디선가 본 듯한 이 기시감은 다큐멘터리의 전반부에서는 분명하게 밝혀지지 않는다. 다큐멘터리의 후반부에서 정부의 공식문서, 기지촌 여성들의 성병 치료에 종사했던 간호사의 증언 등을 통해 이들이 '위안부'로 지칭되었던 사실이 드러나는 순간, 시청자는 그 기시감이 바로 '일본군 위안부'에 대한 기존의 인식으로부터

1)　소정희,「교육받고 자립된 자아실현을 열망했건만: 조선인 '위안부'와 정신대에 관한 '개인중심'의 비판인류학적 고찰」, 박지향, 김철, 이영훈, 김일영 엮음, 『해방전후사의 재인식』, 책세상, 2006, p. 451.

나온 것임을 확인하게 된다. 그와 동시에 시청자는 남한 국가의 미군 기지촌 '양공주'와 식민지 조선의 '일본군 위안부'가 지닌 구조적 동질성, 즉 "양공주=미군 위안부=일본군 위안부"의 등식을 자연스럽게 떠올리게 된다. 더 나아가 '일본군 위안부'와 비교해 볼 때, 미군 기지촌에서의 매춘시설의 운영과 관리에 대한 남한 국가의 직접적 개입과 그 책임의 정도는 (무려 40년 이상의 시간을 감안하면 더욱) 이론의 여지가 없는 것으로 보인다.

그러나 이 다큐멘터리는 '일본군 위안부'에 대해서는 단 한마디도 언급하지 않는다. "미군 위안부=일본군 위안부"라는 것을 직접 거론하기가 두려웠던 것일까? 아니면 부정하기 위한 것이었을까? 설사 그렇다 하더라도, 아니 그렇다면 더욱더, 나는 미군 기지촌 여성들의 인권유린을 폭로-고발하는 기존의 어떤 기록들보다 이 다큐멘터리의 중요성이 있다고 생각한다. 요컨대, 이 다큐멘터리는 미군 기지촌의 성매매 여성들과 '일본군 위안부'의 동질성을 자연스럽게 연상하도록 했고, 그럼으로써 '일본군 위안부'에 대한 국민적 상식과 그 표상 방식에 심각한 균열을 일으켰던 것이다.

그러나 이 다큐멘터리는 어떠한 사회적 논의도 끌어내지 못했다. 이 사실은 위안부를 둘러싼 한국 사회의 담론구조의 기형성을 잘 보여주는 것이기도 하다. 만일 이 다큐멘터리가 '일본군 위안부'에 관한 것이었다면 사태는 백팔십도 달랐을 것이다. 놀라운 점은 바로 그것이다. '일본군 위안부'라는 단어가 발화되는 순간 한국 사회를 달구는 인화성引火性의 정도는 '미군 위안부'의 경우에는 전혀 해당되지 않았던 것이다. 그러니까, 한쪽에는 미군 기지촌 위안부들에 대한 무관심, 무지, 무시, 경멸, 조롱, 냉대, 차별, 외면, 망각이라는 차갑기 이를 데 없는 태도가 있고, 다른 한쪽에는 '일본군 위안부'를 "참된 한국 민족사의 주인공"[2]으로 표상하는 뜨거운 열정과 흥분이 있는 것이다. 이래도 되는 것일까? '이 위안부'와 '저 위안부'에 대한 이 구별 및 차별은 어디에서 연유하는 것이며, 그 의미는 무엇일까?

이 질문이 얼마나 '위험'하고 '불경스러운' 것인가는 최근의 『제국의 위안부』 사태가 너무나 생생히 보여주고 있다. 나에게 중요한 것은 그 책의 내용이라기보다 그것을 둘러싸고 벌어진 한국 사회의 이러저러한 행태이다. 대체 우리 사회의 이른바 공론장 혹은 학술장이란 것은 무엇이며, 어떻게 존재하는 것일까? 그런 것이 대체 있기나 한 것인가, 의문스럽기조차 하다. 박유하 교수는 일본군 위안부라는 인화성 높은 이슈를 다루는 데에, 미군 위안부를 운영한 남한 국가의 모습을 드러내면서 일본군 위안부에 대한 언급을 단 한마디도 하지 않은 다큐멘터리의 제작자들처럼 조심스럽지도 영악하지도 못했다. 그러나 일본군 위안부를 "민족의 딸", "민족사의 주인공"으로 표상하는 내러티브야말로 이 문제에 대한 이해와 해결 방식을 뒤틀어버린 가장 중요한 원인이었다고 생각하는 나에게는, 이 다큐멘터리의 제작자들과 박 교수가 비슷한 지점에 서 있는 것처럼 보이고, 동시에 '미군 위안부'에 대한 철저한 사회적 무감각과 '일본군 위안부'를 다룬 박 교수의 책에 대한 광기 서린 반응이라는 분열적 이중성이야말로 현재 한국 사회의 공론장의 부재 혹은 그것의 비정상성을 한눈에 드러내는 사례처럼 보이기도 한다.

무엇을 할 것인가? 뾰족한 수가 있을 리 없다. 말을 업으로 삼는 자들이 할 수 있는 일은 결국 말을 하는 것밖에는 달리 방법이 없는데, 말이 욕이

---

[2] "'그녀들이야말로 참된 한국 민족사의 주인공이다'라고 한 윤정옥의 지적은 위안부 문제의 본질…", 후지나가 다케시藤永壯, 「상하이의 일본군 위안소와 조선인」, 위의 책, P. 302.

나 독이 되지 않으려면 오래 기다리고 오래 헤매야 한다는, 매우 진부하고 볼품없는 깨달음을 최근의 사태를 보면서 다시 깨달았다고나 할까. 머리에 석회가 잔뜩 낀 삼류 이데올로그들의 정수리에 침을 꽂는 것으로 자신의 시대와 불화했던 지성들, 예컨대 김수영, 최인훈, 혹은 고바야시 히데오小林秀雄 같은 인물들을 다시 만날 수 없는 우리 시대의 불운이 서글프고 나 자신의 맹목과 아둔함에 쓸쓸함을 금할 수 없다. 내가 혹은 우리가 할 수 있는 것은 결국 이런 유의 말더듬, 혹은 중얼거림 정도일까? ……. 그럴지도 모른다.

저항과 절망

—주체 없는 주체를 향하여

1.

오래전에 썼던 한 글에서, 저는 다케우치 요시미가 루쉰에 관해 말하는 가운데 "구원하지 않는 것이 노예에게는 구원"이라고 말한 대목에 기대어, 우리 시대의 '절망'과 '저항'에 대해 생각해본 적이 있습니다.[1] 노예가 노예임을 자각하지 못하고 계속해서 해방의 꿈을 꾸도록 하는 것이야말로 노예를 '구원하는 것이면서 동시에 구원하지 않는 것'이라는 다케우치의 통찰은, 물샐 틈 없이 강화된 탈식민지 국민국가의 나날을 영위하고 있는 우리들에게도 여전히 무겁게 다가옵니다. 노예가 해방에의 환상을 버리고 자신이 노예임을 자각하는 것, 구원의 길은 어디에도 없다는 '절망'과 마주서는 것만이 구원의 길이다. 그러므로 저항이란, 찬란한 해방의 꿈에서 깨어나 깜깜한 암흑의 절망 속으로 한 발 나아가는 것, 즉 절망을 행동화하는 것이다. 이것이 다케우치 요시미의 루쉰 독해입니다.

여기서 절망의 반대어는 '희망'이 아닙니다. 절망의 반대어는 '환상'입니다. 모두 아시다시피, 라캉 역시 그렇게 말합니다. 우리가 살아가고 있는 이 현실은 라캉식으로 말하면, 상징계, 즉 욕망이 펼쳐지는 환상의 스크린입니다. 이 환상의 스크린을 찢고 그 틈새를 드러내는 것 혹은 횡단하는 것이 이른바 실재the Real와 만나는 것입니다. 요컨대, 다케우치의 '절망'은 라캉의 '실재'입니다. 라캉에 따르면, 실재는 우리가 만질 수도 볼 수도 없는 공포와 고통 그 자체입니다. 해방의 꿈에서 깨어난 노예 역

---

[1] 김철, 「저항과 절망」, 한일연대21 엮음, 『한일 역사인식 논쟁의 메타히스토리』, 뿌리와이파리, 2008. 이 글의 일본어 번역은 小森陽一·崔元植·朴裕河·金哲(編), 『東アジア歴史認識論争のメタヒストリー』, 青弓社, 2008 또는 金哲, 『抵抗と絶望―植民地朝鮮の記憶を問う』, 大月書店, 2015.

시 "인생에서 가장 고통스러운" 순간을 맞습니다. 이 공포와 만나는 것이야말로 절망, 즉 실재와 마주서는 것입니다. 이 공포를 견뎌내지 않으면 노예는 영원히 노예입니다. 그러나 현실의 우리는 언제나 실재와의 대면을 회피하고 환상을 유지하기 위해 모든 노력을 다하고 있습니다. 우리가 노예가 아니라고 말할 수 있을까요? "절망의 행동화가 저항"이라는 다케우치의 명제는 어떻게 이해될 수 있을까요? 피식민자의 저항은 이 명제에 비추면 어떤 것이 될까요?

2.

식민지의 삶을 오로지 '저항'과 '투쟁'의 관점으로만 기억하는 것은 오늘날 모든 한국인에게 보편화된 이해방식입니다. 40년에 가까운 식민지의 시간을 살았던 수많은 조선인들의 삶은 오직 일본 제국주의와의 투쟁의 정도에 따라 그 의미를 부여받습니다. 독립된 국민국가의 건설이라는 최종 목표를 향한 민족적 수난과 저항의 역사만이 유일하게 기억되어야 할 과거이며, 식민 지배자와 협력한 굴종과 배신의 삶은 영원히 제거되고 청산되어야 한다는 인식은 정치적 이념의 좌우, 전문적 학자나 보통 시민의 경우를 불문하고, 오늘의 한국인들에게는 엄격한 사회적 율법으로 공유되고 있습니다.

그런 의미에서 일제시대[2]는 탈식민지 한국을 일종의 종교사회로 구

---

[2] '일제시대'라고 자판을 치는 순간, 한글프로그램의 맞춤법 자동교정기는 이 단어를 '일제강점기'로 바꿉니다. '일제강점기'라는 용어의 부적절함에 대해서는 다른 글에서 여러 번 지적했기 때문에 여기서는 생략하고자 합니다. '일제시대'라는 용어를 '일제강점기'로 자

성하는 기원이면서 모든 한국인을 하나의 종교적 신념으로 동질화하는 가장 큰 동력이기도 합니다. 항일무장투쟁의 신화로 감싸인 북한, 침략자를 응징하는 독립투사나 민족 영웅의 무용담을 그린 영화가 1000만 명의 관객을 동원하는 남한 사회에서 저항하지 않고 살아갔던 '비겁자들'의 삶과 죽음은 발화될 수 없습니다. 그런데, 제가 좋아하고 존경하는 도미야마 이치로冨山一朗 씨는 그의 저서 『폭력의 예감』 서문에서 〈적기가赤旗歌〉의 한 구절에 나오는 '비겁자들', 즉 '겁쟁이'에 주목합니다. "겁쟁이의 신체에는 상처, 혹은 상처와 관련된 상상력이 흘러넘친다. 이 상상력을 확장시키는 것이 바로 역사나 사상을 생각하는 작업"이라고 그는 말합니다. 제가 오늘 말씀드리고자 하는 것도 바로 이 '겁쟁이들', 그리고 그들의 신체 속에 새겨진 어떤 상상력, 혹은 주체성에 관한 것입니다.

방금 말씀드린 바와 같이, 내셔널리즘을 원리로 하는 신정국가로 화한 한국에서의 삶은 민족-국민주체로 회수되지 않는 한, 어떤 주체성, 어떤 역사성, 어떤 사회성도 갖지 못합니다. 저의 머릿속에 금방 떠오르는 한두 가지 사례를 우선 말씀드리겠습니다. 2002년 서울 월드컵에 열광하는 젊은이들을 보고 한국의 한 대표적인 진보인사는 역시 한 대표적인 진보신문에 다음과 같이 썼습니다. "오늘의 젊은이들은 개인주의자들이어서 건강하고 성실한 공동체 의식을 발견하기 어렵고, 전쟁이라도 나면 전쟁터로 뛰어갈 젊은이가 몇이나 될까 걱정하는 이도 있다. 그러나 '붉은 악마'는 그들의 핏속에 여전히 민족과 국가라는 유전적 인자가 자리잡고 있음을 보여주었다." 그런가 하면, 2005년에 '독도' 문제로 사회 전체가 또다시 엄청난 흥분상태에 빠졌을 때, 한국에서 가장 많은 독자를 확보하고

동으로 바꾸는 이 시스템의 등장은 식민지 기억에 관한 한국 사회의 사회적 율법이 어느 정도로 고착-강화되었는가를 보여주는 하나의 사례일 것입니다.

있는 대표적인 두 소설가는 그들의 상이한 정치적 입장(아마도 그중 한 명은 우파를 대표하고, 다른 한 명은 좌파를 대표한다고 말해지겠지요)과는 달리, "독도에 미사일을 설치하자", "일본과의 전쟁을 불사하자"라는 무시무시한 주장을 한국 최대의 언론매체들을 통해 펼치기도 했습니다. 이 발언에 대해 항의한 사람은 물론 아무도 없습니다. 항의는커녕 아마도 대중의 갈채를 온몸에 받았을 것입니다. 한국에는 이런 지식인들, '민족의 제단 앞에 선 제사장祭司長', '민족 무당shaman'이라고 부를 만한 예술가, 학자들이 흘러넘칩니다. 이런 사회에서 식민지에 대해 사유한다는 것, 식민주의에 대한 저항을 모색한다는 것, 역사와 사상에 대해 말한다는 것은 그 자체로 절망을 안고 시작할 수밖에 없는 것이기도 합니다.

3.

조선에 대한 일본 제국주의의 식민지 지배를 생각할 때, 우리는 지배자/가해자로서의 일본 및 일본인, 그리고 피지배자/피해자로서의 조선 및 조선인을 자연스럽게 설정합니다. 현대의 한국인이나 일본인은 거의 모두 이런 전제, 즉 자신을 어느 한쪽의 '국민'으로 주체화한 지점에서 과거의 역사를 대면합니다. 그런데 저에게는 이것은 뭔가 대단히 이상한 사고방식, 뭔가 심하게 뒤틀린 관점으로 보입니다. 지배자/가해자로서의 일본(인) 및 피지배자/피해자로서의 조선(인)이라는 구도는 사실이 아니라고 말하는 것이 아닙니다. 그 지배/피지배, 가해/피해의 경험을 '국민적 주체'의 이름으로 말하는 행위, 그리고 그 행위가 연속시키는 식민주의, 혹은 또 다른 폭력의 가능성에 대해 생각하고 싶은 것입니다.

그런 점에서 "일본의 식민지 지배에 대해 일본 국민을 대신하여 한국 국민에게 사죄한다"라고 말하는 일본의 유명한 정치인, 학자, 작가, 예술가 등의 한국 방문 인터뷰 기사를 접할 때마다 저는 심한 위화감을 느끼곤 합니다. 이 사과를 통해서 그 일본인과 저는 각각의 '국민'으로서 사과를 주고받는 행위 속에 참여하게 됩니다. 이것이 저의 위화감의 근본입니다. 동시에 이런 발언을 하는 '양심적 일본인'의 존재를 통해서 그렇지 않은 일본인, 즉 '나쁜 일본인'의 존재가 표상됩니다. 당연히 이 과정은 하나의 거울이 되어 '좋은 한국인'과 그렇지 못한 한국인, 즉 '친일파'를 만들어냅니다. 짐작하셨겠지만, 저는 지금 '사과'에 대해 말하는 것이 아닙니다. 사과를 주고받는 행위, 또는 증오를 주고받는 행위를 통해 더욱더 공고해지는 국민적 정체성, 그리고 그것을 통해서 완전히 닫혀버리는 어떤 상상력에 관해 말하고자 하는 것입니다.

얼마 전에 어떤 자리에서 위와 같은 말을 했다가 한 청중으로부터 분노에 찬 항의를 받은 적이 있습니다. 그 요지는 "국가 대 국가의 문제를 '개인'의 관점으로 이해해서는 안 된다. 이것은 사적私的으로 접근할 문제가 아니다. 개인주의로는 국가나 민족 문제를 해결할 수 없다"라는 것이었습니다. 시간이 없어서 그 자리에서는 답변하지 못했지만, 이런 항의는 실제로 많은 한국인들(그리고 아마도 일본인들)의 인식(혹은 오해)을 대변하고 있다고 저는 생각합니다. 그때 미뤄졌던 답변을 오늘 이 자리에서 해볼까 합니다. 우선 저는 국가 혹은 국가를 대표하는 정부 차원의 '공식적' 사과나 책임이 불필요하다고 말하는 것이 아닙니다. 다만 그것이 전부가 아니라는 것, 더구나 국가나 정부의 사과에 '진정성'을 요구하는 것은 불가능한 것이며 그런 요구 자체가 '진정성'을 결여한 것이라는 것, 따라서

그런 불가능한 일에 힘을 쏟을 필요는 없다는 것만은 말하고 싶습니다.[3]

한편, 저의 주장을 '개인주의적'이라고 비판하는 것도 매우 큰 오해입니다. 근대 민족-국가의 탄생에 관한 약간의 지식만 있어도 이렇게 말할 수는 없겠지요. 봉건적 속박으로부터 풀려난 자유인으로서의 '개인', 자본주의 행위 주체로서의 '사인私人'의 출현 없이 민족-국가의 성립은 불가능하다는 사실에 비추어 보면, 민족-국가는 개인 및 사적인 것과 동일체입니다. 그것들은 서로를 구성하는 필수적인 요소입니다. 요컨대, '개인'이나 '사적인 것'은 민족이나 국가와 대립하는 것이 아닙니다. 민족-국가와 대립하는 것은 오히려 '공적인 것', 즉 '공공성'의 영역입니다. 따라서, 민족-국가의 시스템에 저항하는 것은 '공적인 것'의 추구이며 '공공성'을 실현하는 것입니다.

---

3) 오해를 피하기 위해 다시 한번 덧붙이자면, 저는 국가나 정부에 책임을 묻는 일의 의미나 중요성을 폄하하는 것이 아닙니다. 그것이 중요한 만큼 동시에 '사과'나 '용서', '화해' 등과 관련된 더욱 깊이있는 성찰도 중요하다는 것입니다. 피해자가 가해자에게 '사과'를 요구한다는 것은 무슨 의미일까요? 피해자가 '사과'나 '용서'를 입에 올릴 때, 거기에는 증오심이나 복수심만으로 뭉친 상태로부터의 탈피, 깊은 트라우마로부터 벗어나고 싶은 피해자 자신의 간절한 마음이 투영되어 있는 것입니다. 이러한 마음의 상태, 혹은 마음의 변화에 이르지 않고는 '사과'나 '용서'라는 단어조차 발설될 수 없습니다. 따라서 '사과', '용서', '화해' 등을 피해자가 말할 때, 그것은 어떤 점에서는 가해자를 향한 것이라기보다는 피해자 자신이 하나의 주체로서 스스로 자기회복의 길을 향해 나아가기 시작했다는 신호이기도 합니다. 요컨대 '사과'나 '용서'는 상대방을 향한 것이라기보다는 자기 자신에게 내미는 손길인 것입니다. 당연한 말이지만, 가해자의 입장에서도 사과를 하기 위해서는 우선 자신이 타자에게 심대한 고통을 주었다는 자각, 그리고 그 자각에 따른 양심의 가책 같은 것이 일어나야 하고, 이것은 계기가 어떤 것이든 간에 전적으로 자발적인 것이어야 합니다. 따라서 '사과'는 피해자를 위무한다는 차원을 넘어 가해자 자신의 주체적 변화를 초래하는 것이며 또 그래야 하는 것입니다. 이처럼 사과나 용서란 피해자와 가해자 쌍방의 주체성의 변화, 혹은 고양이라는 새로운 국면을 전개시키는 것이어야 한다고 생각합니다. 그리고 당연히 이것은 국가나 정부, 혹은 그 누군가가 대신해줄 수 있는 것이 아닙니다. 법적-정치적-국가적 차원에서 식민 지배의 책임을 묻고 해결하려는 노력들에 이러한 사과와 용서의 근본적인 인간적 성찰이 수반되지 않음으로써, 오히려 더욱더 깊은 혐오와 증오를 반복적으로 재생산하는 현실은 오늘의 한일관계에서 자주 목격할 수 있는 것입니다.

4.

일제 식민지 시대와 관련한 여러 문제들, 예컨대 '친일파 청산' 문제, 위안부 문제, 독도 문제 등을 둘러싼 한국 사회에서의 숱한 소모적 논쟁들이 수십 년 동안 똑같은 회로를 맴돌면서 언제나 강고한 국민주체의 재확인으로 귀결되고 마는 것은, 가해/피해의 문제를 발화하는 장소, 그리고 그것을 발화하는 주체가 오로지 '민족', '국가'만으로 고정되는 한 필연적인 일입니다. 하나만 예를 들어볼까요? 1992년 한국 정대협의 발족선언문은 일본군 위안부 피해자를 "민족의 딸"로 호명하고 있습니다. 그리고 이 호명과 이 호명을 기반으로 하는 위안부 문제에 대한 인식구조 및 운동의 방식은 지금까지 전혀 변하지 않았습니다. 아니 오히려 더욱 강화되었습니다. 한 국민국가의 폭력의 피해자를 또 다른 국민국가의 주체로 소환함으로써 피해자의 삶과 명예를 회복한다는 동어반복적 회귀回歸가 지니는 모순, 그리고 그 모순이 초래할 수도 있는 피해자에 대한 또 다른 억압은, 가해/피해의 문제를 오로지 민족-국가의 층위로만 고정시키는 내셔널리즘의 사고 속에서는 결코 자각될 수 없습니다.

더욱 문제적인 것은, 이 민족주체가 다른 주체 형성의 가능성, 다른 발화의 지점들을 끊임없이 억압하고 제거한다는 점입니다. 2000년대 이후 한국 사회에서 더욱 고조된 친일파 청산 운동은 이단자異端者를 숙청하고자 하는 사회적 위생 관념을 국가권력의 힘으로 실행하고자 한다는 점에서, 그 이전의 친일청산론과는 질적으로 구별되는 퇴행적 모습을 드러내고 있다고 저는 생각합니다. 과거의 이단자뿐 아니라, 현재의 이단자들, 즉 과거와 다른 방식으로 만나고자 하는 현재의 이단자들을 국가권력의 힘을 통해 응징하고 제거하려 하는 내셔널리스트들의 폭력에 대해, 이른바 자유주의적 학자나 진보적 지식인들마저 방관하거나 심지어는 조장하기까지 하는 현실은, 어떻게 국민적 주체로의 길을 거부하면서 국가와 민족의 폭력에 저항할 수 있는가 하는 근본적인 질문을 우리에게 제기합니다.

5.

두말할 것 없이, 주체니 국민이니 하는 것은 환상이며 허구에 지나지 않습니다. 그렇다고 해서 그저 부질없는 환상이니까 정신만 차리면 아무 문제 없다는 식의 이야기는 더욱 아닙니다. '나'라고 하는 것은 '국민'이니 '주체'니 하는 환상 속에 살아가는 꿈 꾸는 노예입니다. '주체'는 환상이지만, 그러나 '나'는 또한 어떤 식으로든 '주체'가 아니면 안 됩니다. 요컨대 '주체'의 환상에서 깨어나는 순간 '나'는 다시 '나'를 '주체'로 세우지 않으면 안 됩니다. 이것은 절망의 반복이며, 이 절망을 끊임없이 반복하는 것 외에 인생에서 다른 길은 없습니다.

노예의 주인이라고 해서 사정이 다른 것은 아닙니다. 널리 알려진 테제에 따르면, 노예가 없으면 주인도 없습니다. 주인은 노예에 의지한다고 하는데, 그 말은 제가 보기에는 주인은 노예의 환상에 의지한다는 뜻입니다. 즉, 주인의 환상은 노예의 환상에 의지한다는 말입니다. 다시 말해, 피식민자의 해방에의 꿈이 없으면 식민자의 주인 노릇도 없습니다. 역사적 사실들을 살펴보면, 식민자가 주인 노릇을 하기 위해 가장 필요로 하는 존재는 '저항하는 노예'임을 알 수 있습니다. 그것도 아주 거세게 조직적, 집단적으로 저항하는 노예들, 즉 능동적-주체적 저항자들입니다. 이들이야말로 주인을 주인이게 하는, 주인과 노예의 경계를 분명하게 해주는 존재들입니다. 피비린내나는 진압, 그에 맞서는 처절한 투쟁과 희생의 역사는 주인과 노예의 주체성을 확립하는 절대적 근거입니다.

반면에 주인이 가장 불안해하고 두려워하는 존재는 저항하지 않는 자들, 환상을 버린 자들, 주체이기를 포기한 자들, 즉 '겁쟁이', '변절자', '배신자', '정체불명자' 같은 존재들입니다. 그들이 어떤 힘을 지녔기 때문이 아니라, 아무 힘도 없기 때문에, 그들이 고귀하고 용감해서가 아니라, 약하고 비열하고 더럽기 때문에 두려운 것입니다. 그들에게서 깊이 억압해온 자기 자신의 모습이 보이기 때문에 불안한 것입니다. 그리고 그 순간, 주인과 노예의 경계가 흐릿해집니다. 그 더러운 존재들로 인해 환상의 스크린이 날카롭게 찢기면서 공포스럽기 이를 데 없는 실재가 눈앞에 드러나는 순간 주인은 두렵고 불안한 것입니다.

주체가 되지도 못한 이 겁쟁이들은 "경계를 모호하게 하는 자들", 크리스테바의 용어를 따르면 앱젝트입니다. 민족국가의 총체화-동질화의 압력에도 불구하고 수습되지 않는 존재들, 말끔하게 마름질된 체제의 벽에 묻어난 희미한 얼룩들, 보일 듯 말 듯한 구멍 같은 것들, 있는 것도 아니고 없는 것도 아닌 이 존재들의 웃는 듯 우는 듯한 알 수 없는 표정들, 말이 되지 못한 말들, 웅얼거림, 투덜거림, 빙글거림, 짧은 욕설들, 뒤에서 침 뱉기…. 식민지의 역사와 사상을 말하기 위해서 우리는 이 존재들에 주목해야 하며, 그들의 희미한 움직임, 무심한 몸짓들, 사소한 소리들에 집중해야 합니다.

6.

마지막으로, 민족 혹은 국민으로 회수되지 않으면서 어떻게 민족-국가의 과거에 대해 말하고 책임을 물을 것인가, 또는 책임을 질 것인가, 하는 문제에 대해 간단히 저의 생각을 말씀드리겠습니다. 얼핏 보면 자신이 속한 민족-국가의 과거에 대해 그 구성원으로서, 즉 민족 혹은 국민으로서 말하는 것은 매우 당연한 일처럼 보입니다. 그러나 앞에서 말씀드렸듯이, 그것은 민족-국가가 저질렀던 폭력에 대한 본질적인 책임 추궁이라기보다 오히려 그 폭력의 주체를 다시 강화하고 거기에 의지하는 결과로 이어지기 마련입니다. 가해자든 피해자든 그러합니다. 그러니까 민족 혹은 국민 주체의 입장에서 과거와 대면하고 책임을 묻는 것은 그 강력하게 동질화된 집단주체의 환상을 통해 폭력의 실체를 가리는 것, 즉 일종의 책임 회피에 다름 아닌 것입니다.[4]

그렇다면 무엇을 어떻게 할 것인가? 다시 도미야마 씨를 인용해 말하

---

4) 최근의 주요 담론 중의 하나는 이른바 '식민지배 불법론', 혹은 '한일합방 불법론' 같은 합법/불법 논쟁입니다. 저는, 식민지배, 그리고 그 중요한 범죄행위의 하나인 위안부 동원을 "불법이 아니었다"라는 식으로 합리화하는 부정론자들의 논리에 맞서서 그것이 "불법"이었음을 입증하기 위해 노력하는 담론들은 때로 부정론자들의 프레임 속에 갇히는 결과를 가져오는 것이 아닌가, 하는 의문을 갖고 있습니다. ('불법'임을 입증할 수 없다는 뜻이 아닙니다.) 그것은 "위안부는 매춘부였기 때문에 국가나 정부에 책임이 없다"라는 부정론자들의 주장에 맞서, "매춘부가 아니었다"라고 주장하는 것과 같은 구조입니다. 부정론자들의 주장은 "매춘부가 아니었다"라는 것으로 논박되는 것이 아니라, 우에노 지즈코上野千鶴子 씨가 일찍이 간파했듯이, "매춘부였다면 그렇게 되어도 괜찮다는 말이냐"는 논리에 의해 해체되어야 합니다. 마찬가지로, 식민지배나 한일합방은 "불법이 아니었다"라는 주장에 "불법이었다"라는 증거나 주장을 들이미는 것은, 때때로 불법/합법의 프레임을 강화함으로써 부정론자들의 입지점을 더욱 공고히 해주는 결과를 낳는 것이 아닌가, 하는 우려를 저는 갖고 있습니다. 따라서, "불법이 아니었다"라는 주장에 대해서는, "불법이 아니었다면, 아니었기 때문에 더 큰 범죄다"라고 말하는 것이 이 프레임에 갇히지 않으면서 이른바 합법론을 분쇄하는 유효한 논리가 아닐까 생각합니다만, 여러분의 의견은 어떤지 듣고 싶습니다.

면, 우리는 "죽은 자를 대신해서 말하는" 국민적 기억에 맞서서 "죽은 자가 스스로 말하는" 다른 기억의 양식을 만들어내야 합니다. 민족사나 국사를 비롯한 모든 공식적 역사기록, 기념물, 기념의례와 행사, 요컨대 모든 국민적 기억의 서사들은 매끄럽게 연결되어 있고 수미일관하며 의미로 충만합니다. 주디스 허만Judith Herman의 용어에 따르면, 이런 기억은 '서사적 기억'입니다. 분명한 것은 '서사적 기억'으로는 죽음과 폭력의 상처는 치유될 수 없다는 사실입니다. 국민의, 국민에 의한, 국민을 위한 질서정연한 통사적統辭的-통사적通史的 서사는 기억을 박제화하고 망각을 유도합니다. '서사적 기억'의 질서정연한 언어들이 이 기억과 망각의 변주곡을 연주하는 한, 죽음의 기억들은 영원히 은폐되고 폭력은 종식되지 않습니다.

허만은 이러한 '서사적 기억'에 대응하는 '트라우마적 기억'에 대해 말합니다. '트라우마적 기억'에서 기억은 형식을 갖추지 못합니다. 그것들은 예기치 않은 순간에 터져나오고, 맥락과 상관없이 발화되고, 따라서 자주 끊깁니다. 말들은 더듬거리고, 중얼거리고, 흐느낌, 한숨, 비명, 절규, 욕설 등으로 뒤덮이고, 의미는 불확실하며 불투명합니다. 이 비통사적非統辭的-비통사적非通史的 발화 속에서 죽음과 학살의 고통은 비로소 얼굴을 내미는 것입니다. 이 기억, 이 고통과 마주서지 않는 한, 우리는 과거를 만날 수 없고 넘어설 수도 없습니다. 겁쟁이, 배신자, 변절자, 정체불명자, 이도저도 아닌 자, 어떤 주체도 되지 못하는 앱젝트, 우리가 그들의 외마디 소리, 웅얼거림, 투덜거림, 한숨, 욕설, 횡설수설에 주의 깊게 귀를 기울이고, 그들의 불투명하고 불온한 몸짓에 주목해야 하는 이유는 거기에 있습니다.

기억이 그러하다면, 과거에 대한 책임 역시 국민의, 국민에 의한, 국민을 위한 책임이 아닙니다. 책임=responsibility이란, 아시다시피, 응답=response의 능력=ability입니다. 과거에 대한 책임은 그러므로 과거에 대해 응답하는 것입니다. 그런데 과거란 무엇입니까? 과거는 우리가 알 수도 없고 소유할 수도 없는 절대적 타자입니다. 레비나스Emmanuel Levinas식으로 말하면, 타자에 대한 책임이 곧 윤리이며 따라서 과거에 대한 책임은 윤리적 행위에 속하는 것입니다. 그리고 윤리적 행위인 한, 그 행위의 주체가 국민일 수는 없습니다.

인간은 과거, 즉 역사의 결과이며 흔적입니다. 나의 주체성은 이 흔적으로 구성된 것입니다. 타자로서의 과거, 즉 역사는 나의 주체성 및 육체성의 기반입니다. 물론 이때의 나는 개인으로서의 나, 혹은 국민으로서의 나가 아니라 절대적 타자인 과거를 자신의 흔적으로 새기고 있는 보편적 인간으로서의 나입니다. 결국 "과거의 목소리"에 귀를 기울이고 그에 응답하는 윤리적 행위를 통해 나는 비로소 나의 주체성을 완성해나가는 것입니다. 이것이 아마도 우리 모두가 지닌 "역사적 책임"[5]일 것입니다. 따라서 나의 주체성은 주어져 있는 어떤 것이 아니라 과거에 대한 응답을 통해 실현되는 어떤 것일 터입니다. 내가 이 과거와의 응답, 즉 "역사적 책임"을 게을리할 수 없는 것은 과거의 흔적으로서의 나는 미래의 어떤 나에게 또한 과거의 흔적으로서 새겨질 것이기 때문입니다. 그렇다면, "역사적 책임"을 수행하는 나야말로 "주체 없는 주체"의 한 모습이 아닐까요? 여러분의 생각을 듣고 싶습니다.

---

5)　酒井直樹,『過去の 』,以文社, 2002 참조.

‘제국류帝國類’의 탄생

트래비스 워크맨Travis Workman의 『제국류: 근대 한국과 일본에서의 인간 형성과 그 한계Imperial Genus: The Formation and Limits of the Human in Modern Korea and Japan』(University of California Press, 2016)는 제국 일본과 식민지 조선에서의 민족적-국민적 주체가 어떤 철학적 기반 위에 형성되었는가를 탐색한다. 매우 방대하면서도 정교하게 구성된 이 탐색의 전모를 파악하기 위해서는 우선 한국학계의 식민지 연구의 현황을 간단하게나마 되짚어볼 필요가 있다.

정치경제적 수탈과 지배의 주체로서의 제국과 그 대상으로서의 피식민지라는 관점 및 그로부터 야기된 이항대립, 예컨대 민족/반민족, 친일/반일, 저항/협력 등과 같은 평면적 이분법이 근본적으로 도전받고 깨어지기 시작한 것은 한국학계의 경우 지난 20여 년 안팎의 일이다. 미셸 푸코의 저작들과 이른바 포스트콜로니얼리즘의 압도적 영향 아래 진행된 이 새로운 연구의 경향은, 거칠게 말해, 제국 일본의 식민지 지배 아래 조선인들이 어떻게 이른바 근대적 민족-국민주체로서 형성되었는가 하는 문제로 집중되는 것이었다고 할 수 있다. 그 결과 매우 다양하고도 논쟁적인 주제들, 예컨대 근대성 자체에 대한 질문으로부터 피식민자를 근대 국민국가의 주체로 주조鑄造해내기 위한 식민지의 규율적 장치들과 제도에 대한 분석, 젠더 연구를 포함하여 근대적 풍속과 질서에 대한 일상사적 연구, 전시기 총동원체제 아래서 수행된 저항적 가능성에 대한 새로운 독해 등, 일일이 예거할 수 없을 만큼의 주제와 이슈가 1910~1945년 사이의 식민지기를 둘러싸고 전개되었다.

그러나 한편으로 연구의 범위와 주제가 확장되고 분화되는 것과 동시에 해결해야 할 난관들이 생겨난 것도 사실이다. 식민지 연구는 일반적으로 당대의 정치사회적 변화를 따라 그 대상과 주제가 설정되어왔다고 할 수 있다. 예컨대 1900~1910년대 조선 신문학의 초창기에 관한 연구들이 일본 다이쇼기大正期의 교양주의에 영향을 받은 계몽주의 지식인의 활동을 그 대상으로 삼는다면, 일제의 통치 방식이 이른바 문화정치로 전환한 1920년대의 연구는 민족주의 운동과 마르크시즘 운동 사이의 차이와 갈등에 연구자의 관심이 집중된다. 한편 1930년대 이후의 전시기에 이르면, 내선일체론 및 대동아공영권론을 둘러싼 제국과 식민지의 교차하는 사상적 쟁투를 분석하는 데에 연구의 초점이 모아진다. 앞서 말했듯, 우리는 이러한 주제들에 관해 매우 풍성하고도 다채로운 연구 목록을 작성할 수 있다.

문제는 이 연구들의 분산적 경향이다. 지배적인 몇 가지 주제들, 즉 민족주의, 마르크시즘, 모더니즘, 제국적 국민주의 등에 대한 깊이 있는 개별적 연구들은 많지만, 이들을 총괄적으로 조감하거나 연결하는 연구는 거의 없는 것이 사실이다. 예컨대, 1910년대의 다이쇼민주주의와 1940년대 총력전 시기의 국민주의 담론을 동일한 지평 위에서 논하기에는 거리가 너무나 멀고 그 둘을 연결하려는 시도 역시 찾아보기 어렵다. 그런가 하면, 프롤레타리아 문학과 초현실주의 문학을 비교하고 은근히 그 우열을 논하는 연구는 있을 수 있어도, 그들을 같은 이론적 프레임 안에서 분석하거나 심지어는 그들이 같은 세계관이나 철학을 공유하고 있다고 상상하기는 어려울 것이다.

트래비스 워크맨의 독창성은 정확히 이 지점에서 출발한다. 그는 1910~45년까지의 (그리고 내 생각으로는, 그 연속으로서의 현재까지의) 일본과 한국에서의 근대적 주체 형성을 둘러싼 숱한 논의를 인류학적 의미에서의 '유적 존재類的存在, Genus-being', 특히 '제국류帝國類, Imperial Genus'의 형성이라는 독특한 관점으로 투시한다. 저자의 설명에 따르면,

신칸트주의의 도덕철학과 문화주의는 일본 제국과 식민지 조선을 관통하는 주체 형성의 기본적 원리이다. 20세기 초 일본과 조선에서 '문화'는 개인, 민족, 세계를 통합하는 원리로 자리잡았고, 지역과 세계, 제국과 식민지, 특수와 보편을 매개하는 기능을 지닌 것으로 간주되었다. 동시에 인류 genus homo가 저마다 지닌 특수성이나 차이가 사라지고 세계가 하나로 통합되는 보편적 실천 형식으로서의 '유적 존재Genus-being'의 개념이 철학, 문학, 사회과학의 중심적 이념이 되었다.

이 '유적 존재'는 계몽주의 문학에서는 자율적 도덕성을 지닌 '휴머니즘적 인간'이 되고, 모더니즘 예술에서는 '심미적 인간'이 되고, 프롤레타리아 예술에서는 '생산노동의 주체'가 되고, 제국적 국민주의의 입장에서는 '국민적 주체성'을 지닌 존재가 된다. 이처럼, 표면적으로는 대립한 듯이 보이는 다양한 형태의 이념과 사상들은 신칸트주의의 문화주의 철학을 배경으로 모든 차이를 은폐하면서 휴머니즘적 보편성을 지향하는 주체, 다시 말해 목적론적 발전론에 짜 맞춰진 인간 주체를 형성하는데 그것이 곧 새로운 '유적 존재', '제국류Imperial Genus'인 것이다.

이러한 주장을 입증하기 위해 저자가 동원하는 자료들은 매우 방대하고 다루는 시기도 포괄적이어서 이 짧은 서평에서 모두 거론하기는 어렵다. 이 저서를 통해 우리는 20세기 이래 제국 일본과 식민지 조선을 관통하는 근대적 주체 형성의 강력한 원리 하나를 새롭게 인식할 수 있다. 그에 따라 우리는 제국/식민지, 보편/특수, 개별/전체, 지역성/세계성, 민족주의/계급주의, 리얼리즘/모더니즘, 국민주의/세계주의 등에 대한 기존의 대립적 관점이 실은 진정한 차이와 기원을 은폐하는 허구에 지나지 않는 것임을 깨닫게 된다. 더 정확히 말하면, 그 대립이 허구라는 것이 아니라, 그 대립을 '유적 존재로서의 보편성'이라는 개념으로 은폐하는 근대적 주체 형성의 기획이 허구이자 폭력이라는 것이다. 그리고 이 허구적-폭력적 기획의 실천에 있어서는 문화주의나 민족주의나 계급주의나 제국적 국민주의 모두 동일한 지평 위에 서 있다는 것이 저자의 주장이다.

물론 저자가 일제 식민지기의 모든 사상과 실천을 '제국류'의 기획에 포섭된 것으로 파악하는 것은 아니다. 저자는 압도적인 통합적 원리로서의 '인간적 보편성'의 기획을 거스르는 예외적 존재들을 거론한다. 즉, 20년대 프롤레타리아 작가인 나카니시 이노스케中西伊之助, 만주 유랑이민의 참혹상을 그린 소설가 최서해, 도시 노동자의 삶을 페미니즘의 관점에서 그린 강경애,『게공선』의 작가 고바야시 다키지小林多喜二, 재일조선인의 혼종적 아이덴티티를 다룬 김사량, 그리고 초현실주의 시인 이상이 그들이다. 저자가 이들을 문화주의적 기획을 거스르는 존재들로 거론하는 기준은 이들이 당대의 지배적인 담론, 즉 역사적 시간을 동질화하는 시-공간Chronotope을 통해 보편적 '유적 존재'가 될 것을 강조하는 목적론적-이상주의적 휴머니즘을 거부하면서, 모순되고 주변적이며 불연속적이며 혼성적인 주체들, 아니 주체가 될 기회조차도 박탈된 서발턴subaltern 혹은 이른바 '비체abject'들을 또 다른 크로노토프 속에서 그려냈기 때문이다.

내가 알기로는 지금까지의 한국문학 연구에서 강경애와 최서해를 이상李箱과 같은 맥락에서 놓고 비교한 연구는 이 저서가 처음일 것이다. 이러한 비교는 독창적이면서 설득력이 있는데, 그것은 20세기 일본과 한국에서의 근대적 주체를 '제국류'의 탄생이라는 관점으로 설명하는 저자의 계보학적 방법론이 그만큼 참신하기 때문일 터이다.

다만 나는 휴머니즘적 보편성의 근대적 기획을 비껴나가는 사례를 이 작가들에게로 한정하는 저자의 설명에는 약간의 의문을 가진다. 이 작가들의 작품이 다 그렇다고는 말할 수 없기 때문이다. 마찬가지로, 이들과 대척점에 있는 철학자들과 문인들의 작품이 모두 도덕주의나 국민주의적 주체로 일관하는 것인가 하면 그렇다고 말하기는 어렵다. 요컨대, 한 작가 안에, 그리고 한 작품 안에도 무수히 많은 모순과 균열의 지점들이 있다. 그들은, 그리고 우리 모두는 언제나 자기 자신에 대해서도 예외적이며 복수적複數的이며 모순적이며 불연속적인 존재이다. 이 자기 안에 존재하는 무수한 타자들이 얼굴을 드러내는 크로노토프 속에서 근대적 상상을 비껴나는 주체를 찾아내고 그들의 목소리에 귀 기울이는 것, 그것이야말로 저자가 그려놓은 길을 따라 우리가 해야 할 일이다.

천지도처유아사天地到處有我師
—『복화술사들』그 전후前後

졸저 『복화술사들』의 일본어판 출간을 맞아 2017년 7월 동경외대에서 열린 서평회가 끝나고 이어진 회식 자리에서, 무언가 좀 써달라는 부탁을 주최 측의 이와사키 미노루岩崎稔, 요네타니 마사후미米谷匡史 두 교수로부터 받고 고민하던 끝에, 마침 번역자인 와타나베 나오키渡辺直紀 교수가 "무엇이든 자유롭게, 사적인 얘기라도 좋으니까…" 하고 격려해주어서 용기를 내어 이 글을 쓴다. 그렇다는 것은, '사적인 얘기'를 써서 발표하는 것은 생전 처음이기 때문이다. 작가들은 늘 하는 일이지만 나로서는 낯설기 그지없고, 그래서 이 글이 어떻게 전개될지는 쓰는 나 자신도 자못 궁금하고 흥미롭다. 과연 어디까지 쓸 수 있을지….

스스로 '학자'라고 부르는 것은 어쩐지 낯간지럽고 얼굴이 뜨거워지는 기분이 들어서 나는 될 수 있으면 '연구자'라는 호칭을 쓴다. 이 단어는 '학생'이라는 말과 비슷한 느낌을 주는 것이어서 마음에 든다. 특별히 겸손을 떨고 싶어서가 아니라 사실이 그러하다. 나는 1970년에 대학에 입학했는데, 입학과 동시에 맞닥뜨린 것은 박정희 정권이 전국의 모든 대학생에게 강요했던 군사훈련, 즉 '교련教練' 반대의 데모였다. 첫 학기를 신입생 기분에 들떠 흥청망청 지내다가 성적 미달의 '학사경고'를 받은 주제에 데모 대열의 뒤에 붙어서 최루탄과 돌맹이가 난무하는 캠퍼스를 오가다 보니, 간신히 진급은 했지만 교실에서 강의를 들은 적이 거의 없었다. 가끔 출석은 했지만 신입생 특유의 건방이 넘쳐서 "들을 강의가 하나도 없다"는 식으로 거만을 떨면서 외국 소설책에서 읽은 데카당 흉내나 내는 것이 고작이었다.

데모는 더욱 격렬해져서 마침내 박정희 정권이 '위수령衛戍令'이라는 듣도 보도 못한 해괴한 법령을 발동하면서, 대학 구내에 탱크부대가 진주하고 대학의 문을 닫는 일이 벌어졌다. 그때 나는 대학 방송국에서 일하고 있었는데, 문과대학 꼭대기 층의 비좁고 어두컴컴한 방송실에 육군 대령 계급장을 단 사내가 갑자기 들이닥치더니 "지금부터 본관이 이곳을 접수한다. 학생들은 모두 건물 밖으로 나가라"고, 무슨 전쟁영화에서 튀어나온 사람처럼 호령을 치던 장면이 지금껏 뇌리에 깊이 새겨져 있다. 가까운 친구들이 학교에서 제적당하고 군대로 끌려가고, 나는 제적이나 징집은 면했지만 교련 수강을 거부한 학생 명단에 끼어서 원치 않는 징병 신체검사를 받았다. 여차하면 언제든 군대로 끌려갈 수 있다는 경고였다.

그것은 시작에 불과했다. 위수령 다음해인 1972년에는 이른바 '10월 유신'이 선포되었다. 대학의 문이 강제로 닫히고 대학 운동장에 군대의 임시 막사가 자리잡는 일은 내가 대학생이던 시절에는 거의 습관적이고 규칙적인 일이 되었다. 대학 4년간 온전하게 수업이 진행된 학기는 아마 한두 번쯤이 아니었을까. 내가 언제나 자기 자신을 '제도교육을 받지 못한 독학자'처럼 느낀다고 말하는 것은 그런 연유일 것이다. 공부를 하고 싶다는 열망은 강했지만 무엇을 어떻게 해야 할지를 차근차근 배우고 익히는 기회는 갖지 못한 채 대학을 졸업했다.

취직 같은 것은 전혀 생각하고 있지 않았으니까, 두 번 생각할 것도 없이 대학원에 진학했다. 대학원이라고 해야 다를 것이 없었다. 경기가 좋을 때라 대학원에 진학하는 학생도 거의 없었고, 서너 명 되는 전공 학생들이 학부 때부터 보던 교수와 잡담 비슷한 얘기를 나누는 게 수업의 전부인 경우도 있었다. 자신의 무능과 불성실은 감추고 환경 탓만 한다고 해도 할 말은 없지만, 1970년대 한국 대학의 아카데미즘, 특히 내가 전공한 한국 현대문학의 학문적 축적이 매우 가련한 수준이었다는 것은, 여러모로 척박한 시대에 고군분투한 선배 세대의 노고를 무시하는 오만함의 발로라

하더라도 어느 정도는 나 자신의 체험에 바탕을 둔 것이기도 하다.

아무튼 그런 대학원 생활도 겨우 한 학기를 마쳤을 때, 나는 결국 유신 반대 시위에 연루되어 체포된 뒤 학교에서 제적당하고 군대에 징집되었다. 그런데 징집되어 훈련소에서 정식 입대를 기다리고 있는 사이에 또다시 체포되어 '대통령 긴급조치 9호'의 위반 사범이 되어 서울의 육군본부 감방에서 복역하게 되었다. 그로부터 1년 가까운 시간을 재일조선인 서승 徐勝 씨가 모진 고문을 못 이겨 스스로 석유난로를 자기 몸에 들이부었던, 그 악명 높은 보안사령부 서빙고 분실(나는 으레 인사치레로 하는 구타를 좀 당하기는 했지만 고문을 당하지는 않았다. 도대체 나는 그럴 만한 거물이 아니었다)과 감방을 오락가락하면서 군사재판을 받고 집행유예로 풀려나온 후 다시 군대로 끌려가 2년 6개월을 근무하고 집으로 돌아오니, 어느덧 나이 삼십이 눈앞에 있었다.

이 동안의 사정에 대해서는 생략하고자 한다. 남들이 들으면 무슨 대단한 투사처럼 보이는 것도 민망하고, 어처구니없는 코미디에 지나지 않았던 사소한 해프닝이 엄청난 결과를 불러온 사실도 창피스러워서 지금껏 이 이야기는 아내에게도 자세히 말하지 않았다. 다만, 사람의 일생이 저 멀리에 존재하는 듯이 보이는 국가권력에 의해 어이없는 장난처럼 물살에 휩쓸리듯 요동치는 현실을 나는 이십대에 뼈저리게 겪었고, 그 경험이 그 후의 나의 사유와 공부에 큰 영향을 끼친 것만은 분명하다는 점을 말하고 싶다.

제대를 하고 집으로 돌아왔지만, 학교로 돌아갈 수도 없었고 취직도 불가능했다. 간신히 한 잡지사의 기자로 연명하고 있었는데, 불과 반년도 안 되어 박정희가 암살되고 곧이어 전두환의 신군부가 집권하고 광주에서의 살육이 벌어지는 대격변의 시대가 시작되었다. 나는 박정희 사후 단행된 사면에 따라 1980년 이른바 '서울의 봄'에 대학원에 복학했다. 모든 것이 달라져 있었다. 학생들과는 전혀 다른 초라한 옷차림의 정체불명의 청년들이 캠퍼스 곳곳의 잔디밭에 벌렁 눕거나 벤치에 비스듬히 기대앉아서 오가는 학생들을 불량한 눈빛으로 째려보는 기괴한 광경이 내가 돌아간 80년대의 대학에서 처음 목격한 장면이었다.

그것은 너무나도 그로테스크한 장면이었다. 그들은 대학생들의 반정부 시위를 막기 위해 경찰이 고용한 속칭 '땃벌떼'라고 부르던 부랑배 – 이를테면 룸펜 프롤레타리아트들이었는데,[1] 캠퍼스는 학생이 반, 그들이 반이었다. 어디서든 시위가 벌어질 기미가 보이면 경찰의 신호에 따라 이 '땃벌떼'가 몰려들어 무자비한 폭행과 함께 학생들을 진압하는 것이었다. 수업 중인 교실에 최루탄이 날아들고, 유인물을 뿌리려다 발각된 학생이 '땃벌떼'에게 피투성이가 되도록 맞고 질질 끌려가는 일이 거의 일상적으로 되풀이되던 것이 80년대의 한국 대학 캠퍼스였다. 세계 어디에도 이런 대학 캠퍼스는 존재하지 않을 것이었다.

가장 충격적인 것은 그들이 바로 학생들과 같은 또래의 청년들이라는 점이었다. 나는 오가는 학생들을 노려보는 그 청년들의 눈빛에서 이글거리는 적개심, 선망과 열패감으로 뒤엉킨 분노, 언제든지 신호만 떨어지면 총알처럼 튀어나가 저 밉살맞은 대학생 놈들을 짓이겨버리겠다는 뒤틀린

---

1) '땃벌떼' 혹은 '백골단白骨團'이라고 불린 이들 무리는 일반 시위진압 경찰과는 달리, 하얀 헬멧을 쓰고 청바지 유니폼에 곤봉을 들고 시위대 속으로 뛰어들어가 무자비한 폭행으로 시위대를 해산시켰다. 대학 캠퍼스뿐만 아니라 시위가 벌어지는 현장이면 어디든 출동해서 악명을 떨쳤는데, 기록에 따르면, 무술 유단자나 특전사 출신에서 선발해 경찰의 기동부대로 90년대 중반까지 운영했다. 따라서 경찰의 공식 조직이었다. 그러나 내가 목격한 것은 유니폼도 헬멧도 없이 캠퍼스 여기저기에 흩어져 오가는 학생들을 노려보던 앳된 청년들이었다. 아마도 경찰의 공식 조직으로 되기 이전 1~2년 정도 이런 형태로 운영되었던 것인지 모른다. 아니면, 경찰관이 그런 모습으로 대학에 들어와 뒷골목 깡패처럼 행패를 부린다는 것은 차마 상상할 수 없었던 데에서 그렇게 기억되었을 수도 있다.

욕정과도 같은 열기의 분출을 보면서 슬프고, 암담하고, 두려웠다. 대학이라고는 꿈도 못 꿀 가련한 하층계급의 청년들을 대학 캠퍼스에 풀어놓고 (마치 개처럼!), 경찰의 후원 아래 마음껏 폭력을 행사하도록 하는 국가권력의 저열함과 잔인함에 치가 떨렸다.

나의 중단되었던 대학 생활은 그런 상황에서 다시 시작되었다. 대학에 입학한 연도를 가지고 사람의 출신을 드러내는 썩 유쾌하지 못한 한국적 풍습은 80년대의 대학 운동권에서 비롯되었는데, 이에 따르면 나는 70학번이다. 그러나 나는 언제나 내심으로는 자신을 80학번이라고 생각한다. 1979년의 유신정권의 몰락과 1980년의 이른바 '광주사태'를 기점으로 한 근본적인 정치·사회적 변화, 한국 경제의 비약적인 혹은 병적인 성장에 따른 문화적·지적 상황의 변화 등이 너무나 크고, 내가 연구자로서의 자기의식을 분명히 갖고 공부라고 할 만한 것을 하게 된 것도 이 시점이었기 때문이다.

좋은 동료들과 후배들을 많이 만날 수 있었던 것은 참담했던 시간 속에서 그나마 누릴 수 있었던 행운이었다. 1980년대 전두환 정권의 졸업정원제 시행에 따라 대학의 정원이 크게 늘어났고 대학원의 학생 수도 예전과는 비교할 수 없을 만큼 많아졌다. 각종 세미나와 연구모임이 대학 안팎으로 활발하게 조직되었고, 총기와 열정으로 가득 찬 뛰어난 연구자들과 함께 머리를 맞대고 책을 읽고 한국 사회의 현실을 토론하던 날들은 지금도 그립다. 낮에는 시위에 참가해 최루탄 연기 속을 뛰어다니다가 저녁에는 세미나에 참석해 발표를 하는 것이 흔한 일상이었다.

1980년대 한국의 인문·사회과학계의 학문적 흐름이 한국 사회의 변혁을 둘러싼 이론적 실천으로 집중되었던 것은 당시의 현실에 비추어 너무나 당연한 일이었다. 예컨대, 85년부터 시작된 이른바 '사회구성체론'

을 둘러싼 격렬한 논쟁은 그중 대표적인 것이다. 보통 사람으로서는 도저히 따라잡기 어려운 마르크스 경제이론과 혁명이론에 머리에 쥐가 날 만큼 고생을 하면서도, 학문은 강단이 아니라 현장에서의 실천에 의해 (즉, 이른바 '정치적 올바름'에 의해) 그 진리나 가치가 검증되어야 한다는 확신이 당시의 젊은 연구자들을 이끌고 있었고, 나 역시 그러했다. 그런가 하면, 역사 속에서 지긋지긋하게 반복되었던 과도한 사상투쟁과 그 결과로서의 자해적 비난과 공격, 극심한 정파적 집단주의 역시 한국의 80년대에서도 예외가 아니었다. (그 폐단은 오늘날에도 여전히 이어지고 있다고 나는 생각한다.)

1987년 대통령선거에서의 민주화 세력의 패배와 곧이어 진행된 세계 사회주의의 몰락은 한국의 지적·학문적 구도에 전무후무한 지진을 일으켰다. 그것을 여기서 다 복기하는 것은 적절치 않고 또 나에게는 그럴 능력도 없다. 다만 나 자신의 경험에만 한정해서 말하자면, 지진의 진동은 나에게도 서서히 그러나 매우 깊숙이 다가왔다. 서서히라는 것은, 갑작스러운 사태에 멍해졌다가 정신을 차리고 어찌된 일인지 돌아보는 데에 시간이 걸렸다는 말이다. 탄탄할 거라고 믿고 있던 땅이 꺼졌다. 어디에서 무엇이 잘못되었던 것인가. 말들은 난무했고, 갈피를 잡을 수 없었다. 추스르는 데에 오랜 시간이 걸렸다. (일본에서는 1992년에 출간되고 한국에서는 2년 뒤에 번역 출간된 와다 하루키和田春樹 교수의 『역사로서의 사회주의』를 읽고 눈앞이 훤해지는 듯했다. 10년쯤 뒤에 와다 선생에게서 직접 그 책을 받을 기회가 생겼는데, 꼭 장학금을 받는 학생처럼 기분이 좋았다).

그뿐이 아니었다. 다른 친구들은 별로 그런 것 같지 않았는데, 내 눈에는 내셔널리즘, 즉 민족주의 혹은 국가주의라는 또 다른 폐허, 그리고 그 폐허 위에서 부끄러운 줄도 모르고 꼭두각시 춤을 추고 있던 나 자신의 모습이 처참할 정도로 선명하게 보였다. 나에게 있어 세계 사회주의의 몰락이 이념적 차원의 것이었다면, 민족주의에 대한 환멸은 실존적 차원의 것이었다. 다시 말해, 1990년대 한국의 좌파 지식인들에게 현실 사회주의에 대한 객관적 거리두기는 진보적 이념을 새롭게 정비하고 그것의 실천적 좌표를 다시 구상한다는 점에서 늦었지만 충분히 의미 있는 것이었다.

그에 비해, 민족주의에 대한 의문이나 문제 제기는 전혀 차원이 다른 것이었다. '민족'과 '국가'에 대해 지극히 소박하기까지 한 의문을 제기하는 순간, 나는 가까웠던 동료들로부터 멀어지고 '우파', 심지어는 '친일파'로 지칭되는 황당한 시대를 맞이했다. 처음에는 어이가 없었지만, 말의 힘이란 무서운 것이어서 계속 반복되다 보면 그것이 사실처럼 되고 마침내는 자기 자신도 '정말 그런 것이 아닐까'라는 식으로 혼란스러워지는 정도에까지 이른다. 나는 잔혹한 폭력이 일상적으로 자행되던 80년대에는 전혀 느끼지 않았던 공포, 모욕감, 무력감을 민주화가 이루어졌다는 90년대 이후 지금까지도 심하게 느끼며 살고 있다. 내가 파시즘 연구에 눈을 돌리게 된 것도 그러한 사정과 상당한 연관이 있다.

대체로 90년대 중반쯤부터 나는 연구자로서의 나의 실존적 근거였던 '국문학', '국어학'에 대한 심각한 의문에 봉착하고 있었다. 하나만 예를 들면, 1973년에 출간된 김현·김윤식 교수 공저의 『한국문학사』가 그러하다. 한국의 근대 자본주의는 일본 제국주의에 의해서가 아니라 이미 18세기 조선 사회에서 자생적으로 싹텄고, 그에 따라 한국의 근대문학도 식민지적 모방에 의해서가 아니라 고유한 민족 전통에 의해 구성되었다는 반反식민·반反봉건의 민족주체적 서사를 바탕으로 한 이 책은 70년대의 대표적 지적 자산 중의 하나임에는 틀림이 없다. 이 저서의 이론적 기반인 이른바 '자본주의 맹아론', '자생적 근대화론'의 서사를 통해 우리 세대는 우리의 부모 세대, 즉 일제 치하에서 교육받고 성장한 세대의 '식민사관적' 세계와 결별할 수 있었다. (또는 그렇다고 믿었다.)

　나는 80년대부터 10년 넘도록 이 책으로 학생들을 가르쳤고 조금의 흔들림도 없이 '민족주체적 근대문학사'를 설파하고 그런 관점에서의 글을 써냈다. 그런데 언제부터인가, 이 거대한―그러나 뜻밖에도 매우 엉성하고 허술한―민족문학사의 체계가 말할 수 없이 갑갑하고 허망하게 느껴지기 시작했다. 나는 사방이 막힌 깜깜한 감방 혹은 깊은 물속에 처박혀 허우적거리는 느낌으로 나날을 보냈다. 몇 년 동안 어떤 글도 쓰지 못했고, 강의실에서는 자주 말을 더듬거리거나 진땀을 흘리다가 나오기도 했다. 이런 상태로 연구자로서의 자신을 유지할 수 있을 것인지 회의가 들었다.

　일본어 관용구 중에 "목에서 손이 나올 만큼喉から手が出るほど"이라는 대단히 실감 넘치는 표현이 있는데, 꼭 그런 심정으로 나는 돌파구를 찾아 헤맸다. 민족주체적 관점에서의 근대문학사를 지양하고 국문학의 성립을 제도적 · 역사적 관점에서 다시 읽어볼 것을 주장하는 논문「'국문학'을 넘어서」(1998)를 발표했으나, 반응은 차가웠다. 남들은 이미 자신의 분야에서 일가를 이루고도 남을 40대 후반의 나이에 나는 또다시 독학자의 심정으로 새로 시작해야 했다. 미셸 푸코의 저작들이 그 어느 때보다 매력적으로 다가왔던 것은 당연한 일이었지만, 역시 식민지나 내셔널리즘 문제에 대한 갈증을 채우는 데에는 부족함이 컸다. 우여곡절 끝에 한국에서의 파시즘의 성격과 역사적 전개를 자신의 연구 주제로 설정하고 자료를 뒤지기 시작했을 때, 깊은 물속에서 간신히 몸을 빼는 순간의 숨통이 터지는 듯한 상쾌함을 맛보았던 기억을 잊을 수 없다. 나의 연구자로서의 새로운 도정은 그렇게 시작되었다.

이쯤에서 방향을 돌리지 않으면 이 얘기가 도대체 어디로 흘러갈지 나 자신도 가늠할 수 없다. 이제『복화술사들』의 집필 배경과 관련하여, '모어母語'나 '국어'라는 것이 우리 세대의 자아 형성에 어떻게 개입했는지를 주로 나 자신의 체험을 중심으로 말하는 것으로 마무리해야겠다.

현대 한국인의 민족적 자아 형성, 민족 동질감의 구축에 가장 강력한 기반을 이루어온 것이 이른바 '국어'였다는 사실에는 누구도 이론異論이 없을 것이다. 모든 국민국가 형성에 있어서 '국어'의 정립이 가장 필수적이었던 세계사적 사실을 감안하면, 한국의 국어 역시 그러한 보편성에 부합하는 것이라고도 말할 수 있을 것이다. 그러나, 유럽이나 중국, 혹은 인도 같은 대륙에서의 뿌리 깊은 다多언어적 상황에 견주면, 오랜 시간 좁은 반도의 공간에서 폐쇄적인 주변부 문화를 형성해온 한국의 경우 아무래도 상대적인 언어적 동질성을 유지해온 특성이 있다는 점은 또 그것대로 인정되어야 할 것이다. 게다가 사태를 더욱 복잡하게 한 것은 일본 제국주의에 의한 식민지화였다. 일본 제국주의의 동화정책 아래서 민족어=조선어는 민족문화의 정수精髓를 보존·계승할 수 있는 유일한 장소로 인식되었다. 조선어는 "식민지 상황 속의 한국인에겐 상상의 공동체로서의 국민국가 몫을 했다"는 김윤식 교수의 널리 알려진 평가는 민족주의의 형성에 있어 민족어의 존재가 그 어느 것보다 막강했던 한국적 특수성의 일단을 잘 설명하고 있다.

해방 이후에 태어난 우리 세대는 '국어로서의 일본어'가 소멸한 사회에서 성장하고 교육받았다. 한국어의 독자성과 고유성은 한국인으로서의 정체성을 확립하는 데에 더할 수 없이 분명한 근거였고, 세계에 유일무이한 문자인 '한글'이야말로 민족 전통문화의 위대한 결정체임에 의심의 여지가 없었다. 우리는 수많은 언어들을 가로지르며 민족어를 체화하지 못한 채 '적敵의 언어에 오염된' 우리의 부모·선배 세대들과는 뚜렷이 구별되는, 말하자면 '자국어 순종純種 세대'였던 것이다. 요컨대, 우리는 익숙한 일본어로부터 낯선 한국어로 급격히 이동해야 했던 우리 부모 세대의 언어적 트라우마나 정신적 분열로부터 자유로운 세대였다. (그러나 그것은 자유라기보다는 또 다른 질곡에 지나지 않았던 것이 아닐까? 『복화술사들』을 쓰게 된 계기는 그런 의문, 더 나아가 그런 질곡에서 벗어나고 싶다는 마음으로부터 온 듯하다.)

일본어와 한자, 영어 등의 외래어로 '오염'된 민족어의 순결성을 되살리고 보존해야 한다는 언어민족주의의 위생학적 강박은 해방 이후 한국에서의 국어교육 및 일상적 언어 실천을 지배했다. 언어를 비롯한 문화민족주의의 이러한 동질성에의 결벽증적 강박이 이질적·혼성적인 것에 대한 극심한 폭력으로 표현되는 것은 필연적 귀결일 터인데, 그 사례들은 한국 사회의 일상에 숱하게 널려 있다. 나의 사적인 몇 가지 에피소드를 통해 이 문제를 짚어보고 싶다.

1970년대 중반에 내 숙부의 식구들은 미국으로 이민을 갔다. 모든 이민 가족이 겪는 전형적인 고생 끝에 숙부와 숙모는 고향에 한 번 돌아오지도 못하고 미국에서 세상을 떠났고, 한국을 떠날 때 어린아이였던 내 사촌동생은 훌륭하게 성장해서 미국의 명문대 학생이 되어 1990년대 초에 여름방학을 맞아 처음으로 서울을 방문했다. 일가친척이 모여 동생을 환영하는 즐겁고 조촐한 잔치를 열었는데, 다만 난처한 것은 이제는 노인이 된 집안 어른들과 말이 통하지 않는다는 것이었다. 그렇기는 해도 어른들은 동생의 어릴 적 한국이름을 부르며 따뜻하게 친족의 정을 보여주었다.

단 한 분만이 예외였다. 일제 식민지 시대에 훌륭한 학교를 나온 존경할 만한 이 어른은 동생이 한국어로 의사소통이 되지 않는다는 사실을 소리 높여 개탄하다가, 마침내는 그에게 한국어 교육을 제대로 시키지 않은 숙부와 숙모를 비난하기까지에 이르렀다. 그러고는 반드시 한국어를 배워서 다음에 만날 때에는 자신과 한국어로 대화할 수 있도록 하라, 그렇지 못하면 다시는 한국에 오지 말라고 준엄하게 이르고는, 영어를 할 줄 아는 친척에게 그 말을 전하도록 했다. 그가 한국어로 하는 말을 동생이 알아듣지 못한 것은 그나마 다행이었지만, 나는 평소에 존경하던 그 어른에게 몹시 실망했을 뿐 아니라, "아무리 살기 힘들어도 제나라 말은 가르쳤어야 하지 않느냐"라는 비난에 이르러서는 참지 못하고 가벼운 언쟁을 벌이고 말았다.

즐겁고 화기애애한 자리였던 만큼 다행히 큰 소란으로 번지지는 않았지만, 나는 그 어른과도 관련된 어떤 장면들을 떠올리면서 착잡한 마음을 금할 수 없었다. 내 부친은 이북에서 월남한 가난한 공무원이었는데, 역시 가난하고 외로웠던 몇 안 되는 부친의 형제들과 그 식구들은 명절이 되면 비좁은 우리집에 모여 며칠씩 머물면서 놀다 가곤 했다. 일가친척들이 모여 시끌벅적하게 웃고 떠들던 그 날들은 내 소년 시절의 가장 아름다운 추억 중 하나이기도 하다. 어른들은 술을 마시고 흥이 오르면 노래를 불렀는데, 그때 그들이 부르던 노래는 일본 유행가였다. 나는 어머니가 평소에는 볼 수 없었던 묘한 포즈와 목소리로 알아들을 수 없는 일본노래를 부르는 모습을, 역시 알 수 없는 느낌으로 바라보곤 했다. 그러다가 어느 순간에 그들은 갑자기 모두 일본어로 떠들기 시작하는 것이다. 그것은 흔한 일상이었고, 나는 그런 행동이 지닌 의미를 알 수 있는 나이가 아니었다. 다만, 나는 그들이 집 밖에 나가서는 절대로 그러지 않는다는 것은 눈치채고 있었다.

어려서 부모를 따라 이민 갔다가 한국어를 잊은 채 고향에 돌아온 동생을 질책하는 친척 어른의 태도—사실 그런 장면은 한국 사회 어디에서나 흔히 볼 수 있는 광경이기도 했다—가 나를 숨 막히게 했던 것은 그 완고한 '국어중심주의'라기보다는, 위의 장면에서 보이는 것처럼, 그 이념 아래 숨겨진 어떤 분열적 무의식, 끝없는 자기기만, 우월감으로 포장된 깊은 콤플렉스 같은 것이었다. 내 안에서 조금씩 자라고 있었던 '국어', '국문학'에 대한 회의는 일상에서의 이런 일들을 겪으면서 더욱 커갔다.

그 친척 어른과 비슷한 연배인 대학 시절의 스승들이 모두 일본어를 모국어처럼 하는 사람들이라는 사실을 깜짝 놀라면서 깨달은 것도 그때쯤이었다. 놀라운 사실이 전혀 아님에도 불구하고 놀란 것은, 정작 그들을 가까이 접하고 얘기를 나누었던 70년대에는 전혀 그 사실을 의식하지 못했기 때문이다. 식민지에서 교육받은 세대에게 있어서 자신의 지적 기원이 일본과 일본어에 있다는 사실은 자기 자신에게나 남에게나 철저하게 숨겨졌다. 일본과 일본어는 공적 공간에서 발화될 수 없는 것이었다. 공적으로는 증오·공격·혐오의 대상이 되어 차단되면서, 사적으로는 의도적 망각을 통해 무의식의 아래쪽으로 잠겨버리는 것이 일본과 일본어였다. 내 눈에는 탈식민지 한국 사회에서의 '국어' 및 '국문학'은 그런 망각을 바탕으로 한 애처로운 자기기만, 혹은 '시치미 떼기'의 노력 위에 서 있는 것으로 보였다.

해방 이후 세대라고 해도 사정은 다르지 않았다. 해방 이전의 부모 세대가 자신의 신체와 정신에 새겨진 식민지에 대해 시치미를 떼는 것으로 식민지의 기억을 묻어 버렸다면, 해방 이후의 자식 세대는 '굳이 시치미를 뗄 필요도 없이' 식민지와 절연하고 망각했다. 그리고 그 망각의 결과, 탈식민지 한국 사회에서의 일반적인 식민지 이해는 증오·원한·경멸·조롱·모멸·무시·무지 등의 극단적이고 일차원적인 감정을 떠나서는 불가능하게 되었다.

식민주의의 가장 큰 죄악은 여기에 있다고 나는 생각한다. 즉, 식민주의는 그 지배를 받은 자와 그 후손들로 하여금 식민지적 틀을 넘어서는 세계에 대한 상상을 원천적으로 박탈함으로써 그 지배를 영속화한다. 그 전형적인 예가 식민지의 역사를 일제에 대한 저항이냐, 협력이냐 라는 따위의 저열하고 유치하기 이를 데 없는 멜로드라마적 이분법으로 설명하는 일체의 언설이다. 그런 류의 폭력적 언설과 그것을 바탕으로 한 지적·문화적 산물들이 어마어마한 위력을 행사하는 한국 사회의 현실에 나는 끊임없이 절망했고, 지금도 그렇다. 나의 보잘것없는 글쓰기는 그 절망과 싸워온 흔적이라고 나는 생각하지만, 그러나 싸움에서 패한 것도 언제나 내쪽이었다.

내가 국어학자 외솔 최현배에 관한 논문을 쓰기 시작한 것은 대체로 위와 같은 생각들에서였고, 그 시기는 『복화술사들』의 각 챕터를 국립국어원의 기관지인 『새국어생활』에 연재하기 시작했던 2004년 전후였다.

한국 민족주의의 역사에서 최현배와 조선어학회는 이른바 저항민족주의의 고난과 위엄을 상징하는 하나의 기호이다. 아니 기호라기보다는 차라리 하나의 신화이다. 널리 알려진 바와 같이, 한국 민족주의는 최현배를 중심으로 한 한글운동에서 민족 저항의 최정점의 내용과 형식을 발견하였다. 일본 제국주의의 유례없는 '동화정책'과 '민족어 말살 정책'에 맞선 조선어학회의 한글 연구야말로 민족정신을 수호하는 최후의 보루였으며, 2명의 옥사자獄死者를 낸 끝에 1945년 8월 15일 일제의 패망과 함께 감옥 문을 나선 조선어학회 사건의 피의자들이야말로 민족 고난의 대서사시를 완결 짓는 클라이맥스의 주인공들이 아닐 수 없었다. 외솔과 그의 동지들이 이룩해낸 초인적인 업적과 투쟁의 역사는 탈식민지 국가의 자부심의 원천으로서 끊임없이 서술되고 재생산되었다. 그리고 우리 세대는 그 영웅 서사의 압도적인 영향 아래 성장했다.

그러나 일반적인 통념과는 달리, 최현배를 중심으로 한 조선어학회가 '조선어학회 사건' 이전에는 조선총독부와 대립하는 일이 거의 없는 비적대적인 관계를 유지했을 뿐만 아니라, 1938년 이후 조선어 폐지와 '국어 상용' 정책이 시행되는 기간에도 침묵을 지켰다는 사실, 동시에 기관지인 『한글』에 다른 잡지에서는 찾아보기 힘든 「신년봉축사」를 매년 1월호에 싣고, 「國民精神總動員 '銃後報國强調週刊'에 대하여」(1938), 「第三十六回 海軍記念日을 맞음」(1941) 같은 글을 통해 노골적인 전쟁 협력행위를 한 사실 등은 깨끗이 망각되었다.

문제는 『한글』지가 이런 내용을 실었다는 사실 자체가 아니라, 이 내용이 해방 이후에 나온 『한글』지의 영인본에서는 모두 삭제되었다는 점이다. 조선어학회를 이어받은 한글학회가 1972년에 『한글학회 50년사』를 간행하면서 그 머리말에서 다음과 같이 말하고 있는 것을 어떻게 이해해야 할까?

한글학회의 창립 정신은 […] 민족정신을 파괴하려는 침략자의 마수에서 민족을 지키려는 데에 근본적인 목적이 있었다. […] 일본 제국주의 침략자들은 […] 우리 겨레를 얼빠진 허수아비로 만들어야 했고, 이 '얼'을 빼기 위해서 그들은 우리의 역사를 왜곡하고, 우리의 말과 글을 없애려고까지 한 것이다. 무서운 악마들이었다. 이 악마들의 손에서 민족의 정신과 문화를 지키려고, 말과 글의 보존, 연구, 발전을 위해서 창립된 것이 한글학회이다. 따라서, 한글학

회의 역사는 일제에 대한 무기 없는 투쟁이었다.[2]

　"新春을 맞이하옵시어 天皇, 皇后 兩陛下께옵서 御機嫌이 御麗하옵시고", "皇軍의 威武와 國家 興隆의 氣運이 더하여지기를 祈願하옵나이다"[3]라는 발언의 기억을 지우고, 그 망각의 터 위에 '악마의 마수로부터 겨레의 얼을 지키기 위해 투쟁을 벌였다'는 자화상을 밀어넣는 이 무의식! 이것을 문제로 삼지 않으면 안 된다. 이 무의식이야말로 식민지의 역사 history를 가로막고 그것을 '역사'History로 대치하면서 탈식민지 사회를 자폐적 나르시시즘의 세계로 몰아넣는 원동력이기 때문이다. 또한, 최현배의 언어관과 언어학 지식의 거의 전부가 일본의 국수주의 언어학자 야마타 요시오山田孝雄의 것을 그대로 '베끼는' 수준의 것이었다는 사실이 학계에서 거의 논의조차 되지 않았고, 일반에게는 전혀 알려지지 않았다는 것[4] 역시 그런 무의식을 배경으로 하는 것일 터이다.

　그러나 그 은폐를 벗겨내고 민족주의자들의 치부를 폭로하는 것이 나의 목적이었는가 하면, 그것은 결코 아니었다는 점을 우선 분명히 해둘 필요가 있다. 식민지에서의 근대적 지식 생산이 식민 종주국에 전적으로 의존할 수밖에 없다는 것은 당연한 일이다. 문제는, 제국주의의 억압으로부터 자신을 보존하기 위해 움켜쥔 그 '해방'과 '저항'의 도구가 실은 '적'의 것이라는 현실에 의해 식민지 민족주의의 운명은 언제나 극심한 모순과 분열의 위험 앞에 노출될 수밖에 없다는 것, 그것을 직시해야만 피식민자

2)　한글학회, 『한글학회 50년사』, 1971, p. 1.

3)　조선어학회, 「謹奉賀新年」, 『한글』 제7권 제1호, 1939. 1.

4)　고영근 교수의 『최현배의 학문과 사상』(集文堂, 1995)은 무려 819쪽에 이르는 방대한 역작인데, 이 가운데 야마다 요시오에 관해서는 '많은 영향' 혹은 '교섭관계'라는 용어 아래 불과 8쪽 분량으로 서술되어 있다.

의 진정한 해방은 열릴 수 있다는 점이다. 비유컨대, 그것은 칼자루가 아니라 칼날을 잡고 적과 싸우는 형국인 것이다. 어떻게 자신을 베지 않고 상대방을 넘어설 것인가? 피식민자의 이른바 '흉내mimicry'가 식민자를 전복하고 새로운 창조로 이어지는 길은 적어도 이 이중성에 대한 자각, 이 모순에 대한 뼈를 깎는 자기성찰 없이는 열리지 않을 것이었다.

그러나 탈식민지 사회의 한국 민족 담론이 한 것은 그 곤경에 대한 자각이나 고통스러운 직시가 아니라 그것을 은폐하고 서둘러 망각하는 것이었다. 수난의 저항사가 휘황찬란한 빛에 싸여 전면화되는 가운데 '적과의 동침'을 통해 근대를 기획해야 했던 운명의 처절함은 간단히 잊혀지고 더 이상 사유되지 않았다. 최현배 스스로가 그렇게 했고, 민족 담론 역시 혁혁한 영웅담으로 둘러싸인 이 투사鬪士에 자신을 투사投射하고 그것으로써 자신의 자화상을 삼았다. 한국의 민족주의는 그렇게 최현배를 전유했고 그럼으로써 자기를 기만하고 망각했다.

위와 같은 주장을 바탕으로 이 논문에서 내가 가장 힘주어 말하고 싶었던 것은 다음과 같은 것이었다.

이 기만과 망각 뒤에 오는 것은 앞의 「한글학회 50년사」에서와 같은 격렬한 '증오'다. 그러나 '악마', '적의 마수', '철천지 원수' 등과 같은 증오만이 '적'을 형용하는 유일한 언어가 될 때, '적'의 모습은 결코 드러나지 않는다. 식민자에 대한 피식민자의 증오는 식민주의의 종식을 위해 어떠한 기능도 하지 못한다. 증오는 피식민자로 하여금 무엇이 진정한 적인지, 무엇이 의미있는 저항인지에 대한 일체의 사고를 차단한다. 그뿐 아니라, 어떤 대상에 대한 깊은 증오는 필연코 그 대상에 대한 깊은 의존을 낳는다는 점에서 증오는 식민주의의 훌륭한 자양이다. 증오하면 할수록 증오의 대상은 '나'의 존재 이유가 될 수밖에 없기 때문이다. 결국 피식민자는 식민자에 대한 증오를 통해 그에게 의존하게 된다. 그러는 한 그는 결코 '적'의 정체를 볼 수 없으며 따라서 어떤 저항도 할 수 없다. 식민자의 손을 벗어나기 위해 피식민자는 우선 증오를 넘어서는 법을 알아야 한다. 그러나, 증오를 말하고 증오를 가르친 것 이외에 과연 탈식민지 사회의 한국 민족 담론이 한 일은 무엇이었던가?[5]

분량도 꽤 길고 시간도 오래 걸렸던 이 논문에 대한 한국 학계의 반응은 역시 완전한 무관심이었다. 별로 기대하지도 않았던 터라 특별히 신경이 쓰이지도 않았다. 다만 내가 이 논문을 쓰면서 크게 참고했던 동경대학의 미쓰이 다카시三ッ井崇 교수가 그의 저서『조선 식민지 지배와 언어朝鮮植民地支配と言語』(明石書店, 2010)에서 한 챕터를 할애하여 내 논문에 대해 상세하게 언급하면서 또한 뼈아픈 비판을 해준 것이 크게 격려가 되었다.

내게는 최현배의 사상과 실천이야말로 한국의 언어민족주의의 모순과 자기기만을 한눈에 집약해 보여주는 생생한 사례였다. 이상하게 들릴지 모르지만, 이 논문을 쓰는 동안 나는 최현배 선생을 가까이에서 실제로 보는 듯한 느낌에 자주 사로잡혔고 그에게 묻고 싶은 것들이 아주 많았다. 이 논문을 쓰지 않았더라면 생각날 리 없었던 어떤 장면도 자주 떠오르곤 했다. 그 장면은 예컨대, 이런 것이다.

대학에 입학해서 한 달도 채 안 되었을 무렵, 나는 학과 선배들이 검은

5) 김철,「갱생의 도道 혹은 미로迷路—최현배의「조선민족 갱생의 도」를 중심으로」,『식민지를 안고서』, 역락, 2009. 이 글의 일본어 번역은 宮嶋博史 · 金容德 篇,『近代交流史と相互認識 III』, 慶應義塾大 出版 , 2006 또는 金哲,『抵抗と絶望－植民地朝鮮の記憶を問う』, 大月書店, 2015.

상복을 입고 흰 장갑을 낀 채 캠퍼스를 분주히 뛰어다니는 모습과 마주쳤다. '외솔 최현배 교수 장례식'에 행사요원으로 동원된 학생들이었다. 외솔의 장례식은 1970년 3월 27일 서울의 연세대학교 대강당에서 국무총리를 비롯한 3부요인이 참석한 가운데 '사회장社會葬'으로 치러졌다. '위대한 민족의 스승'이자 '불굴의 투사'인 한글학자 최현배 선생의 별세를 애도하는, 캠퍼스 전체에 울려퍼지던 장엄하고 엄숙한 분위기와 얼떨떨한 경외감을 안고 그것을 바라보던 풋내기 신입생의 모습이 동시에 떠오른다.

그로부터 30년도 넘어서 내가 최현배에 관한 매우 도발적인 (어떤 사람들이 보기에는 용서할 수 없이 불경스러운) 논문을 쓰게 되리라고는 물론 전혀 상상할 수 없는 일이었다. 평소에는 한 번도 눈여겨보지 않던 문과대학 건물 앞 최현배 선생의 흉상이나 교수회의실 벽에 걸려 있는 오래된 그의 흑백사진을 바라보며 나는 가끔 풀리지 않는 이런저런 문제들을 그에게 묻듯이 혼자 생각하곤 했다. 그의 흉상이나 사진은 대답하지 않는다. 그러나 혹시, 내가 못 들은 것일지도 모른다.

피식민자로 산다는 것, 또는 피식민자의 후예로서 식민지를 기억한다는 것은 무엇일까? 나는 공부의 길에 들어선 이후 지금까지 수십 년 동안 그 문제를 생각하고 그에 관한 변변치 않은 글을 써왔지만, 여전히 오리무중이고 앞이 깜깜하다. 한때는 분명하게 보인다고 생각했던 것도 날이 갈수록 흐릿하고 알 수 없는 것투성이다.

다만, 이래서는 안 된다는 것만은 점점 분명해진다. 앞서 말했듯이, 증오와 원한만으로 뭉쳐진 기억의 방식으로는 식민지는 결코 종식되지 않는다. 그러나 한국 사회의 일상 속에서, 더 나아가 지적·학문적 영역에서도 사태가 나아질 기미는 조금도 보이지 않는다. 그렇다고 넋을 놓고 있을 수만도 없다. '한국어'나 '한국문학'은 한국인인 나에게 '외국어'이며 '외국문학'이라는 것, 또는 그렇게 만들어야 하는 것이라고 나는 믿는다. 정치적 환경의 변화와 상관없이 나날이 강화되는 한국 사회의 국가주의, 쇼비니즘, 집단 나르시시즘적 폭력에 맞서 한국인으로서 내가 할 수 있는 일은 한국에서 한국으로 '망명'하는 것, 한국에서 한국으로 '이민'하는 것, 즉 한국 내의 '난민'이 되는 것이라고 나는 늘 생각한다. 그것이 한국어와 한국문학이 내게는 외국어이자 외국문학이라는 의미이다.

나 그리고 당신의 모국어는 모두 외국어이며 크레올creole이다. 나는 그리고 당신은 단지 과거의 흔적일 뿐이며 과거는 내가 그리고 당신이 알 수 없는 타자이다. 나 그리고 당신은 육체적으로나 정신적으로나 혼혈인混血人이다. 나 그리고 당신의 문화는 잡종이며 식민지적이다. 이른바 식민주의의 극복, '식민 잔재의 청산'은 이 지점에서만 가능할 것임을 나는 믿는다. 읽고 쓰는 자로서의 나의 의무도 여기에서 시작된다.

나는 지금 중국 난징南京에서 이 글을 쓰고 있다. 오늘 저녁에도 동네의 과일가게 아줌마는 나의 한심한 중국어 성조를 열심히 교정해주었다. 돌아오는 길에 골목에서 뛰어노는 아이들이 떠드는 소리를 유심히 들으면서 나는 그 아이의 말을 따라하려 애썼다. 저 글자는 어떻게 읽을까, 무슨 뜻일까, 거리의 간판들을 따라 내 눈은 분주하다. 삼인행필유아사三人行必有我師가 아니라 천지도처유아사天地到處有我師이다. 이 낯선 말들의 숲에서 내 눈과 귀는 타자와 만나기 위해 전력을 다한다. 모국어의 세계에서는 필요하지 않은 이 노력이야말로 언어가 윤리일 수 있는/이어야 하는 가장 확실한 근거가 아니겠는가. 그리고 그것이야말로 저 끔찍한 모더니티, 잔인한 식민지를 넘어가는 유력한 하나의 통로가 아니겠는가.

··· 열린 창틈으로 난징의 명물 계화桂花의 향기가 잠깐 꿈결처럼 퍼졌다가 사라진다. 됐다. 오늘 하루는 이걸로 충분히 행복하다.

제국의 구멍
—『조선인 강제연행』의 번역에 부쳐

중국 난징에 체류하고 있던 지난해 어느날, '무심거사無心居士'가 홀연히 내 처소에 나타났다. 겉으로는 무심하고 무뚝뚝하기 이를 데 없지만, 알고 보면 유난히 정이 깊고 섬세해서 내가 '무심거사'라고 부르는 그는 학생 시절부터 속을 털어놓고 지내는 나의 오랜 벗이다. 연락도 없이 불쑥 나타난 그와 함께 고도古都 난징의 이곳저곳을 거닐면서 나눈 대화의 일부분을 여기에 옮긴다.

무심: 그래 요즘은 뭘로 소일을 하시나?

나: 도쿄대학 도노무라 마사루外村大 교수의 『조선인 강제연행朝鮮人强制連行』의 번역을 대충 끝내고 교정을 보고 있네. 이와나미岩波書店에서 2012년에 나온 신서新書인데, 흥미로운 내용이 아주 많아 혼자 읽기가 아까워서 말이지.

무심: 조선인 강제연행이라니, 논란이 많은 주제인데 또 뭔 소리를 들으려고…. 저자는 어떤 사람인가?

나: 자네도 기억할지 모르겠는데, 벌써 근 20년 전쯤에 한일 학자들이 함께 했던 역사포럼 있지? 거기서 재일조선인-일본인의 결혼에 관한 논문을 발표했던 젊은 역사학자가 바로 그 친구야. 와세다에서 학위를 받은 신진 학도였는데, 지금은 도쿄대의 중견 교수야. 당시 그 논문은 그 자리에 참석했던 학자들에게 강한 인상을 주었고, 나도 깊은 감명을 받았지. 이후로도 꾸준히 정진해서 좋은 책을 많이 냈는데, 그중 하나가 이 책, 『조선인 강제연행』일세.

무심: 역사학자도 아닌 자네가 군이 이 책을 번역한 이유는 뭔가?

나: 역사학자들이 안 하니까 내가 하는 거고, 또 이 책은 학자들뿐 아니라 일반 독자들이 꼭 읽어봐야 할 책이라고 생각했기 때문이지.

무심: 그렇게 말하니 나도 흥미가 생기는군. 그런데 일제에 의한 강제동원 같은 것은 한국인이라면 거의 대부분 상식으로 알고 있는 일이 아닌가? 특히 최근에는 영화로까지 만들어져서 강제동원이나 징용이라면 한국인은 아마 어지간한 전문가가 되어 있을걸.

나: 잘 안다고 생각하지만 실은 잘 모르는 일, 심지어는 잘못 알고 있는 일이 얼마나 많은가. 도노무라 교수의 연구도 바로 그 지점에서 시작하고 있네. "일본 제국이 식민지 조선인을 강제로 전쟁에 동원하고 수많은 희생을 강요했다"라는 상식을 확인하는 것만으로 강제동원에 대해 안다고 말할 수는 없겠지.

무심: 그 정도만 알면 됐지, 뭘 더 알아야 한다는 말인가, 바쁜 세상에….

나: 글쎄, 이 책을 읽고 나면 생각이 좀 달라질 걸세. 저자는 조선인 강제동원이라는 역사적 사상事象을 심리적 혹은 정치적 이데올로기의 관점에서 보다는 철저하게 구체적인 사료들, 즉 당시의 행정문서, 법령, 공문, 기타 보고서 등을 기반으로 추적하고 있는데, 이것은 역사학자로서는 당연한 일이겠지. 그런데 이 방대한 사료들의 꼼꼼한 분석을 통해 저자는 조선인뿐 아니라 일본인들에게 훨씬 더 대규모로 행해진 전시 강제동원에 대해 우리가 미처 생각하지 못했던 많은 문제들을 제시하고 있다네.

무심: 예를 들면 어떤 것들인가?

나: 가령 저자가 이 책에서 "조선인은 징용되지 않는 차별을 받고 있었다"라고 말하는 것을 이해하겠나?

무심: 무슨 소리야? 조선인이 징용되지 않았다니?

나: 말 그대로야. 그리고 그 말은 일본 제국은 될 수 있으면 조선인을 징용하지 않으려 했다는 뜻이기도 해. 또 일본인에게는 좀처럼 자행되지 않던 폭력이 유독 조선인에게 자행된 배경이기도 하고.

무심: 점점 더 알 수 없는 소리를 하네. 설마 일본 제국의 조선인 강제징용 사실을 부정하는 건가?

나: 그럴 리가 있겠나. 법적으로 조선인에 대한 징용령이 발동된 것이 1944년 9월, 해방 1년 전인데, 그 전에 이미 징용과 다름없는 노무동원이 1939년부터 시행되고 있었으니까, 징용이든 동원이든 수많은 조선인이 일본 제국의 총력전 체제에 희생되었다는 사실은 두말할 나위가 없지. 그런데 왜 징용령이 패전 1년 전에야 뒤늦게 조선에 적용되었는가, 왜 일본 제국은 식민지 조선인에 대한 징용령 발동을 주저하고 있었던가, 조선총독부를 비롯한 제국 권력의 일각에서 조선인의 일본 내지 동원을 반대하는 목소리가 끊이지 않았던 이유는 무엇인가, 그 의미와 결과를 어떻게 해석해야 할 것인가, 이런 문제들에 대해 생각해보았나? 이 문제들에 대해 답을 찾다 보면 일본 제국의 조선 통치가 어떠한 것이었는지 그 본질과 특성을 좀더 명료하게 알 수 있지 않을까? 그리고 그것이야말로 제국/식민지 체제를 넘어설 수 있는 소중한 지적 자원이 되지 않을까? 내가 보기에 저자는 그 작업을 이 책에서 아주 잘 해내고 있어.

무심: 조선인의 징용을 제국 정부가 원하지 않았다고?

나: 그렇게 직설적으로 들이밀면 곤란해. 잘 들어보게. 징용이든 징병이든 공식적으로 법령을 발동해서 피통치자에게 목숨을 내놓으라고 할 때는 우선 그 피통치자를 법의 테두리 안에 있는 존재, 즉 법적 의무와 권리를 지닌 존재로 인정한다, 그 안으로 포섭한다는 뜻이 아니겠나? 다시 말해, 목숨을 내놓으면 그에 합당한 대가, 즉 국민으로서의 권리를 주겠다는 것을 전제하는 것이란 말이지. 푸코가 말한 대로 "나가서 죽어라, 그러면 너에게 행복을 주마.Go to get slaughtered, and we promise you happiness"라는 근대국가와 국민과의 관계가 비로소 성립하는 거지. 그

런데 일본 제국에게 식민지 조선인은 그의 목숨과 국가의 보호를 교환할 법적 존재조차 되지 못했다는 말이야. 적어도 징용령과 징병령이 발동되는 1944년까지는….

무심: 계속해보게.

나: 전시기 이른바 친일행위의 대표적인 프로파간다가 한결같이 "이제 조선인도 군인이 될 수 있다, 천황의 신민이 되었다, 얼마나 기쁜 일이냐"고 민중을 선동했던 것은, 이런 관점에서 보면 그동안 은폐되었던 제국 권력과 피식민자의 관계의 실체를 역설적으로 폭로하는 하나의 예라고도 할 수 있겠지.

무심: 듣다 보니, 징용이 뭔가 괜찮은 것이었다는 뉘앙스마저 풍기는 것 같은데….

나: 아니, 아니. 일본인에게는 일찌감치 적용되었던 징용이라는 법적·제도적 절차를 마련하지도 않은 채 식민지 조선인을 마구잡이로 동원하고, 그 과정에서 본인 의사에 반하는 폭력적 동원이 끊임없이 자행되었다는 것이 이 말의 요체이네. 그 결과 징용제도 아래서 보장되었던 피동원자에 대한 법적 보호와 일본 국가의 원호마저도 조선인은 그 대상에서 제외되었다는 말이야. "조선인은 징용되지 않는 차별을 받았다"는 것은 그런 뜻이네.

무심: 그렇다고 해서, 제국 정부가 조선인의 징용을 원하지 않았다는 말인가?

나: 반드시 오해를 하고야 말겠다는 각오를 매일같이 다지면서 사는 기이한 인간들을 나는 많이 보았지. 허허, 오늘은 자네가 꼭 그런 부류처럼 보이네그려. 오래된 문장이지만, 마루야마 마사오丸山真男가 일본 군국주의에 대해 한 말을 다시 한번 읽어볼까? 다음과 같은 문장이야.

그들이 전쟁을 원했는가 하면 그렇다고 할 수도 있고, 또 그들이 전쟁을 피하려고 했는가 하면 그 또한 그렇다고 할 수도 있다. 전쟁을 원했음에도 불구하고 전쟁을 피하려고 했으며, 전쟁을 피하려고 했음에도 불구하고 전쟁의 길을 감히 택한 것이 실제의 모습이었다. 정치권력의 모든 비계획성과 비조직성에도 불구하고 그것은 어김없이 전쟁으로 방향지어져 있었다. 여기에 일본 '체제'의 가장 깊은 병리가 있다.(마루야마 마사오, 김석근 옮김, 「군국 지배자의 정신 형태」, 『현대 정치의 사상과 행동』, 한길사, 1997, p. 136.)

어떤가? 나는, 마루야마의 유럽중심주의적 편향이나 계몽이성에 대한 과도한 신뢰를 오늘날의 시점에서 비판하고 그를 오래전에 한물간 사상가로 취급하는 것은 후대의 불로소득성 지혜를 남용하는 것이라고 생각해. 그의 글들을 전시와 전후의 현실 문맥 속에 놓고 읽으면 생각이 달라질 거야. 위의 문장도 그래. 오랜 시간이 지났지만 빛바래지 않는 진실이 담겨져 있지 않은가? 이 문장에서 '전쟁'이란 단어를 '조선인 징용'으로 바꾸어 읽어도 무방하다고 생각하네만….

무심: 허허, 발끈하는 성질은 여전하네그려. 아무튼 무슨 말을 하려는지는 알겠네. 제국의 내부가 서로 다른 이해관계로 늘 혼란스럽고 일관성 없고 상호 모순되는 식민지 정책을 시행하고, 그 과정에서 심한 경우에는 자기 파괴적인 결과를 불러오는 행동마저 불사한다는 것은 다른 국가들의 경우에서도 볼 수 있는 사례이긴 하지. 조선총독부나 제국 권력의 일각에서 조선인의 일본 내지로의 동원을 줄곧 반대하는 목소리가 있었다는 것 역시 그런 얘긴가?

나: 그렇지. 물론 그것은 조선이나 조선인을 위한 것은 아니었지. 일본 정부가 조선의 징용을 패전이 임박한 시점까지 최대한 늦춘 것은 방금 말

한 그런 이유 때문만은 아니고 좀더 복잡하고 현실적인 여러 이유들이 있는데, 그에 대해서는 이 책을 직접 읽어보는 게 좋겠어. 아무튼, "조선인은 징용되지 않는 차별을 받았다"는 도노무라 교수의 지적은 내가 최근 몇 년간 깊이 생각하고 있는 주제와도 상통하는 것이어서 나로서는 큰 자극을 받았네. 근대 국민국가에서의 서브젝트subject=신민으로서의 피통치자, 즉 국민국가의 법역法域 안에 존재하는 '국민'과 그것조차 되지 못하는 이른바 비국민/비신민/비주체, 즉 비체卑體=앱젝트abject의 문제는 내가 오랫동안 관심을 갖고 있는 주제일세. 이 비국민/(비)존재들은 '징용도 되지 못하는 존재' 다시 말해, 법적·제도적 대상으로 인식되는 것이 아니라 법이 필요 없는 무법적 존재, 즉 필요하면 그냥 집어다 쓰는 물건 같은 것으로 존재한다는 얘기야. 다시 말해, '살게 만들고 죽게 내버려두는 make live and let die' 근대 국민국가의 통치 대상도 아닌 (비)존재들, 살든지 죽든지 아예 관리 대상조차 되지 않는 (비)존재들. 국민국가는, 그리고 제국/식민지 체제는 이 (비)존재들의 생과 죽음을 딛고 서 있는 것이 아닌가, 이 문제를 어떻게 학문적으로 규명할 것인가, 궁극적으로 이 체제의 해체를 위한 저항의 지점을 어떻게 이론화할 것인가, 뭐 좀 능력에 넘치는 상상을 하고 있네. 도노무라 교수는 지난해 서울에서 열린 일본군 위안부 관련 학술회의에서도 아주 주목할 만한 논문을 발표했는데, 그에 따르면 일본군 위안부 역시 '법령이나 공식 제도를 통한 동원'의 범주에 포함되지 않는 존재, 다시 말해서 법 바깥의 (비)존재의 전형이라는 내용이었어. 물론 그가 이런 용어를 쓴 것은 아니지만…. 요컨대 협소한 실정법적 개념만으로는 이 (비)존재들의 삶과 죽음에 대해 우리가 할 말이나 일이 별로 없을 것이라는 생각이야.

무심: 잠깐, 조금 비약하는 것 같은데…. 그런 관점은 식민지 지배의 법적

책임이나 국가 책임을 논할 때에 공연한 오해를 야기할 수 있지 않을까?

나: 법적 책임의 문제는 법 바깥에 무법적 상태로 버려져 있는 (비)존재들에 대한 법의 책임을 묻는 것으로부터 시작되어야 한다는 뜻일 뿐이네. 법의 사정거리 밖에 있는 것을 법의 잣대로 책임져야 하는 난제, 그것을 떠맡는 것이 역사학자나 법학자의 책임이 아닐까? 역사학자도 법학자도 아닌, 그저 물정 모르는 문학도의 순진한 발상이라고 무시해도 할 수 없고….

무심: 뭐 그렇게까지 비감해할 건 없고, 하던 얘기나 계속하게.

나: 도노무라 교수의 이 책은 숫자와 통계표가 연속되는 얼핏 보기에는 매우 답답한 느낌을 주는 서술들로 이어져 있네. 그러나 나는 이 책을 번역하면서 무미건조한 숫자나 통계가 그 어떤 소설이나 영화보다도 인간의 삶과 신체를 더 생생하게 그려낼 수 있음을 알았네. 숫자들로 가득 채워진 노무동원계획안 같은 것을 들여다볼 때 내 머릿속에서 줄곧 떠나지 않던 장면이 있었네. 염상섭의 소설 「만세전」일세. 주인공 이인화가 경부선 열차 안에서 '갓장수'를 만나는 장면 기억하나?

무심: 자네가 그 장면에 관해 쓴 논문도 읽었네.

나: 저런, 그 지루한 논문을 읽어주었다니 고맙네. 「만세전」을 식민지 시대 최대의 소설적 성과로 손꼽을 수 있는 이유는 이 소설 속에 흘러넘치는 식민지 비체들의 형상 때문이라고 나는 생각하네. 알다시피, 이 소설은 일본 유학생 이인화가 아내의 부음을 받고 도쿄에서 서울로 귀환하는 여정 중에 만나는 온갖 인간 군상들의 모습을 그리고 있지. 그중에 주인공이 경부선 열차 안에서 만나는 갓장수, 혹은 부산 뒷골목 카페에서 만난 조선인-일본인 혼혈의 접대부, 기차가 대전역에 잠시 정차했을 때 우연히 목격하는 포승에 묶인 조선인 범죄자들에 대한 묘사는 그저 가볍게 스쳐 지나가

는 것처럼 보이지만, 실은 소설의 주제와 관련해서 작가의 의도가 강하게 배어 있는 장면들이네. 갓장수의 경우를 볼까? "갓에 갈모를 쓰고 우산에 수건을 매어 두른 삼십 전후의 촌사람"인 갓장수는 양복을 입고 머리를 깎은 이인화를 "일본 사람인가 아닌가 하는 염려"를 품은 채 바라보다 서로 대화를 나누게 되는데, 왜 머리를 깎지 않느냐는 이인화의 물음에 갓장수가 다음과 같이 대답하는 장면이 결정적이야. 갓장수의 말을 들어보세.

머리를 깎으면 형장兄丈네들 모양으로 내지어도 할 줄 알고 시체 학문도 있어야지요. 머리만 깎고 내지 사람을 만나도 대답 하나 똑똑히 못 하면 관청에 가서든지 순사를 만나서든지 더 귀찮은 때가 많지요. 이렇게 망건을 쓰고 있으면 '요보'라고 해서 좀 잘못하는 게 있어도 웬만한 것은 용서를 해 주니까 그것만 해도 깎을 필요가 없지 않아요?

이 갓장수를 염두에 두고 도노무라 교수가 서술하는, 대부분 농민이 그 대상자인 조선인 강제동원의 실상들을 읽어보게. 내 말이 과장이 아님을 알 수 있을 걸세. 조선만 그런 것이 아니야. 도노무라 교수의 이 책에서도 잠깐 언급되지만, 대만의 경우도 유사하네. 2010년 캘리포니아대학출판부에서 발간한 로버트 티어니Robert Tierney의 『야만의 열대Tropics of Savagery』라는 책에 나오는 서술을 예로 들어보지. 1902년에 대만 총독부 민사부에서 원주민 대책을 총괄했던 모치지 로쿠사부로持地六三郎는 "일본 제국의 법률 아래서 제국과 원주민은 아무런 관계가 없다"고 단언했어. 또 이렇게도 말했어. "항복하지 않은 생번生蕃은 사회학적 관점에서 보면 인간이지만, 국제법의 관점에서 보면 동물과 유사하다." 이인화가 열차에서 만난 갓장수는 말하자면, 조선의 '생번'이라고 할 만하지.

그는 이인화처럼 머리를 깎고 내지어에 능통한 '항복한 생번'이 아니라, 갓과 망건을 쓰고 머리도 깎지 않은 '길들여지지 않은 생번', 즉 '요보'인 것이지. 즉, 이 갓장수 역시 "제국의 법률 아래서 제국과 아무런 관계가 없는" "동물과 유사한 존재"라는 말이야. 「만세전」은 이 동족의 비체들과 마주친 식민지 엘리트 남성 이인화의 깊은 절망과 공포를 드러내는 소설이야.

무심: 잠깐, 아무리 번역자가 제2의 저자라 하더라도 너무 자기 주장을 장황하게 늘어놓는 것 같아. 이제 그만하고…. 좀 전에 숫자와 통계 얘기가 나왔으니 말인데, 강제동원된 조선인의 숫자에 대해서는 이 책에서 밝히고 있지 않나?

나: 전시기에 강제동원된 조선인 숫자는 '동원'의 개념, '강제성'의 기준을 어떻게 설정하느냐에 따라 많은 차이가 있지만, 위안부의 경우에 비해서는 꽤 근사한 수치가 나와 있네. 신뢰할 만한 자료들과 문서를 통해 연구자들이 밝혀낸 것이지. 우선 '동원'의 개념과 '강제성'의 기준부터 얘기해야 될 것 같네. 이 문제에 관해 도노무라 교수는 이 책의 첫머리에서 확실한 입장을 밝히고 있어. 저자는 '강제연행'의 개념을 협소하게 적용하려는 시도를 거부하고 있네. "본인 의사와 상관없이 정부 계획에 따라 노동자로 동원했을 경우 강제연행의 범주에 포함할 수 있다"는 것이 저자의 견해야. 강제성 여부에 대해서도, 일본인 동원과는 달리 조선인 동원의 경우에는 본인 의사에 반해 폭력적으로 끌어오는 사례들이 당사자의 증언이나 행정 당국의 문서들을 통해 얼마든지 뒷받침되기 때문에 결코 부정할 수 없는 사실이라는 것도 전제하고 있지.

무심: 그런데 논의의 초점이 피해자의 숫자나 강제성 여부에만 맞춰지면,

문제가 제자리를 맴돌거나 심지어는 가해행위 자체를 부정하는 언설들을 공고하게 하는 결과를 낳지 않는가? 실제로 그런 경우가 많이 있기 때문에 하는 말이네만.

나: 옳은 말씀이네. 그러나 또 한편 숫자나 강제성이 역사적 가혹행위의 본질을 규명하는 데에 무시할 수 없는 한 요소인 것도 사실이지. 다만 그것이 모든 것을 설명하는 것은 아니라는 점을 잊지 말아야겠지. 그럼에도 불구하고, 피해자의 숫자나 강제성 여부에만 과도하게 집착하는 현상은 여전해. 일반 대중은 물론이고 전문가들 사이에서도 무작정 숫자를 과장하거나 반대로 축소함으로써 가해성/피해성의 정도를 재려고 하는 경향이 강하게 남아 있다는 말이네. 예를 들어, 출처가 어딘지는 알 수 없지만 대중적으로 널리 알려진 심지어는 일부 학자들까지도 인용하는 "600만 명"이라는 수치가 최대의 과장이라면, 도노무라 교수가 이 책에서 언급하는 1959년 일본 외무성 발표 문서에서의 "245명"은 아마 가장 터무니없이 축소된 숫자일 걸세. 둘 다 근거가 희박한 숫자이지만, 문제는 숫자의 크기를 가지고 가해/피해의 정도를 가늠하려는 관념이지. 600만 명의 피해는 245명의 피해보다 큰가? 245명에 대한 가해는 600만 명에 대한 가해보다 작은가? 그렇다고 하는 사람은 조선총독부나 일본 정부의 사무실에 앉아 조선인 노무동원 계획을 입안하면서 3만이니 4만이니 하는 숫자를 적어넣고 있던 제국의 관료와 하나도 다를 바 없는 사람이라고 나는 생각해. 그는 그가 적어넣고 있던 그 숫자들이 무엇을 의미하는지 단 한 번이라도 생각해보았을까? 그가 적어넣는 숫자 1이 우주 전체와 맞먹는 생명 하나라는 인식을 이 관료-기계에게 기대할 수 있을까? 끔찍한 것은 그러니까 숫자의 많고 적음이 아니라 그 숫자를 적어넣는 자의 그 태평한 무관심이지. 더 끔찍한 것은 세상에는 아직도 600만 명설說 신봉자와 245명

설 신봉자가 무수히 많고, 그들은 서로 상대방을 불구대천의 원수로 여기고 있다는 사실이지. 실은 쌍둥이인데 말이야.

무심: 그래서 강제동원된 조선인 숫자는 얼마란 말인가?

나: 신뢰할 만한 자료를 바탕으로 저자가 꼼꼼하게 추산한 결과로는 "70만 명 이상"일세. 하지만 이미 말했듯이, 강제동원 숫자를 규명하거나 확정하는 것은 이 책의 관심사가 아니야. 강제동원 조선인의 수치에 관한 논쟁은 학계에서는 이미 정리된 것으로 보이네. 홍제환 박사의 「전시기 조선인 동원자수 추정치 활용에 대한 비판」(『경제사학』 44호, 2006)을 꼭 읽어보기 바라네. 이 논문은 한국의 모든 공적 기구들, 정부, 국회, 언론, 학계에서 가장 강력한 통설로 굳어진 "150만 동원설"이 어떻게 "만들어진" 것인지를 자세히 밝히고 있네. 단순한 실수나 오류라고는 볼 수 없는 통계의 의도적인 과장이나 조작을 통해 이 수치가 우리 사회에서 하나의 진실로 통용되는 과정을 이 논문은 치밀하게 논증하고 있어. "150만 명 동원"이라는 허구가 만들어지는 과정은 학문 연구자의 자세를 가다듬게 하는 반면교사의 역할을 수행한다고까지 말할 수 있을 거야. 아무튼 이 논문에 따르면, "1944년까지 동원된 조선인의 수치는 최소 66만~68만"이라는 거야. 이 수치는 1945년을 제외한 것인데, 여기에 도노무라 교수가 추정한 "1945년도 1/4분기에 1만 명 이상"을 합하면 거의 같은 숫자가 되네.

무심: 결국 1939~1945년에 일본 내지로 강제동원된 조선인의 숫자는 '70만 명 이상'이라고 이해하면 되겠군.

나: 어디까지나 일본 내지로 동원된 사람들만을 가리키는 것이고, 조선반도 안에서의 단기 동원, 즉 근로보국대라는 이름의 동원은 아직 그 규모조차 파악되지 못한 실정이네. 앞으로의 연구를 기대해야겠지.

나: 자, 그럼 그 얘기는 그 정도로 하고, 전시기 강제동원을 비롯해 일본군 위안부에서 그 극단적 잔학상을 드러내는 일본 제국의 가해행위를 어떤 관점으로 보아야 할지를 얘기해보세. 우선 자네는 최소 70만 명이 넘는 조선인을 강제로 일본으로 끌고 가 지옥 같은 탄광 노동이나 토목 공사에 종사시킨 가혹행위가 어디에서 비롯되었다고 생각하나?

무심: 그야 물론 일본 제국의 식민지 지배의 본질이 워낙 폭력적이었던 데다가, 군국주의자들이 일으킨 전쟁 때문에 수많은 사람들이 극심한 고통을 겪어야 했던 것 아닌가?

나: 그런 대답은 역사 시험문제의 모범 답안은 되겠지만, 구체적인 실태를 아는 데에는 아무 도움도 되지 않네. 저자의 다음과 같은 말을 들어보세. "조선인을 동원하는 과정에서 발생한 갖가지 폭력과 민족차별, 인종적 억압은 일본 제국의 정책 당국자가 원했던 결과가 아니라는 점에도 주목해야 한다." 어떤가? 저자는 이런 관점에서 강제동원의 실태를 서술하고 있는데, 자네 생각은?

무심: 글쎄, 잘 모르겠네. 그들이 원했든 원하지 않았든 결과가 그렇게 나타난 바에야 애초의 의도가 무슨 상관인가?

나: 그야 그렇지. 강제동원을 입안하고 실행한 당국자를 비호하자는 의미는 물론 아니야. 다만 그 행위가 구체적으로 어떻게 실행되었는지, 왜 그런 일이 발생했는지를 치밀하게 따져보지 않으면 가해행위에 대한 비판과 책임 추궁도 길을 잃기 쉽다는 뜻이지. 실제로 그런 현상이 나날이 벌어지고 있고….

무심: 계속해보게.

나: 전시기 동원정책의 목표는 두말할 것 없이 전쟁에서의 승리이고, 그 목표를 위해서는 합리적으로 인적·물적 자원을 배치하고 생산 증강에 매

진하는 것이 당연하겠지? 또한 온갖 미디어의 선전활동을 통해서 국민, 즉 피동원자의 자발성을 유도하고 그들로 하여금 기꺼이 제국의 이익을 위해 자신의 삶을 희생하도록 하는 교화작업도 전쟁 수행의 핵심적인 요소겠지. 그런데 조선에서의 동원의 실태는 어떠했던가? 노동자를 모집하거나 끌고 오는 과정에서 폭력적인 충돌이 끊이지 않았고, 말기에는 할당된 인원을 채우기 위해 노인이나 병약자를 끌어와서 오히려 그들을 조선으로 되돌려보내는 일까지 발생했지. 탄광이나 노무 현장에서는 분쟁이 쉴 새 없이 발생했고, 도망자도 적지 않아서 당국이 골치를 앓고 있었어. 어느 모로 보나 전쟁 수행이나 생산력 증강에 도움이 되기는커녕 총력전 체제에 방해밖에는 되지 않는, 당국자가 원했을 리가 없는 이런 일들이 왜 패전 때까지 지속되었을까? 저자는 이 의문을 푸는 데에서 이 책의 서술을 시작하고 있네.

무심: 음, 듣다 보니 흥미가 생기는군. 그래, 저자의 설명은 무엇인가?

나: 한마디로, 일본 제국의 조선 통치는 그런 대규모 동원을 매끄럽게 수행할 만큼의 조직력이나 행정력을 갖추지 못했다는 거지. 근대국가적 통치를 위한 최소한의 인프라, 즉 보통교육의 확충, 교통통신시설의 구비, 대중매체의 보급, 주민 조사와 통계, 그 어느 것 하나 제대로 갖추지 않았다는 말이야. 동원 대상이 주로 농민이었던 점을 감안하면 이 문제는 사태를 이해하는 데에 결정적이야. 1939년 기준으로 조선 인구 약 2200만 가운데 조선어 3개 일간지의 총 구독자수가 19만 명 미만, 그나마도 도시에 집중되어 있다는 현실을 생각해보게. 농촌에서도 집집마다 신문을 구독하고 라디오를 구비하고 있던 당시의 일본과 비교해 조선 농촌인구의 대부분은 일본어는커녕 한글도 모르는 상황이었고, 도시에 한정된 라디오 보급률은 전체 인구의 0.37퍼센트 수준이었어. 해방 직후 남한의 13세 이

상 전체 인구의 한글독해율이 22퍼센트였으니까 1939년의 조선 농촌에서 글을 읽을 줄 아는 사람은 극소수였다고 보아야겠지. 이 현실이 말해주는 것은, 농민을 포함한 민중에게 국가 정책이나 이념을 전달할 기본적인 수단이 거의 없었다는 거야. 그런가 하면, 주민관리와 정책 수행을 일선에서 담당할 말단의 행정기구, 즉 면사무소 직원이나 주재소 순사巡査의 숫자도 매우 적어서 이들만 가지고는 동원 업무가 원활하게 진행될 수 없는 형편이었다는 점, 더 나아가 동원의 물질적 기본 조건인 철도를 비롯한 교통수단의 열악함, 동원의 기초자료가 되는 주민통계의 엉성함 등에 대해서도 이 책에 자세히 나와 있으니 더 이상의 설명은 생략하기로 하세. 결국 이런 현실이 조선인 동원을 끊임없는 우격다짐과 폭력으로 물들게 했던 물리적 환경이었다면, 좀 전에 말한 대로, 피식민자 엡젝트를 인간이 아닌 "동물"이나 물건으로 인식하는 식민주의자들의 뿌리깊은 정신질환이 이 사태의 심리적 배경이라고 할 수 있겠지.

무심: 그래, 그러니까 식민지 지배의 본질이 폭력이라는 것 아닌가? 자네가 하고 싶은 말이 뭔가?

나: 기묘한 역설이랄까? 아니, 근대국가 또는 일제 식민지 통치의 어떤 '구멍'을 보는 듯한 느낌이 들었네.

무심: 구멍이라니, 무슨 뜬금없는 소린가?

나: 푸코적 관점에 따르면, 근대국가적 통치의 본질은 무엇인가? 국가기구에 의한 팬옵티콘pan-opticon적 감시와 규율, 정교한 행정 시스템에 의한 주민관리, 근대의학에 의한 신체의 위생과 통제, 국민교육과 군대 및 감옥 등을 통한 이데올로기적 동화同化, 요컨대 생-정치bio-politics와 정체성-정치identity-politics를 기반으로 '국민'을 주조鑄造해내는 것이야말로 근대국가의 통치성governance을 설명하는 핵심이 아니었던가?

그리고 오랫동안 우리 연구자들은 이런 관점에서 일제 식민지 통치의 구조를 해명하려 애쓰지 않았던가?

무심: 그게 뭐 잘못되었단 말인가?

나: 일제의 식민지 통치를 근대성의 관점에서 설명하는 것 자체가 잘못된 것일 리는 없지. 자네도 알다시피, 나도 그런 방법으로 오랫동안 시시한 글들을 써오지 않았나? 다만 그러는 가운데, 때때로 일반화된 이론을 특정한 사례에 덮어놓고 적용하거나 아니면 반대로 특수한 사례를 서둘러 일반화하는 편향이 있지 않았던가, 그런 반성이 생겨났다는 말일세.

무심: 에둘러 말하지 말고 바로 말씀하시게.

나: 일제가 시행한 식민지 조선의 근대화가 대단히 미숙하고 허약한 수준이었다는 것, 이게 핵심이야. 국가권력의 손길이 인민의 생활과 의식 속에 물샐 틈 없이 침투하는 근대국가의 통치성 이론으로 식민지 조선의 근대성을 분석할 때 우리가, 아니 내가 무심코 빠졌던 함정이 있었네. 즉, 일제의 근대적 통치기구나 권력을 부지불식간에 무소불위의 편재하는 ubiquitous 절대자로 전제하게 된다는 말이지. 하지만 도노무라 교수가 이 책에서 밝히는 바에 따르면, 식민지 조선의 통치성은 그런 수준의 것이라고는 볼 수 없지.

무심: 그래서 그게 어떤 의미를 지니는가?

나: 식민지 통치의 실상에 관한 과도한 편향이나 과장을 제어하는 효과를 지닐 수 있지 않을까? 예컨대, 통치권력의 절대 권능을 강조하면 할수록 그 속에 갇힌 피식민자는 동시에 절대적으로 무력한 존재, 어떤 저항의 가능성도 지니지 않은 존재, 결국 역사 속에서 아무 의미도 지니지 못한 존재로 인식될 뿐이지. 이렇게 되면 최악의 경우, 의도치 않게 식민 지배의 필연성을 인정할 수밖에 없는 결론에 직면할지도 몰라. 그리고 그런 결론

을 회피하기 위한 방법은 피식민자의 저항을 오로지 제국을 능가하는 똑같이 강력한 권능, 즉 '피어린 투쟁'이나 찬란한 근대화의 길에서 찾는 것이지. 이런 경향에서 벗어나지 못한 식민지 역사 해석이 대단히 많다면 지나친 말일까?

무심: 지나치고말고. 비전문가인 자네가 역사학자들의 노고를 그렇게 가볍게 폄하할 수 있나?

나: 야단맞을 줄 알았네. 내 말이 과했다면 용서해주게. 아무튼 내가 도노무라 교수의 이 책을 통해 확인한 것은, 피식민자의 삶을 파멸로 이끈 제국주의 국가권력의 엄청난 위력과 위용의 이면에 터무니없는 허세와 허풍으로 감싸인 무질서하고 허술하기 이를 데 없는 뒤죽박죽의 덩어리, 결국 일차원적인 주먹에 의지하는 정도의 위력밖에는 지니지 못한 초라한 기형물이 버티고 있다는 사실이네. 통쾌하지 않은가? 정말 통쾌한 장면을 하나 볼까? 이 책의 제4장에서 저자는 조선인의 일본 내지로의 동원을 우려하는 한 일본 국회의원의 발언을 소개하고 있는데, 이 의원의 말인즉 "(조선에서) 들어오는 사람의 부족한 시국 인식"이 걱정된다는 거야. "100명이 들어오면 겨우 5명 정도만 대동아전쟁이 있다는 사실을 알고 있다"면서 개탄을 금치 못하는 거지. 이 대목을 읽으면서 나는 절로 환호성이 나왔네. 우리가 이러저러한 자료나 책을 통해서 상상하던 전시기 '내선일체', '황민화' 정책의 실상과 이것은 얼마나 다른 모습인가? "100명의 조선인 중에 5명 정도만 대동아전쟁에 대해 알고 있다"니, 이보다 더 확실하게 내선일체 정책의 실패, 총력전 체제의 붕괴, 제국 권력의 허방을 드러내는 증언이 또 있겠나? 화강암 덩어리의 조선총독부 건물이 수수깡으로 만든 장난감 집으로 화하는 순간이 아닌가?

무심: 이 사람 또 오버하네. 아무리 그래도 그 일차원적인 주먹에만 의지

하는 수수깡 집이 수천만의 삶을 고통으로 몰아넣고 피해를 끼친 사실이 변하는가? 그나마 수수깡이었으니 망정이지 명실상부한 화강암 덩어리였다면 어쩔 뻔했는가?

나: 옳은 말씀이네. 내 말은 화강암 집이든 수수깡 집이든 그 둘이 따로 있는 게 아니라 실은 동전의 양면이라는 얘기일세. 어느 측면을 보느냐에 따라 다른 가능성이 보이는 거겠지.

무심: 자네가 '구멍'이라고 말한 것은 그런 뜻인가?

나: 통치권력의 근대화의 수준이 낮았다, 즉 그물코가 넓었다는 뜻으로 해석하면 어떨까? 예를 들어 일본의 근대 경찰제도는 프랑스의 것을 모방한 것인데, 그것은 "인민 생활에 대한 모세혈관적 침투"라고 말해질 정도였지. 일제의 식민지 통치는 다분히 그런 측면이 있지만, 동시에 식민지 말기가 되도록 주민의 호적戶籍 정리조차 제대로 되어 있지 못한 상태였다는 거야. 이 불균질성unevenness이야말로 모든 것을 균질화하는 근대국가의 통치성과 정면으로 어긋나는 것 아닌가? 뭔가 유쾌하지 않아?

무심: 자네 말대로 권력의 여기저기에 무수한 허방이 있다고 치세. 그것이 무슨 가능성을 가진단 말인가? 그 비국민/(비)존재들과 권력의 구멍이 무슨 관계가 있단 말인가? 어느날 그들이 힘을 모아 일제히 제국을 뒤엎기라도 한단 말인가? 그런 가능성을 기대한단 말인가?

나: 아니, 그런 얘기라면 솔직히 모르겠네. 자네가 읽었다는 내 논문에서 나는 앱젝트의 존재 자체가 식민자에게 일으키는 근원적인 불안과 공포, 균열에 대해 말했는데, 그것을 일반적인 의미에서의 '저항'과 연결시키면 나로서는 할 말이 없네. 앱젝트abject는 통치의 '대상object'이 아니듯이 저항의 '주체subject'도 아니야. 그들은 그 범주 밖에 있고, 그럼으로써 체제를 안정시키고 동시에 불안을 야기하지. 그들이 권력의 '구멍' 그 자체

야. 도노무라 교수가 서술하는 강제동원의 현장에서 몸부림치는 피식민자 앱젝트의 생생한 형상을 눈여겨보게.

무심: 일제 식민지 통치 기간에 한국인은 국내외 곳곳에서 수많은 피를 흘리며 저항하지 않았는가. 그 역사적 사실에 대해 자네는 너무 무관심한 것 같아.

나: 역사가 우리에게 보여주는 것은 역사는 역사-이야기를 둘러싼 권력투쟁의 장일 뿐이라는 거야. 내 생각에, 식민자가 본능적으로 두려워하는 존재는 조직적·집단적으로 저항하는 피식민자가 아니라 주체도 되지 못한 존재, 즉 "제국과 아무런 관련이 없는" 존재들이지. 노예의 저항이 없으면 식민자도 주인 노릇을 못해. 그래서 식민자는 앱젝트가 불안하고 두렵지. 동시에 피식민자의 '저항의 역사' 속에서도 그들은 존재하지 않아. 그러나 그들은 반드시 회귀하지. 깊은 트라우마로 말이야. 이것은 허접쓰레기 같은 멜로드라마 역사-이야기로는 상상 불가능의 영역이야.

무심: 그러면 회귀하는 트라우마를 어떻게 치유할 것인가? 자네는 무슨 방안이 있는가?

나: 어려운 질문일세. 나 같은 백면서생에게 무슨 방안이 있겠나? 다음과 같은 사례를 같이 생각해보세. 일본군 위안부 피해자가 처음으로 세상에 모습을 드러낸 것은 1975년 오키나와에서였지. 1944년 취업사기에 속아 오키나와로 끌려온 이후 지옥 같은 위안소 생활과 오키나와 전투에서 죽을 고비를 여러 차례 넘기고, 해방 이후에도 고향에 돌아가지 못하고 그대로 오키나와에 머물러 있다가, 1972년에 오키나와가 미군정에서 일본으로 반환될 때 외국인 불법체류자로 분류됨으로써 그 신원이 드러나게 된 거지. 오키나와 전투에서 일본군을 따라다니며 생사를 함께한 이 위안

부 피해자는 일본이 패전했을 때의 소감을 "우리 편이 져서 분했다"라고 표현했어. 자, 우선 이 말을 첫 번째 사례로 기억해두세. 두 번째 사례 역시 이분과 관련된 거야. 일본군 위안부 피해자임을 밝힌 이후 재일본조선인 총연합회(조총련)가 이분을 보살폈는데, 1991년 이분이 세상을 떠난 후 조총련 기관지 『조선신보』에 다음과 같은 추모기사가 실렸네.

> '원쑤를 갚아 달라'고 유언을 남기고 간 봉기 할머니는 조일 국교정상화를 애타게 바랐습니다. […] 국교정상화가 되면 평양 가서 보신탕을 먹자고 약속했는데 그날을 못 보고 떠나갔습니다. […] 할머니는 나서 자란 고향에는 돌아가기 싫다고 말하고 있었습니다. 남조선에 미군기지가 있기 때문입니다.(『배봉기의 역사 이야기』, 여성가족부, 2006. p. 11.)

"일본의 승전을 기원했다"고 회고하는 위안부 피해자들은 이 외에도 적지 않아. 다음 사례를 보세. 1990년대 초에 이루어진 증언에서, 한 위안부 피해자는 자기가 끌려온 곳을 대만이라는 정도로 알고 있다가 어느날 일본군 병사가 가르쳐준 일본 군가를 듣고 정확한 지명을 겨우 짐작했다는 말을 하고 있네(한국정신대문제대책협의회·한국정신대연구회 엮음, 『강제로 끌려간 군위안부들 1』, 한울, 1993, p. 130). '죽기를 각오하고 도망을 쳐 나와도 어디가 어딘지 알 수 없는 곳이라 갈 데가 없다. 결국 도로 잡혀온다. 그래서 포기하고 체념할 수밖에 없었다'는 증언은 이 외에도 꽤 많네. 삶의 의지 자체를 철저하게 뿌리뽑힌 피해자들의 이런 증언을 읽을 때마다 나는 가슴이 메었네. 그런데 한 2년 전쯤, 바로 그 피해자가 한 집회에서 이렇게 말하는 걸 듣고 나는 다시 가슴이 콱 막히는 듯했네. "우리가 없었으면 오늘의 대한민국도 없습니다. 여러분. 우리는 독립운동의 선구자입니다."

무심: 자네, 무슨 말을 하려는 거지?

나: '일본이 져서 분했다', '일본이 이기기를 빌었다'라고 회고하는 위안부 피해자를 비난할 사람이 있는가? 아무도 그럴 수 없다는 것은 명백해. 이런 증언이야말로 가해의 잔인성을 남김없이 보여주는 것이지. 신체를 유린당한 피해자들로 하여금 스스로의 피해를 '국가를 위한 헌신'이라고 믿게 한 자들이 누구인지 우리 누구나 잘 알고 있지. 우리의 분노가 그들을 향해야 한다는 사실에도 이의가 없고.

무심: 그런데?

나: 그런데, '나는 (일본) 국가를 위해 정말 고생했다' '우리 편이 져서 분했다'라고 회고하던 피해자가 20년쯤 후에 '남조선에는 미군기지가 있어서 돌아가기 싫다'고 말하면, 또는 자신이 어디로 끌려왔는지도 몰랐다고 회고하던 피해자가 20여 년 후에 '우리는 대한민국을 위해 독립운동을 한 것'이라고 외치면, 그들은 피해의 상처를 극복하고 당당한 인간 주체로 거듭난 것인가? 누가 이렇게 했는가를 따지는 것은 부질없는 짓이네. 해방 이후 70년 넘게 여전히 식민지를 살고 있는 남-북한 국가와 그 국민의 문제이지. 한 국민국가의 폭력의 피해자를 또 다른 국민국가의 주체로 호출함으로써 피해자의 삶과 명예를 회복한다는 동어반복이 지니는 모순, 그리고 그 모순이 초래할 수도 있는 피해자에 대한 또 다른 억압, 이것들에 대해 생각하지 않는 한 상처는 영원히 치유되지 않을 거야. 국민국가의 장엄한(=허접한) 위용 속에 피해의 이미지를 박제하고 물신화하는 것으로 스스로를 위무하는 국민적 센티멘탈리즘이 모든 기억의 방식을 압도하는 한, 우리는 아무것도 기억하지 못하게 될 거야.

무심: 조선인 노무자 강제동원에 대해서도 그렇게 말할 수 있을까?

나: 그렇다고 생각하네. 식민지 문제를 가해국(민)/피해국(민)의 선악 이분법이나 도덕성의 관점으로 접근하면 결국 또 다른 망각이나 폭력을 낳을 뿐이지. 그런 의미에서 도노무라 교수의 다음과 같은 결론은 음미해볼 가치가 있다고 생각하네. "조선인 강제연행의 역사는 민주주의를 결여한 사회에서 충분한 조사와 준비가 부족한 조직이 무모한 목표를 내걸고 추진하는 행위가 가장 약한 사람들의 희생을 초래한다는 사실을 보여주는 사례로서, 노예적 노동을 도맡을 사람들을 설정함으로써 그 밖의 사람들까지 인간다운 노동에서 멀어지게 만든 역사로서 기억되어야 한다." 이것은 일본 제국의 범죄행위를 역사 일반의 문제로 추상화함으로써 국가 책임의 문제를 공중분해시키는 일부의 언설과는 전혀 다른 차원의 말이야.

무심: 조선인 강제동원은 일본 제국/조선 식민지의 문제일 뿐 아니라 근대 자본주의 국민국가 전반의 문제이기도 하다, 그런 관점도 잊어서는 안 된다고 나는 생각하네. 그나저나 자네 오늘 너무 말이 많았어. 이제 그만하고 난징 구경이나 시켜주게.

나: 내 말은 언제나 남의 말의 흔적일 뿐, 그러니 내가 한 말은 하나도 없어. 나가세. 장강長江을 보러. 장강이야말로 역사의 살아 있는 은유라네.

출전

민족-멜로드라마의 악역들—『토지』의 일본(인)론

  1.『일본비평』3호, 서울대 일본연구소, 2010.

  2.「民族-メロドラマの悪役たち」,『東アジアの思想と文化』6号, 東アジア思想と文化研究会, 2014.

비천한 육체들은 어떻게 응수하는가—산란하는 제국의 인종학

  1.『사이/間/SAI』14호, 국제한국문학문화학회, 2013.

  2.『문학과 과학 II—인종·마술·국가』, 황종연 엮음, 소명출판, 2014.

  3. How Do Abject Bodies Respond? Ethnographies of a Dispersed Empire, Christopher Hanscom & Dennis Washburn, eds. The Affect of Difference, University of Hawai'i Press, 2016.

'국어'의 정신분석—조선어학회 사건과『자유부인』

  1.『현대문학의 연구』55호, 한국문학연구학회, 2015.

  2.『김수영 연구의 새로운 진화: 이중언어, 자코메티 그리고 정치』, 연구집단 '문심정연文深精研', 보고사, 2015.

"오늘의 적도 내일의 적처럼 생각하면 되고"—'일제 청산'과 김수영의 저항

  1.『일본비평』10호, 서울대 일본연구소, 2014.

  2.「日帝の清算—私たちは安泰に過ごしている」,『抵抗と絶望—植民地朝鮮の記憶を問う』, 大月書店, 2015.

우리를 지키는 더러운 것들—오지 않은 '전후'

1.「われわれを守るおぞましいものたち」,『思想』1095号, 岩波書店, 2015.

2.『문학과 사회』111호, 문학과지성사, 2015.

자기를 지우면서 움직이기 — '한국학'의 난관들

1.「'한국학'의 고고학, 고현학 혹은 탈구축」, 국제한국문학문화학회-연세대
국학연구원 학술대회 키노트 스피치, 2016. 1. 15.

2.『사이/間/SAI』20호, 국제한국문학문화학회, 2016.

'위안부' 그리고 또 '위안부'

1.『말과 활』10호, 일곱번째숲, 2016.

저항과 절망—주체 없는 주체를 향하여

1.「日韓の境界を越えて—帝国日本への対し方」, 리쓰메이칸立命館대학 강연,
2015. 10. 10.

2. 淺野豊美·小倉紀藏·西成彦 編,『対話のために』, クレイン, 2017.

3. 이권희(외) 옮김,『대화를 위해서』, 뿌리와이파리, 2017.

제국류의 탄생

1.「帝国類—日本と韓国のおける近代的主体の形成とその限界」,『日本研究』
55集, 国際日本文化研究センター, 2017.

천지도처유아사—『복화술사들』 그 전후

1.「天地到処有我師—『植民地の腹話術師たち』、その前後」,『Quadrante』,

No. 20, 東京外国語大学海外事情研究所, 2018.

제국의 구멍

1. 도노무라 마사루外村大 지음, 김철 옮김, 『조선인 강제연행』, 뿌리와이파리, 2018.

우리를 지키는 더러운 것들
─ '정체성'이라는 질병에 대하여

2018년 11월 29일 초판 1쇄 찍음
2018년 12월 10일 초판 1쇄 펴냄

지은이 김철

펴낸이 정종주
편집주간 박윤선
편집 강민우 두동원
마케팅 김창덕

펴낸곳 도서출판 뿌리와이파리
등록번호 제10-2201호(2001년 8월 21일)
주소 서울시 마포구 월드컵로 128-4 2층
전화 02)324-2142~3
전송 02)324-2150
전자우편 puripari@hanmail.net

디자인 가필드

종이 화인페이퍼
인쇄 및 제본 영신사
라미네이팅 금성산업

값 16,000원
ISBN 978-89-6462-104-2 (03300)

이 도서의 국립중앙도서관 출판예정도서목록(CIP)은 서지정보유통지원시스템 홈페이지(http://
seoji.nl.go.kr)와 국가자료공동목록시스템(http://www.nl.go.kr/kolisnet)에서 이용하실 수 있
습니다.(CIP 제어번호: CIP2018034330)